길을 내는 사람들

| 발간사 |

113년차 기독교대한성결교회 국내선교위원장 이기용목사(신길교회)

   기독교대한성결교회 국내선교위원회(이하, 국선위)는 작은 교회의 눈물을 함께 머금고자 합니다. 작은 교회를 살리기 위해 임원과 실행위원회 교회는 6년째 부흥키워드로 섬기고 있습니다. 더하여 올해에는 한국성결신문이 주관하고 본교회가 후원한 작은 교회 수기 공모전 출품 작품을 엄선하여 책,「길을 내는 사람들」을 출간합니다. 모든 영광을 하나님께 올려드립니다. 한국성결신문과 본교회에 진심으로 감사드립니다.

   목회를 하다 보면 길을 잃어버렸다고 생각될 때가 있습니다. 교회가 부흥해도, 그렇지 않아도 그렇습니다. 이 책에 수록된 수기는 성령의 인도하심을 받은 목회자가 지역에서 고군분투하는 눈물의 '하이 스토리' 입니다. 국선위 작은 교회 부흥키워드에 맞춰 출간해서 나눌 수 있게 된 것은 대형 세미나 이후 개인 학습을 위한 지침이라 생각했기 때문입니다. 세미나가 총론과 개론을 다룬다면 이 책은 지역 목회의 방향을 이끌 지도가 될 것입니다. 목회의 길을 찾는 이에게 작은 도움을 나눌 수 있음에 무거운 국선위원장의 책임이 조금은 가벼워진 느낌입니다. 모든 영광 다시 한 번 십자가를 지시고 죽으셨다가 사흘 만에 부활하신 교회의 주인이신 우리 주님께 올려드립니다.

   편집장 강지희 목사님, 내지디자인 노재순 님, 표지디자인 김라온 님, 다수의 교정자와 출판사 '피풀스북스' 에 감사드립니다.

| 축하의 글 1 |

113년차 기독교대한성결교회 총회장 류정호목사(백운교회)

　백운교회에 부임하기 전 목양교회 개척 때 일입니다. 밤새 온 함박눈이 소복하게 쌓여 온 세상을 두툼하게 덮었습니다. 새벽기도를 가서 난로를 피우고 체온을 섞어 본당의 온도를 서둘러 높이는데 불현듯 작은 생각이 스쳐 지나갑니다.

　'상가 예배당 입구까지 선명하게 찍힌 한 사람의 발자국, 이 새벽 누군가가 교회를 찾는다면 작은 교회, 민망한 새벽기도를 피해 발길을 돌리겠구나.'

　내려갔습니다. 수십 번을 거닐며 발자국을 남겼습니다. 아이들이 어렸던 터라 아내도 함께하지 않은 새벽기도, 그날도 혼자였습니다. 발자국을 냈지만 길을 내진 못했네요. 선택된 수기를 읽으며 새록새록 그때가 생각나는 것은 은혜였습니다. 한국성결신문, 본교회, 국내선교위원회와 기독교대한성결교회가 축하하고 축하받을 일입니다. 이 책이 길을 찾는 목회자에게 큰 도움이 될 것을 믿어 의심치 않습니다. 선택된 필자에게도 축하를 드립니다. 하나님께 영광을 돌립니다.

축하의 글 2

본교회 담임목사 조영진

금번 작은 교회 목회 수기 공모는 우리의 생각을 뛰어넘는 하나님의 큰 은혜였습니다. 우리가 가지고 있던 생각들을 많이 바꾸어주셨고, 또한 모든 교회에 새로운 깨달음을 주셨습니다.

교회가 작다 하여 사역도 작은 것이 아님을 보여주셨습니다. 작은 교회라 할지라도 얼마든지 하나님 나라의 사역을 할 수 있는 것들을 우리 모두에게 확증하셨습니다. 그리고 그 사역들은 열매가 있었고 이웃과 함께하는 하나님 나라의 확장이었습니다. 작은 교회 목회자들이 많은 어려움과 환경의 제약 가운데서도 굴하지 아니하고 오히려 목회의 열심과 본질적인 말씀에 순종하는 사역들을 보여주셨습니다. 이번에 작은 교회들을 통해서 많은 것을 배웠습니다.

금번 국내선교위원회가 공모전에 참여한 교회들의 수기를 책자로 발간하게 된 것에 진심으로 감사드립니다. 국내선교위원장이신 이기용 목사님과 국내선교위원회의 귀한 수고에 감사를 드립니다. 또한 이 일을 이끌어주신 성결신문사와 장광래 사장님께도 감사를 드립니다.

이번 귀한 책자를 만들어주심으로 우리 교단과 작은 교회에 큰 부흥의 귀한 불씨가 될 것입니다.

| 인사말 |

더 새로워지고 희망적인 작은 교회가 되기를 소망합니다.
한국성결신문 사장 장광래 장로

작년에 작은 교회 목회자들의 수기를 읽으면서 많은 감동과 은혜를 받았습니다. 더불어 작은 교회에 대한 어려움을 글로나마 간접적으로 체험하는 기회가 되었습니다. 작은 교회 목회가 어렵다는 것은 누구나 아는 이야기지만 수기를 통해 구체적인 사례들을 접하면서 작은 교회가 처한 현실을 바르게 볼 수 있었습니다.

국내선교위원회에서 발간한 수기집을 받아보니 더 큰 감동이 벅차오릅니다. 작은 교회 수기공모전을 후원해주신 본교회 조영진 목사와 수기집을 출판해주신 국내선교위원회 위원장 이기용 목사 등 수고하신 모든 분께도 감사합니다.

공모전을 통해 얻은 가장 큰 수확은 한국교회의 희망, 교단의 희망은 바로 작은 교회에 있다는 것을 알게 된 것입니다. 척박하고 열악한 환경에 굴하지 않고 예배와 기도의 자리를 지키며 전도와 봉사의 열매를 맺어가는 작은 교회의 모습은 그 자체가 희망의 메시지입니다. 수기를 쓴 목회자들이 목회사역에서 부딪힌 많은 문제와 고난 앞에 절망과 포기를 했다면 아마도 이번 공모전은 열리지 못했을 겁니다. 그러나 그러한 문제들을 기도와 말씀으로 이겨내고 하나님이 주신 새로운 비전을 찾았기에 이번 공모전의 주인공이 될 수 있었다고 생각합니다.

한국성결신문은 올해도 작은 교회 목회자 수기를 이어갑니다. 이번에는 본교회에서 더 많은 후원을 약속하셔서 당선작 수상금도 더 늘어났습니다. 작은 교회 목회자들의 더 많은 참여를 부탁드리고, 작은 교회 목회자들의 감동적인 이야기가 계속 책으로 발행되기를 기대합니다.

　아무쪼록 이번 공모전에 소개된 작은 교회 목회 수기들이 침체 된 한국 교회에 희망을 주고 교회가 나아갈 길을 제시할 수 있는 작은 등불이 되기를 기대합니다. 또 교단 안의 작은 교회에 대한 관심과 지원을 불러오고 작은 교회를 위한 총회 정책을 올바로 세우는 데 좋은 자료가 되기를 바랍니다.

　한 가지 더 바라기는 성결인들의 더 큰 기도와 후원으로 작은 교회가 더욱 새로워지고 희망이 되는 교회로 거듭나는 기회가 되길 소망합니다.

| 차례 |

I 길의 본질을 잃지 않는 사람들

01. 그 길을 묵묵히 걸어갑니다 14
    샘솟는약수교회 _ 정영진 목사

02. 하나님의 계획하심 앞에서는 22
    소보교회 _ 진성희 목사

03. 따르라_아콜루테오! 30
    그루터기교회 _ 장성연 목사

04. 이곳에 뼈를 묻으리 37
    법기교회 _ 권병대 목사

05. 주가 기뻐하시는 일이라면 45
    성목교회 _ 이무경 목사

06. 예수 행복 머무는 자리 53
    열방비전교회 _ 김금례 목사

07. 숲길지기의 다시 부르는 노래 64
    오솔길교회 _ 김범기 목사

08. 여주동행(與主同行)의 길 73
    온전한교회 _ 양재도 목사

09. 하나님의 사람을 세우는 교회 82
    장유제일교회 _ 황대광 목사

10. 오라, 보라, 내가 하는 것을... 91
    좋은교회 _ 박갑성 목사

II + 내일의 길을 내는 사람들

11. 교회 한 달 이용권 ... 102
    유동교회 _ 강은택 목사

12. 떡교라고 불리는 교회 이야기 ... 110
    가평교회 _ 한근호 목사

13. '들'에 복이 있는 교회 이야기 ... 117
    라복교회 _ 이영노 목사

14. 강원도 와플 목사 ... 125
    서원주교회 _ 김기혁 목사

15. 주님 주시는 은혜입니다 ... 134
    아이사랑교회 _ 노혜신 목사

16. 청년을 향한 꿈 ... 141
    온사랑교회 _ 정상국 목사

17. 하나님 나라 등불이 되는 교회 ... 150
    올리브나무교회 _ 조순미 목사

18. '알레세이아'를 추억하며 ... 156
    우전리교회 _ 이성실 사모

19. 다음세대를 우리에게 ... 165
    은혜와평강교회 _ 이선영 사모

20. 주님의 파도에 몸을 맡기며 ... 176
    한사랑교회 _ 허재만 목사

III 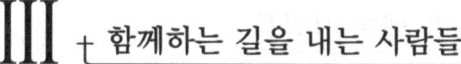 함께하는 길을 내는 사람들

21. 정거장교회
    강동수정교회 _ 안효창 목사 … 184

22. 목사님 바보세요?
    아름다운교회 _ 신동철 목사 … 194

23. 은혜의 밥상
    양촌비전교회 _ 장영석 목사 … 203

24. 농사짓는 목사
    옥토비전교회 _ 최인석 목사 … 214

25. 작지만 큰 사랑, 하나님 나라 가치로
    큰사랑교회 _ 박상철 목사 … 223

26. 행복한 장수식당
    거진제일교회 _ 이기환 목사 … 232

27. 교회는 마을의 부분이다
    샬롬교회 _ 양형철 목사 … 239

28. 성공이 아니라 섬김입니다
    시온성교회 _ 김명숙 목사 … 246

29. 아직도 가야 할 길
    새언약교회 _ 김성주 목사 … 254

30. 돛단배는 바람을 두려워하지 않는다
    은혜로교회 _ 박명우 목사 … 263

길의 본질을
잃지 않는 사람들

그 길을 묵묵히 걸어갑니다

샘솟는약수교회 _ 정영진 목사

무거워진 마음을 안고

2017년 5월 21일 그날은 참으로 힘들고 괴로웠던 주일로 기억됩니다. 작은 교회란 쉽게 말해 성도가 적은 교회를 말하는 것인데, 그 적은 숫자가 더 적어지는 날이었습니다. 성도 중 한 가정이 교회를 떠나기로 선포하고 처음 맞이한 주일이었기 때문입니다. 혹시나 마음을 바꾸지 않았을까 하는 기대감은 그들이 늘 있었던 자리가 빈자리로 변해 있음을 확인하고서야 무너져내렸습니다. 그 떠남이 현실임을 아프게 깨달은 주일이었습니다. 그들이 떠난 이유는 교회가 지역주민에게 개방되어 믿지 않는 자들이 서슴없이 들어와 각종 행사에 참여하고 교회의 기물들을 사용하는 것이 못마땅했기 때문입니다. 혼자 본당을 차지하고 기도해야 하는데 우리 본당은 일주일 내내 주민들이 들락날락하니 이 교회는 은혜가 없는 교회라고 제 앞에 저주에 가까운 말을 퍼붓고 그들은 떠났습니다. 그렇게 주일 사역을 마치고, 집에 돌아오니 평소보다 3배쯤은 몸이 무서웠습니다. 모든 것을 쏟아붓는 주일이기에 몸이 피곤한 것도 사실이지만, 마음조차 무거웠으니 3배라는 숫자도 무리는 아니었을 것입니다.

펑크난 자전거처럼

가만히 앉아 있자니 도저히 견딜 수가 없어 자전거를 끌고 나왔습니다. 5월 하순이지만 날이 뜨거운 것이 라이딩하기 딱 좋기도 하고, 이 뜨거움에 육신을 혹사하면 밤에 잡생각에 괴롭힘 당하지 않고 잘 잘 수 있을 것 같아 피곤하지만 잘 나왔다는 생각을 하며 라이딩을 시작했습니다. 평소 새벽예배를 마치고 자전거를 타는 거리보다 조금 더 멀게 달릴 요량으로 힘차게 페달을 밟았습니다. 빠르게 내달리는 자전거 뒤로 바람이 스쳐 지나감을 느끼면 내 안에 있는 고민도 사라지는 것 같이 느껴져 주일 사역 이후 라이딩을 자주 하는 편입니다. 몇 번의 언덕을 오르고, 내려오는 것을 반복하는 동안, 땀도 적당히 나다가 또 식혀주기도 하니 괴로운 마음도 어느 정도 정화되는 것 같았습니다.

그렇게 목표한 반환점을 돌아 집으로 가는데, 대략 10km 정도를 남겨두고 뒷바퀴가 갑자기 펑크가 나버렸습니다. 난감했습니다. 시작하는 지점도 아니고, 거의 다 와서도 아니고 10km는 걷기에 상당히 먼 거리였습니다. 보이는 것이라곤 논과 밭, 그리고 드문드문 자리를 차지하고 있는 공장들만 보이는 곳에서 하필 이곳에서 펑크가 난 것입니다.

'오늘 제대로 날 잡았네. 목회 현장도 그렇고, 라이딩도 그렇고 이건 도대체 뭐냐. 여기서 이러면 나보고 어쩌란 말이냐.'

펑크난 자전거를 눕혀두고 자전거를 하염없이 바라보니, '뭐하러 시작했을까? 그냥 집에 있을걸' 하는 후회도 몰려오고 난감함도 몰려왔습니다. 그리고 달려야 하는 자전거가 펑크를 맞아 누워있으니 한창 바쁘게 목회해야 하는데 결정적인 순간에 목회적 펑크를 맞이하고 전의를 상실한 제 모습이 겹치기도 하였습니다.

순풍을 탄 배처럼 시작한 걸음

처음 개척을 시작했을 때, 개척 구성원 없이 우리 가족으로 시작했지만, 출발은 예상보다 좋았습니다. 개척한 지 일주일 만에 3명으로 시작한 새벽예배가 30여 명이 모였습니다. 젊은 목사가 새로 왔는데 설교가 괜찮고 은혜롭다는 소문과 함께 말이지요. 덕분에 그들이 가지고 있던 교회에 대한 상처, 목회자에 대한 상처를 상담해주면서 상처 받은 교회를 떠나 교회를 찾던 사람 중 일부는 우리 교회로 등록하게 되었습니다. 개척 구성원 없이 시작한 우리로선 천군만마를 얻은 듯한 복된 소식들이었지요. 그뿐만 아니라, 기도회에서 암환자가 낫기도 하고, 기도 응답도 많이 이루어지면서 더 많은 사람이 모이기 시작했습니다.

그리고 사과나무 음악학교를 오픈하여 지역주민들과도 본격적으로 만남을 가졌습니다. 처음엔 교회서 하는 것에 대하여 경계를 하더니 이내 소문이 잘나서 많은 사람이 오게 되었습니다(지금도 매주 100여 명의 사람이 오고 갑니다). 잘될 것 같았습니다. 마치 라이딩을 할 때 페달을 밟는 대로 속도가 가속되듯이 처음 개척한 이후 일 년이 지나면서부터는 목회도 순풍을 타는 듯하였습니다. 그런데 펑크는 예고 없이 결정적인 순간, 이제 치고 올라가자 하는 그 순간에 찾아오더군요.

예기치 못한 어려움의 반복 중에서

기도회 때 모인 사람 중에선 이단이 들어와 애써 모은 사람들을 흩어버린 일도 있었고, 마을 세미나를 위해 좋은 강사를 모셨건만 참석 약속을 굳게 했던 이웃이 오지 않아 실패를 경험하기도 했습니다. 오랜 시간 공들여 전도한 사람을 그 과정에서 전혀 힘을 더하지 않았던 자들의 입바른 소리로 물거품이 되기도 하였으며, 힘써 키운 일꾼을 옆 대형 교회에서 빼앗아 가는 일도 있었습니다. 특히 2015년도에 전국을 강타한 메르스 사태는 애써 모은 다음세대 사역을 해체 수준까지 이르게 하였습니다. 또한, 목회적인 실수를 하지 않았는데도 성도 가정의 이혼과 사업 실패로 교회를 떠나는 사람들도 생겼습니다.

교회 좌석 80개. 73개까지 자리가 채워질 때가 있어서 만석(?)의 꿈을 꾸는 그 시점에 메르스, 성도의 이혼, 사업 실패라는 예상치 못한 펑크가 우리를 다시 원위치로 만들어 버렸습니다. 그리고 2017년 5월 21일, 지역사회와 함께하기 위해 교회를 오픈하고 매주 100여 명의 사람이 우리 교회에서 음악도 배우고 삶도 나누는데, 이것이 우리의 자랑이요 목회적 보람인데, 이것이 은혜가 전혀 되질 않는다고 교회를 떠나는 가정이 생겨난 것입니다. 2015년의 아픔을 딛고 겨우 회복하려고 하는 시점에서 하필 그 시점에서 말입니다.

부흥이 되려는 시점에 다시 원위치가 되는 일들이 반복적으로 생겨나면서 저의 몸에도 큰 펑크가 생겼습니다. 스트레스가 원인이 되었는지 뇌혈관의 심각한 질환이 발견된 것입니다. '모야모야' 병이라는 낯선 병이 제 몸에 찾아왔습니다. 2017년 5월 21일은 그 펑크가 절정에 달한 순간이었음을 기억합니다. 너무 힘들어서 아무나 붙잡고 울면서 하소연 하고 싶을 만큼 말입니다.

주님이 원망스러웠습니다. 애초에 개척 목회할 능력이 없다면 시작부터 큰 펑크를 경험하게 함으로 포기하게 만드시지, 커다란 풍선의 꿈을 경험하게 하고 '이제 되었다' 하는 순간에 풍선을 터뜨리면 이미 한참이나 지난 시점에서 어쩌란 말인지, 원망이 들 만도 하지 않습니까!

묵묵히 내 길을 걷는 방법

라이딩을 하는 사람들은 배낭에 예비튜브와 긴급 수리 도구를 가지고 다닙니다. 배낭이 아니면 키트 형식으로 자전거에 달고 다니기도 합니다. 저도 늘 가지고 다닙니다만, 하필 그날에는 배낭을 가지고 오지 않았습니다. 참 허탈한 마음이 계속 들었습니다. 안될 놈은 결국 안되는구나. 수리 도구가 완벽하게 들어있는 배낭을 묵상하는 것도 어처구니 없는 일이지요. 마치 내가 과거에는 가는 곳마다 부흥을 일으킨 사람이라고 회상하는 것이 지금 현실에 아무런 도움을 주지 않는 것처럼 말입니다.

펑크가 난 시점에서 현실적인 문제는 여전히 있었습니다. 그 자리에 머물러 있을 수도 없고, 그렇다고 펑크가 난 자전거를 그냥 타고 가면 휠이 망가질 것이라는 이러지도 저러지도 못하는 문제는 여전히 저를 압박합니다. '어떻게 할 거냐?' 하고요. 한참을 푸념도 하고 탄식도 하다가 걷기 시작했습니다. 타고 달리던 자전거를 끌고 무작정 걷는 것 외엔 방법이 없었기에 그냥 걷기 시작했습니다. 남은 10km의 길을 그렇게 걷기 시작했습니다. 그렇게 자전거를 끌고 걷다 보니 참으로 많은 장면을 보게 되고 그로 인하여 묵상이 절로 되었습니다.

인생길, 목회의 길. 달려가도 모자란다고 생각되는 순간이 있었습니다. 늘 달려가야 한다고 생각했습니다. 빨리 성장해야 하고, 빨리 자립해야 하고, 그리고 누구보다도 앞서가야 한다고 생각하여 늘 시간이 모자란다고 생각했습니다. 그리고 나는 누구보다도 빠르게 달려갈 자신이 있었고, 그럴만한 실력을 갖추었었다고 생각했습니다. 그러나 주님은 예상치 못한 펑크를 맞이하게 하여 빠르게 가야 할 시간에 남들이 빠르게 가는 것을 그저 바라만 봐야 하는 순간을 직면하게 하셨습니다.

자전거를 끌고 언덕을 오르는 저의 모습을 그저 체력이나 실력이 없어서 끌고 간다고 피식 웃으며 오해하는 시선을 그냥 오롯이 받아야 했습니다. 빠르게 지나가는 사람을 붙잡고 변명할 수도 없습니다. 속에서 답답함을 느낍니다. 내가 실력이 없는 것이 아니라 단지 예기치 못한 펑크를 만나 잠시 멈추었을 뿐인데 자세히 알지 못하는 사람들은 모두 저를 보고 실패자, 낙오자, 무능력자처럼 보는 것같은 생각이 들었습니다. 그저 답답할 뿐이었습니다. 작은 교회 목회자란 이유로 모든 것을 무능한 사람으로 오해하며 바라보는 시선이 답답했지만, 그저 묵묵히 감수해야 했던 지난 시간이 그 시선과 함께 겹쳤습니다.

한참을 걷다 보니 이러한 의도치 않았던 펑크로 인해 고난과 직면할 때는 기가 막힌 방법과 묘수로 고난을 해결하는 것이 아니라 오해와 비난의 시선과 상관없이 묵묵히 자신의 길을 걸어야 해결되는 일임을 주님은 경험케 하셨습니다. 그리고 묵묵히 걸어가는 것 말고는 다른 방법이 없다는 것이 적어도 절망의 시간이 아님을 어렴풋이 알게 되는 것을 무작정 걷게 하심으로 알게 하셨습니다. 그렇기에 생각지도 않았던 행군(?)의 시간은 꽤 괜찮은 시간으로 저는 기억하고 있습니다. 그래서일까요! 지루하고 힘든 시간일 것이라 예상되었던 그 시간은 생각보다 수월하게 넘어갔습니다. 방법이 없으면 받아들이고 천천히 걸어가는 수가 가장 큰 상수라는 선물을 받으면서 말이지요. 그리고 개척 이래로 지역을 섬기며 걸어왔던 그 길을 계속 걸어가야 하겠다는 다짐도 하게 되었습니다.

주님의 일꾼을 세우며

작년 12월 사무총회때 우리는 뜻깊은 임명식을 했습니다. 집사 4명을 세운 일인데, 장로, 권사, 안수집사도 아니고 일반 서리 집사를 임명한 일이 뭐가 뜻깊은 일인가 하겠지요. 하지만 그 네 분은 우리가 묵묵히 걸어

온 길에 대한 작은 열매이기 때문입니다.

교회의 문을 열고 지역주민과 나누고 함께 연대하는 것이 우리 교회에 준 사명이라고 늘 믿어왔습니다. 그 사명의 길을 걸어가면서 여러 번의 펑크로 힘들기도 하였지만, 5년 전 다음세대 아이들이 그 걸어감에 동참하기 시작했습니다. 처음에 냉랭했던 아이들의 부모님들이 점차 마음의 문을 열어 예배에 나오기 시작하였고, 그들이 예수 그리스도를 믿음으로 주로 고백하고 주님의 일꾼으로서 집사로 세움을 받았습니다. 다른 교회들은 해마다 집사를 세우곤 하지만 우리는 다음세대 아이가 전도되어 부모까지 그 길에 동참하여 집사로 세워지기까지 5년이 걸렸습니다. 그래도 감사한 것은 우리가 묵묵히 걸어온 길에 대한 주님의 상급이라고 믿고 있기 때문입니다.

집사 직분을 주면서 저는 자연스럽게 2017년 5월 21일 주일, 그 뜨거웠던 걸음을 기억하였습니다. 큰 펑크로 인해 상처가 컸던 그날, 되돌아가기도, 힘차게 달릴 수도 없는 애매한 시점에서 낙담했던 그날에 주님은 저를 만나주셨습니다. 힘들지만 묵묵히 걸어가게 하셨던 날입니다. 방법이 없으면 그저 천천히라도 가는 것이 문제를 푸는 열쇠이고, 오해가 있고 비난이 있어도 주님과 묵묵히 동행하는 것이 가장 큰 상수임을 깨달은 것은 제 목회 인생에 가장 큰 수확이라고 할 수 있습니다. 그리고 그렇게 묵묵히 걸어온 결과로 네 분의 집사님을 세우게 된 것입니다.

하나님의 세계

앞으로 가야 할 길, 또 얼마나 많은 펑크를 예기치 않게 경험하게 될지 모릅니다. 그러나 원하지 않지만 그러할 때를 만나면 멈춰 서지 않고 천천히라도 걸어가고자 합니다. 지금은 알 수 없어도 그 길 끝에는 반드시 주님이 계실 것이라는 확신을 가지고 천천히라도 걸어가고자 합니다. 오늘도 걸어갑니다. 많은 사람과 방향이 다르더라도 곱디고운 평탄한 길이 아니라도 주님께서 주신 나의 길, 우리의 길을 가고자 합니다. 주님이 함께 하시기에 그 길이 주님의 세계인 것을 믿고 확신하며 묵묵하게 그 길을 걷고자 합니다.

하나님의 계획하심 앞에서는

소보교회 _ 진성희 목사

나의 생각이 아닌 하나님의 인도하심대로

목회자 가정에서 자란 이유 아닌 이유로 어쩌면 목회의 길을 거부하고 있었는지 모르겠습니다. 아버지의 개척과 농촌 목회의 삶은 처절하리만큼 힘들고 어려웠기에 저의 길이 아니라고 생각했습니다. 하지만 하나님의 계획하심 앞에서 저의 거부는 아무 의미가 없었고 순종할 수밖에 없는 상황으로 주님은 이끄셨습니다. 부모님의 기도와 온 가족의 기도로 부교역자의 길은 가는 곳마다 사랑받고 앞으로의 사역도 큰 사역자로 늘 성도들의 축복 속에 사역할 수 있을 것 같았습니다.

그러나 하나님의 뜻과는 상관없는 교만이었습니다.

어떻게 될지 알 수 없는 사역지에 대한 두려움으로 8개월을 치열하게 하나님과 씨름하는 교만을 부렸습니다. 그동안 얼마나 심적인 고통이 컸던지 잇몸이 내려앉는 상황까지 겪게 하시고 곧은 목과 교만으로 가득 차 있던 저를 다듬어 가셨습니다. 결국, 한 번도 보지도 듣지도 못한 곳으로, 성도가 다음세대와 장년을 모두 합쳐도 15명이 되지 않는 아주 작은 교회로 인도하셨습니다.

> 두려워하지 말라 내가 너와 함께 함이라 놀라지 말라 나는 네 하나님이 됨이라 내가 너를 굳세게 하리라 참으로 너를 도와주리라 참으로 나의 의로운 오른손으로 너를 붙들리라 (사 41:10)

계속해서 들려주시는 말씀, '언제나 동행하시겠다'는 주님의 음성에 순종할 수밖에 없었습니다. 나중에는 오히려 기대감을 가지고 발걸음을 옮길 수 있었습니다. 하지만, 문제는 고등학생인 큰딸과 초등학교 졸업을 앞둔 둘째 딸이었습니다. 어린애들도 아니고 부모의 뜻에 따라 다 큰 아이들을 데리고 온다는 것이 쉽지 않은 결정이었습니다. 이곳으로 오던 그날은 지금도 아프고 또 아픈 날로 기억됩니다. 올라오는 내내 차 안에서 우는 아이들을 바라보는 건 부모로써 너무 큰 아픔이었습니다.

물꼬를 열어주시는 응답

부임 첫날의 예배시간을 잊을 수 없습니다. 교회 벽이 벽돌 한 겹으로 지어진 건물인지라 보온이 전혀 되지 않아 너무나 추웠습니다. 게다가 신발을 벗고 얇은 실내화로 바꿔 신고 들어가는데 발이 얼마나 시리던지. 또한, 교회 옆으로 일본인이 세운 화려하게 지은 절이 있어 영적으로 눌려있는 것을 느낄 수 있었습니다. 우리는 교회의 리모델링을 꿈꾸며 기도하기 시작했습니다. 저 우상의 집은 너무나 크고 웅장하게 보이는데 하나님의 집인 교회가 너무 초라했기 때문입니다. 교회 재정은 목회자 생활비도 없는지라 그야말로 맨땅에 헤딩하는 기분으로 하나님께 매일 하소연하며 기도하였습니다. 언제가 될지 그 어떤 확신도 없이 그냥 푸념 섞인 하소연의 기도가 계속되었습니다. 그리고 부임한 지 한 달이 지나던 어느 날 새벽예배 시간에, 답답함으로 하나님께 리모델링을 위한 물꼬를 터주시면 리모델링하는 것이 하나님의 뜻임을 알 수 있겠노라고 그것만이라도 알려달라 기도했습니다.

바로 그날! 수요예배 준비로 분주하던 늦은 오후 교회 주차장에 차량 한 대가 들어왔습니다. 누구인가 싶은 마음에 의아해하며 나가보았더니 앞서 부교역자로 섬기던 교회의 집사님 내외분이 제가 작은 시골 교회로 부임하였다는 소식을 듣고 찾아왔다고 이야기하셨습니다. 오랜만에 서로의 안부를 물으며 긴 이야기를 나누었습니다. 그리고 책 하나를 건네시며 기도로 함께 하시겠다는 말씀과 함께 돌아가셨습니다. 그날 저녁 수요예배를 드린 후, 집에서 그 책자를 보던 우리는 너무나 놀라고 놀랄 수밖에 없었습니다. 책 속에 600만 원의 돈이 들어있었습니다. 응답하시는 하나님의 뜻은 너무나 분명하고 확실했습니다. 할렐루야! '하나님이 우리를 이곳에 부르시는 뜻이 있었구나' 하는 마음에 흥분과 감동이 시작되었습니다.

 2011년 새해가 시작되고, '600만 원을 가지고 어떻게 리모델링 공사를 할 수 있을까?' 하면서 주저하고 있을 때마다 우리는 더 기도하며 나아갔습니다. 그리고 한 번 더 하나님께 매달렸습니다. '하나님 예상하건대 이 교회 전체 공사비는 5,000만 원 정도의 공사가 될 것 같습니다. 이 5,000만 원의 반인 2,500만 원만 있으면 바로 공사 시작하겠습니다' 라고 기도했습니다. 막연히 예상한 금액의 반이 준비되면 시작하겠노라고 기다릴 즈음! 2011년 2월 마지막 주간 어느 날 밤 하나님께서 또 뜻을 알려주셨습니다. 집사님께서 주식 십일조 1,700만 원, 기타 십일조 100만 원을 보낸다고 문자가 온 것입니다. 더는 미룰 수도 미적거릴 수도 없는 너무나 확실한 하나님의 뜻이기에 업체를 알아보고 2011년 5월에 드디어 본격적인 리모델링을 시작할 수 있었습니다.

 실제 리모델링 금액은 우리의 예상금액보다 훨씬 높았지만, 우리는 기도할 때에 기가 막히게 채워주시는 하나님의 손길을 경험하며 하루하루가 정말 감격의 시간이었습니다. 빚 없이 시작된 교회 리모델링 공사는 한 푼의 빚 없이 7월에 무사히 마쳤습니다. 하나님이 함께하시겠다는 말씀, 너희들과 동행하겠다는 말씀이 첫 단독목회지에서 구체적으로 경험되는 역사적인 순간이었습니다.

우리와 동행하시는 하나님

교회가 리모델링을 한 후, 강대상은 우리 교회의 가장 연세 많으신 집사님(96세)의 특별하고 귀한 헌물로 놓였습니다. 아주 옛날식의 딱딱하다 못해 밑에서부터 썩어가던 예배 의자는 앞서 섬겼던 교회의 어느 집사님이 리모델링 소식을 듣고 헌물하셔서 교회는 더 밝아지고 환하게 탈바꿈하게 되었습니다. 그뿐 아니라, 주일 아침 다른 집사님께서 키보드와 드럼을 헌물로 보내시겠다 연락주셨습니다. 이 헌물로 지역 학생들을 대상으로 드럼반과 기타반을 운영하여 전도할 수 있는 기회도 생겼습니다. 이 모든 일이 감사의 이유요, 감사의 증거가 되었습니다.

부임할 때 교회 대지 가운데 일부가 남의 땅으로 등기되어 있었습니다. 이것이 왜 아직까지 해결되지 못하고 있었는지, 무엇 때문인지 살피다 이 문제가 해결되어야 전도의 문이 열릴 것이라는 마음이 생겼습니다. 교회 대지는 오래 전 교회를 개척하신 초대 전도사님의 기도 응답으로, 당시 평생 미신과 무당으로 불행하게 살아왔던 어느 성도의 헌신으로 드린 땅이었습니다. 그러나, 헌납하였던 교회 대지를 아드님이 대가를 요구하였고 그때 당시 200만 원을 들여 사게된 것이었습니다. 이 과정에서, 165평은 법적으로 등기 되었으나, 나머지 35평은 결국 미등기가 되었던 것입니다. 그 이유는 알 수 없었습니다. 제가 부임하고 보니 교회는 마당과 본당 일부까지 다른 사람의 등기로 되어 있었습니다. 문제는 이 주인이 교회에 대해 사용료도 없이 땅을 쓰고 있다고 소문내고 있고, 교회 앞마당까지 옥수수 등 농산물을 심어 갈등이 증폭되어 전도의 길이 어렵게 되었습니다. 그래서 교회가 이제는 불안하고 불안정한 모습에서 벗어나야겠다는 간절하고 절박한 마음으로 기도하기 시작하였습니다. 그리고 2016년, 아무도 하지 못했던 일을 하나님이 말씀하신 시기에 부족한 저를 통해 하게 하셨습니다.

우리 교회의 차량 역시 기도제목이었습니다. 어르신들이 많으신 교회 특성상 30년 된 차량은 교회의 큰 숙제였습니다. 차량 구입을 위해 기도를 선포하고 구역헌금을 조금씩 모았지만 6년 동안 모은 헌금액은 300만 원으로 턱없이 부족했고, 언제가 될지 까마득하기만 했습니다. 조금씩 지쳐가면서 차량은 허락하지 않으신다 생각하며 마음을 내려놓을 즈음에 권사님의 자녀 중 우리 교회 출신인 집사님 내외분이 차량 헌금을 보내주셨습니다. 정말 기적 같았습니다. 거의 포기하고 생각도 안하고 있었는데 스타렉스 신형으로 어르신들을 쾌적하고 안전하게 모실 수 있어서 얼마나 감사하고 또 감사했는지 모릅니다. 이 또한 빚 없이 전액 현금으로 차량을 구입하였습니다.

땅 문제가 해결되고 교회도 새롭게 리모델링 하면서 본격적으로 지역사회를 향해 나아갔습니다. 故황수관 박사 초청 신바람전도집회, 탈북자 이순실 집사 초청 전도집회, 해마다 지역어르신 초청 잔치, 마을회관 방문전도 등으로 꾸준히 섬겼습니다. 마을회관을 분기마다 방문하여 잠깐의 시간을 보내기도 하는데, 할머님들께 매니큐어를 발라 드리거나 팩을 해드리기도 하면 어린아이처럼 너무나 좋아하셨습니다. 매니큐어와 팩을 해드리면서 이런저런 대화 속에서 더 가까워지면서 절기마다 지역 어르신들이 부담 없이 교회에 오시고 함께 예배도 드리게 되었습니다. 올해, 부활절 예배때에는 지역 어르신들 30명이 오셨습니다. 지역 회관을 방문하거나 가정을 방문할 때마다 저를 정말로 반겨 주십니다. 이제 적어도 일 년에 5회 이상은 지역 어르신들과 함께 예배드립니다.

물론 집회나 행사 후 곧바로 전도의 열매가 생기지는 않습니다. 처음에는 얼마나 반기시는지 꼭 교회 가겠다고 약속도 열심히 해주셔서 금방이라도 전도의 열매가 있을 줄 알았습니다. 하지만 그건 제 착각이었습니다. 시골 분들은 변화를 싫어합니다. 평생을 살아오신 생활에서 교회를 다니시는 작은 변화는 너무나 큰 용기와 결단이 필요한 큰 사건입니다. 그래서인지 한사람이 전도되려면 아주 오랜 시간의 기도와 노력과 애씀의 시간이 도시와 다르게 더 많이 요구되는 겁니다. 실망도 많았지만 그럴 때마다 하나님은 더 기도하게 하시고 다른 방법으로 위로하셨습니다. 한번은 대구의 어느 교회 집사님이 부모님의 구원을 위해 방문하셔서 기도부탁과 함께 교회까지 직접 모시고 오셨습니다. 그리고 그 분들의 부모님들은 소천하시기 전에 세례받으시고 신앙생활을 하셨습니다. 이렇게 하나님의 구원 역사는 제 눈에는 더디 가거나 멈춰있는 듯하지만 하나님의 일하심은 신실하게 지금도 계속되고 있습니다.

엘림으로 나를 오라 하네

돌이켜보면 이것은 우연히 일어난 것이 아니라 하나님의 은혜요 그분의 계획된 섭리라고 저는 확실히 믿습니다. 저는 찬송가 324장을 좋아합니다. 이 찬송가에서 주님의 음성을 들었기 때문입니다.

"예수 나를 오라 하네. 예수 나를 오라 하네" (예수 소보 오라 하네 예수 소보 오라 하네)

"주가 크신 은혜 내려 나를 항상 돌보시고 크신 영광 보여주며 나와 함께 함께 가시네" (크신 영광 보여 줄테니 나와 함께 저 시골 소보로 가자!)

이 가사 대로 주님은 정말 크신 영광을 보여 주셨습니다. 함께 길을 걷는 우리 동역자들, 특히 후배 목회자들이 물이 넉넉한 요단 들판만 보는 것 같아 아쉽습니다. 마라의 쓴 물 그 자체만 보고, 시골과 농촌을 가는 것을 주저하고 있습니다. 하지만, 살아계신 우리 하나님 아버지는 마라가 아니라 우리를 엘림으로 인도하고 계심을 알아야 합니다. 마라에서 조금만 가면 엘림입니다. 이스라엘 백성들의 갈증을 단번에 해갈할 수 있는 엄청난 식수를 보유했던 엘림이 그들의 바로 옆, 마라 옆에 있었습니다. 제 목회지는 마라가 아니라 엘림이었습니다. 9년 전에 절망과 끝이라고 생각했지만, 엘림으로 가는 길이었습니다. 남들이 가지 않는 길에 꽃길도 있었습니다. 이것이 우리가 목회의 뜨거운 사명을 갖고 절망하지 말고 사명을 감당해야 할 이유입니다.

하나님은 해결될 수 없을 것 같은 문제로 힘겨워하는 우리를 위해, 쓴 물을 단물로 고치시는 분인 동시에 우리를 생수로 가득한 엘림으로 인도하시는 분이심을 농촌목회를 통해 배웠기에 이 경험을 앞으로 목회의 길을 걷는 후배 동역자들에게도 전하고 싶어서 목회수기 공모에 참여하게 되었습니다. 농촌목회를 도전해야만 농촌목회가 사는 것이기 때문입니다. 저의 남은 목회 시간을 이곳에서 계속 끝까지 사명을 감당하고자 합니다. 저의 첫 단독목회지요, 마지막 목회지에서 말입니다.

은퇴하신 노령의 부친께서 다음과 같은 문자를 저에게 주셨습니다. 저의 이모 아들이 서울에 있는 어느 교회 담임목사로 청빙되었을 때, 혹시 부모님의 마음에 저를 향한 안타까움이 생길까봐 '저는 괜찮다'고 문자를 드렸습니다. 그때 저에게 보내주신 문자입니다.

"

"마음이 불편할 일이 뭐 있겠어. 축하할 일이지.
너와 내가 아니면 어려운 농촌 교회를 누가 감당할 것인가?
오히려 하나님께 영광 돌릴 일이지.
사실 나는 너를 자랑스럽게 여긴다.
너는 그 교회에서 넘치는 은혜를 수없이 체험했고 지금도 체험하고 있잖아.
하나님께 감사하고 자랑스럽다.
조그마한 육신의 생각이나 육신의 정욕이 남아 있다면 다 버리기 바란다.
훌륭한 내 아들!
하나님이 좋아하시는 아들!
너는 내 아들이자 하나님의 아들임을 절대 잊지 말아라.
하나님의 아들이면 하나님이 기뻐하시는 일을 해야지."

(2018년 2월 19일 월요일)

"

따르라_아콜루테오!

그루터기교회 _ 장성연 목사

전교인이 4명인 교회

우리 교회는 전교인이 4명입니다. 성도 4명은 우리 가족으로 아내와 아들, 딸과 함께 2018년 2월 첫 예배를 드렸습니다. 생각해 보면 10여 년의 부목생활과 섬에서의 단독목회를 지내면서 주일예배를 4명이 드린 때는 없었습니다. 그러기에 예배 전날 잠을 이룰 수 없었지요. 긴장이 되기도 하고 신세가 한탄스럽기도 했습니다. 그러나 당일 아침이 되자 그 마음은 싹 사라졌습니다. 거실에 앉아 설교원고를 정리하는데 아들은 양말을 신으며, 딸은 마르지 않은 머리를 감싸며 약속된 예배 시간에 맞춰 거실로 모였습니다. 그 모양새가 아무것도 아니라 생각될 수 있지만, 저에게는 '그래 이렇게 시작하는 거지! 이제 시작이다' 라는 마음과 더불어 용기를 심어 주었습니다.

예배가 감사했고 깨달음이 감사했습니다. 그리고 어떻게 보면 실업자가 된 나를 묵묵히 따라준 아내도 고맙고 감사했습니다. 첫 예배 설교는 기억나지 않지만, 믿음과 기대로 나를 바라보는 아내의 모습은 아직도 선명합니다. 딸과 아들도 제법 자라서 교인티를 내며 익숙하지 않은 주보의 순서에 따라 찬송도 부르고, 성경읽기에도 잘 따라 주었습니다. 소소하지만 은혜가 풍성한 예배였습니다.

50살이 되던 해, 동갑내기 아내와 함께 인생의 후반전을 하나님을 의지하고 다시 시작해보자고 다짐했었습니다. 마침 아내도 오랜 직장생활을 정리했기에 모든 것에 하나님만 의지하자고 했고 아내의 실업급여로 생활을 하며, 개척 교회는 시작되었습니다. 주일 오후, 한가함 속에서 아들과 함께 고등부 2부 순서로 PC방을 가는 소소한 즐거움도 가졌습니다.

눈덩이가 되어 굴러라

조금씩 무력해질 즈음에 생각지도 못한 위로가 있었습니다. 제자였던 청년이 함께 예배드리고 싶다고 거의 15년 만에 연락이 왔습니다. 개인적인 상황과 직장으로 신앙생활을 못하다 다시 마음을 잡고 보니 제 생각이 났다고 했습니다. 저를 '기억했다' 는 말이 큰 위로가 되었습니다. 혼자라는 외로움에 허덕이던 목회에 한 줄기 따뜻한 하나님의 위로였습니다. 힘이 났습니다. 방황하던 영혼이 저를 기억하고, 저를 통해 도움을 받고싶어 했다는 사실만으로 큰 힘이 되고 위로가 되었습니다. 그러나 청년에게 선뜻 함께 예배하자고는 말하지 못했습니다. 그가 섬기는 교회가 있었기에 부모님과 함께 교회에 다니라며 권면했습니다.

그날밤 아내는 "그냥 우리 교회에 나오라고 하지"하며 말끝을 흐렸습니다. 저는 빙그레 웃으며 "그건 내 목회철학이야!"라고 했더니 아내는 개똥철학이라 말하며 한바탕 웃고 말았습니다. 잠든 아내 곁에서 혼자 생각했습니다. '정말 개똥철학일까?'

주님은 개척을 시작할 때 '눈덩이가 되어 굴러라' 는 마음을 주셨습니다. 우리 가족이 작은 눈덩이가 되어 구르면 점점 눈이 붙어 큰 눈덩이가 될 것입니다. 그리고 눈은 하나님이 내리게 하시는 것입니다. 다만, 내가 눈이 없는 곳에 구르지 않도록 늘 눈을 내리게 하시는 주님을 바라보면 된다는 진리를 말입니다.

"주님만 바라보고 우리 가족이 열심히 굴러야 한다. 그러면 하나님이 하신다."

함께 먹고 마시며

이런저런 일들을 겪으며 이제는 전교인이 6명이 되었습니다. 그래서 집 가까운 곳에 스터디카페를 빌렸습니다. 여름이고 좁은 집에서 예배드리기가 부담스럽고 불편했기 때문입니다. 조용히 해야 했기에 큰 소리로 찬양을 할 수 없는 단점이 있지만 스터디카페는 시원했고 생각보다 정말 좋았습니다. 어느 주일 아침이었습니다. 아침 일찍 스터디룸을 예약하는데 그날은 늦어서 쓰던 방을 예약하지 못했습니다. 그래서 어쩔 수 없이 비용을 좀 더 들여 큰 방을 빌렸습니다. 예배 후 성도들이 정말 좋아했습니다. 예배가 은혜로워서가 아니라 장소가 넓어서 좋다니! 그동안 6인실은 좋지 않았다는 말인가! 에어컨 있어서 감사하고, 집중할 수 있어서 좋았다는 말은 거짓이었단 말인지 한바탕 농담 같은 진담을 쏟아 놓았습니다. 마음 한편에선 비용이 더 들더라도 모두가 좋아하는 큰 방을 빌려야 되는 것은 아닌지 마음이 복잡했습니다. 그래도 무엇보다 성도들이 조그마한 일에 즐거워하는 모습이 참 흐뭇했습니다. 복잡한 마음도 성도의 기쁨 가운데 자리 잡는 것이 목회자의 마음인가 봅니다.

주일에 함께 모여 예배하는 것도 즐겁지만 다른 즐거운 일을 찾기 시작했습니다. 그것은 가까이에 있었습니다. 바로 함께 식사하는 일이었습니다. 교회 오는 청년들이 따뜻한 밥이라도 한 끼 먹고 가면 좋겠다는 생각이 들었습니다. 예배 공간은 더 많은 숫자가 출석하면 생각해 보기로 하고, 식사를 매주 함께 하기로 했습니다. 일단 매주 예배 후 함께 맛집 탐방을 하였습니다. 물론 일정 금액 이하로 정해서 함께 식사를 하러 다녔습니다. 청년들이 주축이 되어 주변 식당을 검색하고 함께 매주 식사하는 것이 참 즐겁고 교회의 활력이 되었습니다. 단순히 맛있는 음식을 먹어서 즐거운 것이 아니라 식사를 나누며 서로의 삶을 가장 가까이에서 나눌 수 있는 기쁨이 우리 모임 가운데 가득하였습니다. 그래서 주님은 제자들과 함께 먹고 마셨나 봅니다.

교회가 태어나서 처음이라는 청년

아내의 직장 후배가 교회에 왔습니다. 교회는 태어나서 처음이라 했습니다. 그동안 교회는 남자가 많았습니다. 아들을 포함해서 남자가 4명으로 군부대 같은 분위기였는데 여자 청년이 오니 분위기가 이상하리만큼 밝아졌습니다. 가족의 인원과 성도의 숫자가 비슷해지니 욕심이 생겼습니다. 한 명만 더 오면 우리 가족과 교회 식구들의 숫자가 같아지고, 한 사람이 한 사람씩 전도하면 금방 부흥하겠다는 마음이 꿈틀꿈틀 자리 잡기 시작했습니다. 하지만 이런 욕심이 생기는 순간 결석자가 나오기 시작했습니다. 몇 명되지 않는 성도들이기에 한 사람만 빠져도 그 자리가 컸습니다. 어느 날은 나의 절망된 마음을 숨기고자 과장된 몸짓과 목소리로 설교했더니, 아내가 빠르게 눈치를 챘습니다. 교인들도 아마 눈치챘을 것입니다. 참 부끄러운 날이었습니다. 숫자에 연연하게 되는 모습이 부끄러웠고, 목회자로써 그리고 예배자의 한 사람으로 제 역할에 최선을 다하면 되었을 것을 다른 부수적인 것에 더 치중한 저 자신이 부끄러웠습니다.

"개척했습니다"라는 말을 들은 선배 목사님들이 "참 힘들겠다", "요즘은 개척시대가 아니다"라는 조언을 하시기도 하십니다. 그리고 그 말씀대로 많이 힘든 것도 사실입니다. 하지만 염려해 주시는 선배님들께 저는 이렇게 말씀드렸습니다. "선배님들이 가셨던 길인데요. 뭐..." 제가 가는 이

길은 이미 많은 선배 목사님께서 걸었던 길입니다. 선배 목사님들이 열정 하나만으로 굶으시며 영혼을 위해 걸어가셨던 길입니다. 저는 그 길을 따라갈 뿐이라고 생각합니다. 환경이 바뀌고 사람이 바뀌었다 하더라도 영혼을 위한 그 마음은 변함이 없기 때문입니다.

그 길을 저는 걷고 있습니다. 태어나서 처음 교회에 발을 들인 그 청년이 세례를 받고 주님을 따르는 삶을 살아갈 수 있도록 도울 것입니다. 많은 선배 목사님이 그러했듯이 저도 오늘 그 길을 묵묵히 걸을 뿐입니다.

아콜루테오

'아콜루테오'는 개척을 할 때 표어가 된 헬라어 단어입니다. 예수님께서 제자들을 부르실 때 사용한 '따르라'는 의미의 단어입니다. 주님을 따르는 자들이 교회이기에 교회핵심가치를 '아콜루테오'로 정하고 목회를 했습니다. 예수님의 가르침을 따르고 행하며 예배하는 것이 교회의 중요한 역할이라고 생각하며 그 길을 묵묵히 걷는 것이 또한 저의 몫이라 생각했습니다. 묵묵히 걷는 그 모습을 어여삐 여기셨는지, 지금 예배드리고 있는 장소를 빌릴 수 있게 되었습니다. 비록 지하공간이지만, 잘 단장된 연구소입니다. 많은 배려로 저렴한 비용으로 사용하고 있습니다. 또한 감사하게도 교회도 지방회에 교회설립예배 절차를 진행할 수 있을 만큼 모양새를 갖출 수 있게 되었습니다.

그동안 교회 명칭은 '아콜루테오'였습니다. 당연히 교회 설립에 따른 교회 이름도 아콜루테오교회로 할 계획이었는데 성도들이 난색을 표했습니다. 몇 명 안되는 성도들이 벌떼처럼 교회 이름이 너무 어렵다고 말하니 당황스러웠습니다. 믿었던 아내까지 어렵다고 했습니다. 아콜로테오의 뜻과 의미 그리고 목회철학까지 설명했으나 아무 소용이 없었습니다. 그래서 공모를 하게 되었고 다수결로 정하기로 했는데 그 결과 그루터기교회가 되었습니다. 주님께 뿌리박혀 주님이 주시는 말씀만을 먹고 열매 맺으며 그리고 세상에 쉼이 되는 교회가 될 것입니다.

첫 성탄

지하공간이지만, 힘차게 찬양할 수 있는 공간이 생겨 정말 기뻤습니다. 그렇게 예배드리다 문득 성탄절을 준비하는 마음이 섭섭했습니다. 정확히 표현하면 하나님께 죄송했습니다. 성탄절인데 교회가 할 일이 없었습니다. 여느 교회처럼 찬양대가 있어 성탄칸타타를 할 수 있는 것도 아니고, 성탄전야 행사를 할 수 있는 것도 아니기 때문입니다. 제안하길 성탄 주일오후에 개인별로 장기자랑을 하자고 했더니, 별 반응도 없었고 부담스러워 했습니다. 몇몇 성도들이 교회 행사가 익숙지 않아서 그렇기도 하지만, 그래도 그냥 보내기는 아쉬웠습니다. 고심 끝에 성탄 주일에 제가 특송을 했습니다. '생명의 양식을'이라는 성가를 설교 전에 찬양했습니다. 많이 연습했음에도 불구하고 시작 부분에서 실수를 하고 두 번의 시도 끝에 무사히 찬양을 마칠 수 있었습니다. 물론 잘 부르지는 못했습니다. 하지만, 성탄 감사의 마음은 교인들에게 전해진 것 같았습니다. 왜냐하면 다들 말은 하지 않았지만, 모두가 감사와 은혜의 시간이 되었음을 알 수 있었기 때문입니다. 성탄절의 찬양은 '진심으로 하는 모습은 그 결과를 떠나서 감동과 은혜가 있다'는 것을 깨닫게 하였습니다. 보여주기 위한 노래가 아니었음을 성도들은 느낄 수 있었기에 진심이 전해졌고 은혜의 시간이 되었습니다. 첫 성탄을 보내며 내년에도, 후년에도 같은 곡으로 찬양할 것을 다짐했습니다. 그것은 잘하고 못하고를 떠나 제가 주님께 드리는 감사찬양이기 때문입니다.

저는 작은 교회 몇 안되는 성도들의 목회자입니다. 저는 진심으로 제가 맡은 일에 최선을 다할 때 그 진심이 전해진다고 믿습니다. 그리고 그 진심으로 예수 그리스도를 알리고 전하는 일에 최선을 다할 것입니다. 그래서 마치 눈송이가 열심히 굴러 눈덩이가 되어 눈사람을 만들 수 있듯이 저는 그리고 그루터기교회는 오늘도 열심히 구르고 있고 구를 것입니다.

이곳에 뼈를 묻으리

법기교회 _ 권병대 목사

  2014년 3월 30일, 이날은 법기교회 창립 60주년 역사에 길이 남을만한 감격스러운 날이었습니다. 바로 새 교회당 봉헌식이 있었기 때문입니다. 대지 110평에 3층 콘크리트 건물로 건평 150평 교회당을 건축하여 봉헌하면서, 온 성도뿐 아니라 지방회에 속한 모든 교회가 기뻐하며 감격의 봉헌식을 거행했습니다. 정말 주님께서 역사하셨다고 말할 수밖에 없는 기적적인 일이 현실로 나타난 것입니다. 교회 부임 후 20여 년 동안 이곳에 뼈를 묻을 각오로 오로지 교회의 부흥을 목말라했던 지난날들이 주마등처럼 스쳐 지나가며 감격의 눈물이 솟구쳤습니다. 믿음은 바라는 것들의 실상이요 보지 못하던 것들의 증거라고 하는 성경 말씀이 이루어지는 순간이었습니다.

눈물의 고개를 넘으며

  제가 법기교회에 부임한 것은 가을빛이 붉게 물들기 시작하던 1994년 10월로, 인생과 목회의 신실한 동역자인 아내와 첫돌 지난 아들을 데리고 기대에 찬 단독목회지에 부임했습니다. 교회당은 10평 남짓한 시골집에 십자가 탑을 세운 아담한 교회였습니다. 작은 강대상 아래 방석을 깔고 옹기종기 모여 앉아 풍금 반주에 맞추어 예배를 드렸는데, 집사님 여섯 분을 포함하여 장년 성도 10여 명에 청년들과 학생들, 그리고 어린이 몇 명이 전부였습니다.

재정 상황은 열악하여 모든 공과금과 필요경비를 제하고 난 후 목회자 사례비 35만 원을 여러 주에 걸쳐 나누어 지급하게 되었습니다. 그마저도 다 받지 못하고 한 달이 지나면 나머지는 없는 것으로 하고 다시 새 달을 시작하였는데 다음 달들도 마찬가지였습니다. 사택은 15평정도 되는 시골집으로 안방만 연탄보일러가 들어오고, 뒷방과 부엌은 불이 들어오지 않아 겨울철이 되면 방바닥은 온통 냉골이 되었고, 공기는 시베리아 벌판처럼 싸늘했습니다. 창문은 창호지를 덧대어 바른 나무창문이어서 대낮에도 빛이 잘 들어오지 않아 어두침침하기까지 했습니다.

그래도 교회에는 이용 가능한 승합차가 한 대 있었습니다. 하지만 이는 다른 교회에서 사용하던 차를 얻어 쓰고 있는 것으로, 차 명의는 다른 교회 목사님 이름으로 되어 있고, 주소지는 또 다른 교회의 주소지로 되어 있던 상황이었습니다. 그런 승합차를 보험도 넣지 않고 운행하고 있었기에 부임하자마자 제일 먼저 승합차를 폐차하였습니다. 하지만 과태료만 무려 10개, 50만 원의 벌금이 있었습니다. 전임지에서 사임할 때 받은 고별금으로 과태료를 해결한 후 승합차를 폐차시키니, 폐차비 2만 원이 수중에 들어왔습니다.

두 번째 한 일은 예배 환경을 개선하는 것이었습니다. 낡은 풍금을 버리고 중고 피아노를 구입하였습니다. 집사님의 도움을 받아 장판을 새로 깔고, 방석을 새것으로 교체하였고, 강단 휘장과 커튼을 새로 장만하였습니다.

그러던 중 다른 집사님께서 사용하던 승합차를 바꾸면서 기존에 사용하던 승합차를 교회에 기증하였습니다. 하지만 보험료가 문제였습니다. 당시만 해도 보험료 100만 원은 많은 액수였기에 보험료 납부를 위해 폐지를 수집하기 시작했습니다. 폐지를 수집하여 모아놓으면, 재생공사에 다니던 집사님 남편분이 차를 가지고 와서 싣고 간 후 무게를 달아서 폐지대금을 받아다 주었습니다. 폐지 줍기로 보험료를 충당하고 남는 것은 교회 운영비로 사용하였습니다.

그렇게 몇 달이 지나고 새해가 되어 새로운 목회계획을 세웠습니다. 하지만 교회 운영은 점점 더 어려워지고, 생활은 점점 더 궁핍해졌습니다. 희망과 비전을 가지기는커녕 삶을 지탱하기조차 어려웠습니다. 그래서 평소에 친분이 있던 목사님들과 지방회 교회들 중에서 교세가 큰 교회들에게 선교헌금을 요청하는 편지를 보냈습니다. 몇몇 교회에서 선교헌금을 보내주셨고 그것이 마중물이 되어 눈물의 고개를 넘어 오늘의 자립 교회, 선교의 사명을 감당하는 교회로 성장할 수 있었습니다. 어려울 때 도움을 주신 교회와 목사님들께 깊이 감사드립니다.

희망의 징검다리 놓기

부임 후 첫해가 바쁘게 지나갔습니다. 폐지를 수집하면서도 사택을 개방하여 성도들과 함께 어울리며 밥상공동체를 실현하고자 했습니다. 하지만 교회 부흥 세미나에도 다녀오고, 다각도로 교회 부흥에 대한 노력을 해보았지만 딱히 손에 잡히는 것이 없었습니다.

그러던 중 서울 온누리교회에서 실시하는 목회자 세미나가 눈에 띄었습니다. 교회론과 목회철학이라는 주제로 1년 동안 특색 있는 목회를 통해 부흥하고 있는 목회자들의 강의를 들어본 후, 자신의 목회철학을 정립하는 과정이었습니다. 월요일마다 피곤한 몸을 이끌고 부산역에서 통일호 열차를 타고 5시간씩 걸려 서울로 갔습니다. 그렇게 1년을 지나면서 얻은 결론은 남의 목회가 아닌, 남을 흉내내는 목회가 아닌, 내가 잘 할 수 있는 내 특성에 맞는 목회를 하는 것이었습니다.

온누리교회에서 배운 일대일 제자양육을 적용하여 성도들에게 제자훈련을 시작했습니다. 어린이들과 청소년, 청년들과 직접 만나며, 그들을 데리고 다니며 수련회를 하였고, 바닷가에 놀러도 가고, 등산을 하거나 영화를 함께 보고, 맛있는 것도 함께 먹으러 가고, 또 주일마다 오후예배가 끝난 후에는 함께 축구를 하고, 축구가 끝난 후에는 집으로 데리고 와서 밥을 해 먹여가는 등 일상을 공유하며 말씀을 나누었습니다.

또 1년이 지나가고, 목사 안수를 받게 되었습니다. 제2회 영남지역총회에서 목사 안수를 받고 담임목사 취임식을 했는데, 취임식을 하고 보니 축하금으로 들어온 헌금이 모든 경비를 제하고도 260만 원이 남았습니다. 그래서 장의자 10개를 구입하여 예배석 30석을 확보하였습니다. 그리고 장차 도로가 확장될 경우 교회당 이전 건축을 위해 선교비의 절반을 저축하였습니다. 건축기금을 마련하기 위해 5년 동안 1,000만 원을 만드는 적금을 들고, 시급한 교회당 수리를 위해 3년 동안 200만 원을 만드는 적금도 들었습니다. 부흥이라고 하는 것은 영적으로도 부흥이 일어나야 하지만, 눈에 보이는 부흥도 무시할 수 없기에, 한편으로는 영적인 부흥을 위해 매진하면서, 또 한편으로는 눈에 보이는 환경을 개선해나가야 한다는 생각으로 끊임없이 이 두 가지를 염두에 두고 목회했습니다.

담임 목회자의 목회 역량을 높이기 위해 공부도 시작하였습니다. 인근 부산에 있는 경성대학교 국문학과에 시간제로 등록하여 틈틈이 공부한 결과 7년 만에 문학사 학위를 받을 수 있었고, 곧바로 부산대학교 대학원 국문학과에 진학하였으나, 목회와 공부를 병행하기가 너무 어려워 눈물을 머금고 학업을 포기하였습니다. 그래도 그때부터 글을 쓰기 시작하여 활천문학상 최우수상을 수상하였고, 국민일보 신춘문예에도 응모하여 우수상에 당선되는 영광도 얻게 되었습니다.

부흥의 공식 만들기

전략적으로 부흥을 위한 노력을 해야 할 때가 되었다는 생각이 들었습니다. 부흥이라고 하는 것은 예배도 잘 드리고 기도도 잘 해야 하지만, 중요한 것은 전도입니다. 그렇다면 어떻게 전도할 것인지 고민되었습니다. 당시 우리 교회가 창립 40주년 정도 되었는데, 1년에 한 명을 전도해도 40명은 되었을 것이라는 생각이 들었습니다. 그래서 목표를 세우기를 온 교회가 1년에 한 명에게 복음 전하기로 결정했습니다. 그리고 부활주일에 '총동원전도초청주일'을 선포하고 전교인이 그 일에 매달려 기도하고, 선물과 잔치를 준비하여 초청하였습니다. 그랬더니 신기하게도 해마다 꼭 1명씩은 전도가 되었습니다. 1명 이상을 전도할 때도 있었습니다. 그렇게 새신자가 늘어났습니다. 꾸준히 20년을 해왔고, 지금도 계속하고 있으며 앞으로도 계속해 나갈 것입니다.

성도들에게 성경도 열심히 가르쳤습니다. 성경을 창세기에서부터 요한계시록까지 통째로 가르치는 것을 목표로, 주일 오전예배 시간에는 창세기로부터 율법서, 역사서, 복음서, 로마서, 요한계시록 등 성경을 권수대로 이어서 설교하였고, 오후예배 시간에는 선지서와 서신서 등을 공부하였는데, 오후 시간이 되면 졸리기 때문에 성경퀴즈 형식으로 공부하였습니다. 문제를 풀면 쿠폰 1장을 드리고, 쿠폰 10장 모으면 문화상품권을 1장 선물로 드렸더니, 졸지도 않고 열심히 성경공부를 하였습니다. 지금은 성경답안지를 적어서 제출하도록 합니다.

그리고 성도들에게 성경을 읽게 하려고 1년 1독을 목표로 성경을 5개 부분으로 나누어 1개 부분을 다 읽으면 문화상품권 1장을 드리고, 그렇게 해서 1권을 다 읽으면 문화상품권 5장을 드리는데, 1년 동안 성경을 읽으면 문화상품권을 10장을 받게 됩니다. 그리고 10독을 할 때마다 10만 원의 상금을 드렸더니, 많은 성도들이 성경읽기에 참여하고, 매 차수 12명 이상이 완독을 하고 있으며, 제일 많이 읽은 분은 현재 19번 째 성경을 읽고 있습니다. 처음 작은 선물 때문에 성경을 읽고 공부했을 수도 있지만, 지금은 말씀을 읽고 배우는 그 자체가 행복하여 우리 교회의 문화로 자리잡고 있습니다.

사실 이 지역은 시골로 마을에 몇 가구가 없으며, 인구도 그리 많지 않아 부흥에 한계가 있습니다. 그래서 선택한 전도의 방법 한 가지는 한 영혼을 전도하고, 그 사람을 잘 양육하여 그 가정 전체를 전도하는 것입니다. 실제로 우리 교회는 여자 성도 한 분은 예수님을 영접하여 자녀 모두가 예수님을 믿고, 남편과 부모님까지 구원한 가정들이 많습니다. 그리고 시골 특성상 토박이들은 예수님을 잘 믿지 않기 때문에, 그들 집에 세 들어 살던 사람들을 전도하였습니다. 그들이 복을 받아 인근 도시에 아파트를 구입하여 살면서 본 교회를 출석하게 되어 긍정적인 영향력을 끼쳤습니다. 또한 어린이와 청소년, 청년들을 전도하여 잘 양육하였더니, 그들이 자라서 결혼을 하고 가정을 이루어 본 교회에 출석하면서, 자연적으로 교회는 성장하고 부흥을 하게 되는 것을 경험하였습니다.

옛말에 '십년 병에 삼년 된 약쑥을 구하지 못해 죽는다' 는 말과 같이 당장 부흥을 목말라하면서 큰 부흥만 추구할 것이 아니라, 작은 것에 충실하며 지극히 작은 생명 하나를 인도하고 양육하는 것이 교회 부흥의 첫걸음이라는 것을 확신하게 됩니다.

새 술은 새 부대에(교회당 봉헌기)

제가 처음 부임했을 때의 교회당은 10평 정도 되는 건물이었습니다. 부임 후 2년이 지나 담임목사 취임식을 한 후 장의자 10개를 들여놓아 예배석 30석을 만들었고, 그 후 3년 적금이 만기되어 찾은 돈 200만 원으로 교회당을 늘리고 42석을 만들었습니다. 그 후에도 한 차례 더 예배당을 늘려 예배석을 63석까지 확보하였습니다.

그런데 항상 마음을 짓누르고 있던 것은 언젠가 도로가 확장되면 도로변에 있는 교회가 이전해야 하고, 그러려면 교회 대지를 마련해야 하는 것이었습니다. 그래서 늘 기도하면서 교회 대지를 찾던 중에 마침 한 곳이 나타났습니다. 당시 정부에서 부동산실명제를 도입하였는데, 차명으로 땅을 가지고 있던 사람이 마침 돈이 필요해서 겸사겸사 땅을 판다고 하였습니다. 땅은 167평인데 평당 30만 원, 총 5,000만 원이 되었습니다. 그래서 온성도 기도를 선포하고 대지헌금을 마련하기 시작하였습니다. 이미 5년 전에 건축을 위해 넣어두었던 1,000만 원 적금을 찾고, 성도들 틈틈이 건축헌금을 해온 것과 대지 마련을 위한 특별헌금을 하였더니, 거짓말처럼 빚 하나 지지 않고 5,000만 원이 확보되어 대지를 구입 할 수 있었습니다. 2002년 월드컵으로 온 나라가 떠들썩하던 해였는데 실로 꿈은 이루어진다는 것을 체험하는 기적의 날이었습니다.

하지만 기적은 끝나지 않았습니다. 그동안 준비하였던 모든 믿음에 대한 도전이 드디어 시작되었습니다. 교회 앞에 있는 4차선 도로가 확장되어 교회가 수용된다는 통지가 왔습니다. 드디어 행동 할 때로 이날을 위해 엘리야처럼 허리띠를 졸라매고 달려왔는데, 이제 은혜의 소낙비가 내릴 때가 된 것입니다. 온성도는 전격적으로 교회 건축 작전에 들어갔습니다. 먼저 교회당 건축허가를 받아야 했습니다. 그런데 이게 만만치 않았습니다. 교회가 있는 지역은 그린벨트 지역에 상수원보호구역이었는데 감사한 것은 우리가 땅을 살 때만 해도 그린벨트 지역이었던 것이 풀려서 교회를 신축할 수 있게 되었습니다. 주님은 얼마나 놀라우시고 세밀하신지 그저 감사할 따름입니다. 그렇지만 건축허가는 난관의 연속이었습니다. 건축허가를 받기 위해서는 시청의 여러 부서와 협의를 거쳐야 했습니다. 건축과는 물론이고, 도시과, 환경과, 농지과, 하천방재과, 환경과, 그리고 철도청까지 협의를 거쳐야 했고 그 일정이 무척 길고 지루하였습니다. 그 기간이 무려 1년이 걸렸습니다. 실제 건축에 소요된 시간 3개월에 비하면, 준비 기간은 실로 인고의 시간이었습니다. 그러나 주님을 믿었습니다. 문제가 있을 때마다 강단에 엎드렸고 그러면 문제가 해결되어 또 길이 생겼습니다.

 2013년 9월 첫 주에 건축헌신예배를 드리면서 특별 건축헌금을 선포했습니다. 작정헌금은 하지 말되 준비된 것 중에서 부부가 상의해서 드리라 했습니다. 그런데 놀랍게도 3개월만에 건축헌금 1억 3,000만 원이 봉헌되었습니다. 성도들에게 헌금을 강요하지도 않았는데, 모든 성도들이 새 교회당에 대한 염원이 있었나 봅니다. 대지를 구입 후 모아둔 건축헌금 1억 7000만 원과 이전 교회당 보상금 1억 원, 구입한 대지 절반이 도로에 수용되어 받은 보상금 2억 원을 합쳐서 건축비 6억 원이 준비되었습니다. 곧바로 시공할 건축회사를 선정하였습니다. 건축회사는 울산에 있는 태화종합건설로 교회 안수집사님이 대표이었습니다. 집사님은 작은 교회가 교회당 건축을 한다며 편의를 살펴주었습니다.

 그렇게 3개월 동안의 건축 기간이 꿈같이 지나가고, 드디어 2014년 2월 준공허가가 나고, 3월 30일에 감격스러운 헌당식을 하게 된 것입니다. 이제는 자립하는 건강한 교회로 성장하였으며, 경상비 10%를 선교헌금으로 보내는 선교하는 교회가 되었습니다. 앞으로도 선교지향적인 건강한 강소교회로 주님께서 맡겨주신 사명을 온전히 감당해나갈 것을 소망하며 오늘도 희망의 징검다리를 하나씩 놓습니다.

주가 기뻐하시는 일이라면

성목교회 _ 이무경 목사

꿈은 늙지 않는다

꿈꾸지 않는 사람도 있을까요? 저는 걸어 다니면서도 꿈을 꾸었습니다. 그리고 48년간 목회하다 원로목사로 은퇴했지만 다시 교회를 개척했습니다. 다변화 시대에 여러 형태에 교회가 있지만 은퇴목회자를 위한 교회가 없다는 사실이 눈에 들어왔습니다. 먼저 제가 원로목사로 은퇴하면서 맘 편하게 다닐 교회가 없었고, 또한 작은 교회서 목회했던 많은 목회자가 일평생 목회하다 은퇴 후에는 마치 소외당하는 것처럼 교회 안에서 제대로 정착을 못 하고 이 교회 저 교회로 전전하는 것이 문제가 있다고 보았기 때문입니다. 그런데 이 기도 응답은 은퇴 후 3년 만에 이루어졌습니다. 얼마나 기뻤는지 춤을 추며 크게 기뻐했던 모습을 어느 누가 보았다면 아마 주책없는 노인으로 보였을지도 모릅니다.

질병으로 일찍 은퇴한 친구 목사의 아내가 "목사님, 은퇴목회자를 위한 교회를 개척 하신다고 하셨는데 세웠나요?"라고 전화가 왔습니다. 갑작스러운 물음에 당황한 나머지 개척자금이 준비되지 않았다 얼버무렸습니다. 그랬더니 사모님은 딸이 매월 100만 원 십일조를 하는데 몇 달 치를 당겨서 하시겠다고 하셨습니다. 너무나 뜻밖의 일이라 꿈인지 생시인지 분간이 가지 않았습니다. 그리고 이튿날 마음속으로 할렐루야를 끊임없이 외치며 바로 수원 성균관대역 근처 15평 2층 상가를 보증금 500만 원에 월세 42만 원으로 임대하였습니다. 그리고 2015년 10월 16일 성목교회를 개척했습니다. 창립 4년이 지난 지금 보증금과 월세도 조정이 되었고 어느 정도 안정을 찾아가고 있습니다.

전철역 가까운 곳을 임대한 것은 은퇴목회자들이 전철을 무료로 이용하며 편히 오고가기 위해서입니다. 저는 원로목사로 은퇴한 목사이기 때문에 담임 목사가 아닌 운영위원장이란 직책으로 섬기며 월급이나 수당은 받지 않습니다. 행정적으로 치리 목사 아래, 주일이면 은퇴목사들이 순번을 정하여 설교합니다. 은퇴목회자들이 목회할 때는 설교 준비가 힘들고 설교하기가 어려웠는데 은퇴 후에는 설교 듣기가 힘들었다고 이야기합니다. 그런데 성목교회에서 자주 설교를 하니 참으로 좋다고 합니다. 아마 복음을 전하지 못하던 영적 스트레스가 있었던 같습니다. 꿈을 가진 6명의 창립 구성원으로 시작한 우리 성목교회는 말 그대로 특수한 교회로 출발했습니다.

첫 번째 시련

저는 두 번의 교회 개척 경험이 있습니다. 첫 번째는 1971년 제 나이 33세 때 서울 강동지방회에 속한 주사랑교회이며 두 번째는 1978년 39세 때 경서지방회에 속한 새생명교회입니다. 한마디로 맨주먹이지만 젊어서 고생은 돈을 주고 산다는 마음에 사명감에 불타올라 교회를 개척했습니다. 서울 판잣집에서 교회를 개척할 때에는 아내와 어린 두 아들, 딸과 다섯 식구가 그야말로 굶기도 여러 번 하였습니다. 수원에서 텐트를 치고 교회를 개척할 때에는 무허가 천막 교회로 두 번이나 철거를 당하고 태풍으로 교회가 날아가기도 하였습니다. 개척으로 여러 번 쓴잔을 마셨는데 제가 은퇴를 하고 또 교회를 개척한다니 아내는 펄쩍 뛰며 "당신이 망령이 난 거요. 늙은이가 또 교회를 개척하다니!" 하며 심하게 반대하였습니다.

쉽지 않다는 것은 알았지만 미처 예상하지 못한 뜻밖의 큰 난관이었습니다. 아내도 기꺼이는 아니지만 그래도 협조할 줄 알았는데 이렇게 강력히 반대할 것으로 생각하지 못했습니다. 평소에도 가끔 아내에게 교회를 개척하겠다고 얘기했지만, 워낙 가진 돈이 없으니 그냥 꿈이라 생각했던 것 같습니다. 반대하는 아내에게 울며 기도하며 설득했습니다.

"여보! 내 꿈이야. 아니, 주님의 뜻이라고 생각해! 여보 제발 협조해 주라. 전에 젊어서 개척할 때 같지는 않을 거야. 만약 내가 지금 죽어도 좋다면 반대해. 그러면 포기할게."

아내는 지금이 편하고 좋은데 은퇴를 했으니 조용히 지내면 될 것을, 교회를 개척해서 안 해도 될 고생을 왜 하려 하는지 이해할 수 없다고 하였습니다. 그러나 저는 평안은 좋지만 편한 것이 좋은 것만 아니라고 생각했습니다. 왜냐하면 선배 목사님 한 분이 은퇴하고 편해서 좋다 하시더니 얼마 지나지 않아 소천하신 것을 보았기 때문입니다.

평안함을 반납하고

지금까지 저는 규모가 작은 교회서 목회를 했습니다. 그러나 큰 교회든 작은 교회든 목회란 24시간 밤낮없이 뛰어야 하는 중노동입니다. 목사로 이렇게 목회하다가 정년으로 내려놓으니 잠깐은 편하고 좋았으나 그게 아니었습니다. 은퇴 후 1년이 되지 않아 그만 우울증에 견디기 힘들었습니다. 40여 년간 목회하던 새생명교회는 한 달에 한 번 가서 설교하고 나머지 주일은 떠돌이 목사처럼 여러 교회를 배회하며 예배를 드려야 했습니다. 후배 목사들이 시무하는 교회를 찾아가면 물론 환영하지만 교회에 부담감을 주는 것 같았습니다. 축도를 요청하고 또한 금일봉을 주어도 마음이 편하지 않고 그렇다고 타교단 교회를 가서 예배를 드려도 교인 등록을 바라는 인사에 마음 편하게 예배를 드릴 수 없었습니다.

마치 주일만 되면 걸인이 깡통을 들고 구걸 다니는 것 같이 너무나도 초라하게만 느껴졌습니다. 그러다 은퇴하고 3년 만에 간절히 꿈꾸고 원하던 은퇴목회자들을 위한 성목교회를 개척하고 예배를 드리니, 나만 아니라 이제는 아내도 같이 개척하는 친구 목사들과 가족도 얼마나 기쁘고 감사한지 모든 것이 주님의 은혜였습니다.

두 번째 시련

교회를 개척한 지 불과 3개월이 되던 때, 함께 개척한 목사님 내외가 개인 사정으로 더 이상 함께 할 수 없게 되었습니다. 누구보다 가장 열정적으로 기도하며 사역하던 목사님 내외였습니다. 함께 기도하던 동역자가 없다는 사실과 함께 현실적으로 매월 42만 원씩 내는 임대료와 관리비 등이 큰 문제로 다가왔습니다. 아내는 지금이라고 교회를 포기하라고 이야기했습니다. 하지만 이것은 하나님께서 우리를 단련시키는 것이라는 마음이 생겼습니다. 밤낮없이 하나님께 부르짖으며 기도했습니다. 첫 번 서울에서 가족이 굶어가며 개척했을 때, 수원에서 천막 교회로 개척했을 때와 비교하면 이는 정말 아무것도 아닌 시험이라 생각들었습니다. 그리고 얼마 지나지 않아 교회를 잠시 떠나셨던 목사님 내외가 다시 오심으로 새 힘을 얻고 활기를 되찾게 되었습니다.

세 번째 시련

매일이 기쁨 그 자체였습니다. 십자가의 고난 뒤에 부활의 기쁨이 있듯, 저는 마치 날개 달린 사람처럼 걸어 다녀도 날아다니는 기분이었습니다.

만나는 사람 모두에게 교회를 개척했다고 자랑했습니다. 물론 은퇴하고 또 교회를 개척한 것이 선한 모습이 아니라 말하는 사람도 있었지만 함께 기뻐하며 격려와 후원을 보내주신 분들도 있었습니다.

그런데 날벼락 같은 시련이 닥쳤습니다. 저녁 뉴스를 보다 침실로 가던 중에 그만 푹 하고 쓰러졌습니다. 단순히 넘어졌다 생각했는데 아무리 용을 써도 일어날 수가 없었습니다. 아내가 119에 연락하여 화성시 동탄에 있는 병원으로 옮겨졌습니다. 의사는 고관절이 부러졌다 진단하였습니다. 하지만 수술을 받으려면 지병인 뇌졸중과 뇌출혈로 진료를 받고있는 병원으로 가는 것이 좋다고 이야기하였습니다. 그리하여 병원을 옮겨 입원한 지 3일만에 고관절 수술을 받았습니다. 뇌졸중과 뇌출혈로 입원을 두 번 하였지만, 건강이 좋아져 개척하였는데 고관절수술을 하게 되다니 인생의 신호등에 빨간 불이 켜진 것처럼 느껴졌습니다. 그러나 낙망하지도 절망하지도 않았습니다. 하나님은 저에게 말씀하셨습니다.

네가 만일 환난 날에 낙담하면 네 힘이 미약함을 보임이니라(잠 24:10)
내가 너를 떠나지 아니하며 버리지 아니하리니 강하고 담대하라(수 1:5-6)

수술을 받고 재활치료를 받는 동안 교회를 갈 수 없었습니다. 그래도 교회는 다른 목사님들이 잘 인도하여 주셨습니다. 그때 또다시 깨달은 것은 '내가 없으면 안 된다!' 라는 교만을 깨트려 주신 것입니다. 수술 후 한 달이 지나 불편한 몸이지만 교회로 돌아갈 수 있었습니다. 아직은 힘든 몸이지만 이것 역시 감사함의 시련으로 올려드리고 싶었습니다. 막내아들이 주일마다 화성 병점에서 수원에 있는 우리 교회로 태워다 주었습니다. 그러나 엘리베이터가 없어 2층 교회까지 지팡이를 짚고 또 부축받으며 계단을 올라가는 길이 무척이나 힘들었습니다. 하지만 성목교회에서 예배드리니 얼마나 감사한지 감개무량했습니다.

또 다른 시련

하나님은 예상치 못한 일로도 저를 몰고 가시기도 하셨습니다. 성목교회가 아직 안정기도 접어들지 않았는데 함께 교회를 개척한 둘도 없는 친구 목사가 하나님의 부름을 받아 소천하였습니다. 저는 팔 하나를 잃은 것 같았습니다. 우리는 함께 기뻐하고 함께 울며, 함께 일했습니다. 비록 그는 건강이 좋지 않아 교회를 개척할 때도 몸으로는 뛰어다니지 못하고 주일 강단에 서서 말씀을 전하기도 힘들었지만, 누구보다 성목교회를 위하여 가장 많이 기도하며 또한 재정적 지원을 아낌없이 했습니다. 교회 개척 시작부터 그의 아내와 딸, 며느리까지 물심양면으로 교회를 섬겼던 친구였습니다. 하나님의 부르심을 받아 친구를 보내고 나니 정말 힘이 쭉 빠지는 것 같았습니다. 항상 함께 있을 줄 알았던 50년 지기 친구인 석오식 목사! 동역자로 같이 일하면서 항상 마음 든든했는데 누가 그가 떠난 빈자리를 채워 줄 수 있을까요? 또 누가 우리 교회를 위해서 그만큼 지원하며 기도할는지 아직도 안타까움으로 친구 목사가 그립습니다.

성목교회 임무와 비전

우리는 다 은퇴한 목사들입니다. 그러나 선교의 열정만큼은 결코 조금도 식지 않았습니다. 지금은 100세 시대를 넘어 120세 시대로 가고 있다고 합니다. 교회 주보에도 명시 한 것처럼 우리는 비록 제도권 교회에서의 목회는 끝났지만, 복음 증거는 끝나지 않았다고 생각합니다. 은퇴했다고 아무 일도 하지 않고 단순히 교회만 출석 하며 세월만 보낸다면 이 역시 또 다른 식물인간이 아닌가 싶습니다. 그래서 우리 교회 목사들은 지금도 계속 쉬지 않고 도전하고 있습니다.

첫째, 우리 교회 몇 분은 요양원과 요양병원에 가서 설교도 하고 전도한 경험들이 있습니다. 앞으로는 정기적으로 할 수 있도록 지정된 몇 개의 요양원이나 요양병원에 가서 설교도 하고 전도를 하려고 합니다. 더 나아가 앞으로는 요양원을 개설하여 거기도 제2의 성목교회를 만들려고 합니다.

둘째. 우리는 전도에 쉬지 않고 참석하려 합니다. 칼갈이 전도대를 구성하여 선교비를 지원하는 교회나 아니면 어느 성결교회든지 찾아가거나 또한 부르면 찾아가서 칼을 갈아주며 전도하려고 합니다. 현재는 주민센터 헬스장 두 곳에서 커피 봉사로 전도하고 있습니다.

셋째, 성목교회는 지금 출석하는 은퇴 목사들에게 성목교회 연금이란 이름으로 매월 20만 원의 선교헌금을 집행하고자 합니다. 교회를 개척하고 6개월 때부터 매월 10만 원을 지출하였는데 그 이상의 헌금으로 지원하고자 합니다.

넷째, 은퇴목회자들의 예배를 안정적으로 지원하는 교회 건축에 힘을 쏟고자 합니다. 현재 건축헌금 2,000만 원을 적립하였습니다. 앞으로 건축헌금을 약 1억 원 정도 적립하여 상가를 매입하여 기독교대한성결교회 유지 재단에 소속된 교회로 지켜지고 발전하기를 바랍니다.

다섯째, 우리 교회는 은퇴한 목사들과 사모들이 모이는 특수한 교회로 교인 수를 최대 50~100명으로 기도하는 공동체로 성장할 것입니다.

끝으로 우리 성목교회가 주님이 재림하실 때까지 단순히 이 땅에서 존재하는 것만이 아니라 더욱 알차게 부흥하고 발전하여 우리 기독교대한성결교회뿐만 아니라 한국교회와 이 사회에 참 빛이 되기를 진심으로 소망합니다.

예수 행복 머무는 자리

열방비전교회 _ 김금례 목사

참된 행복이 임했습니다

저는 사면이 바다인 조그만 섬, 안도에서 태어났습니다. 학교 갔다 돌아오면 집에서는 굿하는 소리가 들렸습니다. 무당이 되지 않으면 살 수 없다고 신병에 시달리시는 엄마는 시퍼런 작두 위에서 뛰시며 어쩔 수 없이 굿을 해야만 했습니다. 할머니는 집안 곳곳에 신들의 이름을 지어 때마다 음식을 가져다 놓고 두 손을 빌며 복을 비셨습니다. 저는 창피해서 숨어버리고 싶었습니다.

어느 날 친구를 따라 교회에 갔다 예수님의 이야기를 들었습니다. 그분은 오직 한 분, 하나님의 아들이라고 하였습니다. 나를 위해 이 땅에 사람으로 오셔서 나의 죄 때문에 십자가에서 죽으셨다가 사흘 만에 살아나시고 하늘로 올라가셨는데. 나를 위해 다시 오신다고 하셨습니다. 그 충격적인 이야기가 어린 저에게는 사실로 믿어졌습니다. 그분만이 길이고 진리라고 하셨습니다. 나는 그분이 좋았습니다. 예수님이 좋아서 마냥 교회에 머물렀습니다.

중학생이었던 어느 날, 목사님과 사모님 그리고 몇 분의 권사님들이 어느 부인의 집에 심방을 가신다고 하셔서 따라갔다가 예수님의 보혈의 능력을 경험했습니다. 늦은 밤 우리는 보혈찬송과 분투와 승리의 찬송을 부르며 예수 이름으로 기도했습니다. 구주의 십자가 보혈로 죄에서 자유를 얻게 하신 예수님을 찬송하며 예수 십자가의 흘린 피로 사망 권세 이기신 것을 선포하고 기도하며 또 기도하였습니다. 그리고 그 여인에게 머물던 귀신이 소리치며 떠났습니다. 예수의 피가 뜨거워 견딜 수 없다며 떠날 테니 그만하라고 소리치며 여인은 거품을 품으며 쓰러졌습니다. 악한 원수 마귀가 떠났다고 말씀하시는 목사님의 확언에 우리 모두는 손뼉치며 하나님께 감사와 영광을 올려드렸습니다. 도무지 이해할 수 없는 상황들이 저를 당황하게 했지만 바로 예수님만이 엄마를 고쳐주실 것이라는 믿음이 생겼습니다. 이 분명한 사실을 목격한 저는 예수님의 권세 능력을 의지하며 엄마의 무당 내림굿을 반대했고 가족 영혼구원을 위해 기도하기 시작했습니다.

종갓집 장손이신 아버지는 장녀인 저에게 제사 지내는 법을 가르쳐 주셨습니다. 그리고 먼 바다 항해를 마치고 돌아오시는 날이면 할아버지 산소에 절을 하도록 하셨습니다. 그런데 어떻게 아셨는지 아버지께서는 뜻밖의 말을 하셨습니다.

"금예야, 너는 예수님 믿으니까 절하지 말고 저쪽에서 기다려 주겠니? 나도 네가 믿는 예수님 믿고 싶은데. 장손이고 아직 할머니께서 살아계시니 어쩔 수가 없구나." 라고 말씀하셨습니다.

지극히 효자이셨던 아버지는 할머니께 효도하는 길이 그일 뿐이라고 생각하셨습니다. 아버지는 위암 말기로 수술을 받으셨고 점점 쇠약해지셨습니다. 할머니는 아버지의 병을 고치기 위해 삼일 굿을 하였습니다. 아버지는 제게 미안해하시며 굿하는 동안 교회에 머물라고 이야기하셨습니다. 저는 굿을 하는 동안 교회 기도실에서 아버지의 영혼을 불쌍히 여겨달라고 울며 기도했습니다. 삼 일 되던 날, 무작정 집에 가고 싶은 마음이 들

없습니다. 집에 갔더니 아버지는 굿을 멈추고 할머니와 엄마, 어린 다섯 동생을 부탁한다고 말씀하시며 어서 다시 교회로 돌아가라고 말씀하셨습니다.

아버지는 자정이 지나면서 저를 찾다 소천하셨습니다. 신병으로 시름시름 앓는 엄마를 모시고 어린 동생을 돌보기 위해 고등학교 진학을 멈추고 가장이 되었습니다. 목사님의 추천으로 신학교에 가기 위해 성경공부를 하던 중이었지만 아버지의 소천과 함께 다 내려놓을 수밖에 없었습니다.

부르심은 잊히지 않았습니다

불혹의 나이에 하나님의 부르심을 받고 까마득히 잊고 있었던 신학을 시작했습니다. 신학교 졸업과 동시에 개척의 사명이 주어졌습니다. 그리고 기독교대한성결교회의 100주년 기념사업이었던 개척훈련원 5기에 등록하여 훈련을 받았습니다. 훈련을 마치고 주저함의 여지도 없이 성령님의 이끌림에 순종하여 광야로 나간 빌립처럼, 그야말로 광야와 같은 연고가 전혀 없던 곳에서 개척을 해야만 했습니다. 저같이 무지하고 연약한 바보가 개척하는 것이 하나님의 뜻인지 오랫동안 금식하며 하나님께 거절도 해봤지만 거부할 수 없는 상황들이 저를 이끌어갔습니다. 당시 개척훈련원 원장님이셨던 류종길 목사님의 따뜻한 격려에 힘입어 용기를 내어 개척을 준비했습니다. 부교역자 경험은 물론이고 아무런 정보도 지식도 없이 평소에 전도현장으로 자주 찾아갔던 가락시장 건너편에 있는 작은 사무실에서 2006년 8월 27일 창립예배를 드렸습니다. 기독교성결교회 총회로부터 101년차 기념교회로 공식 예배를 드렸습니다. 특별히 매주 토요일 오후에는 교파를 초월한 믿음의 사람들이 모여서 한마음으로 중보기도 모임을 가지며 목회사역을 시작하였습니다.

가락시장 상인들을 대상으로 복음을 전했습니다. 작정기도와 금식기도로 문제가 있는 성도들이 응답을 받는 역사가 나타났습니다. 한 번만 예배에 참석해 보시라는 권유로 교회 출석하여 예배를 드렸던 분이 계십니다. 이분은 극심한 재정난을 극복하지 못하고 입을 옷 몇 가지만 챙겨 가족과 함께 서울역으로 가셨다가 노숙자들의 모습을 보며 전날 처음 교회에서 들은 복음이 생각나서 되돌아오셨다고 하였습니다. 저는 함께 금식하고 기도하면서 성도의 작업장의 인건비 절약을 위해 봉사하기로 했습니다. 혹독한 영하 15도 이하의 강추위에 고등어 내장이 흘러내려 비린내 나는 작업장에서 함께 쭈그리고 앉아 고등어자반 손질하는 일을 도왔습니다. 과다한 부채로 파산 위기에 있던 성도는 교회 출석과 함께 점점 회복되어갔습니다. 채권자들의 빚 독촉과 근심때문에 독한 술을 마시면서 술의 힘으로 살아왔다던 성도는 가정에서 매일 작정예배를 드리며 하나님의 강력한 역사하심을 경험하였습니다. 매일 '살아계신 주'를 찬양하며 흥겹게 일하게 되었고 늘 자신의 입술에 있었던 욕설이 변하여 찬양이 되었다고 간증하기도 하였습니다.

아무리 방해 공작이 거셀지라도

때론 개척교회의 열악함이 복음의 열정보다 한 발 더 앞서 나가는 것처럼 느껴지기도 하였습니다. 입으로는 "주님께서 앞에 가시고 저는 주님의 뒤를 따르겠습니다"라고 하면서 어디서부터 어떻게 하는 것이 좋을지 몰라 무기력하기도 했습니다. 그렇기에 저는 성도들이 당하는 문제 앞에서 금식을 밥 먹듯 하면서 중보기도사역을 하여야만 했습니다.

교회는 구제사역에 힘을 쏟았습니다. 경마에 빠져 파산에 이르게 되어 채권자의 횡포에 견디다 못해 가정이 무너지고 가스요금마저 밀려 냉방에서 아이들과 겨울을 나는 성도를 보고 안타까움에 교회가 채권을 대납하였습니다. 홀로 어린 손자와 함께 사시는 어느 성도는 교회가 매주 대접하는 식탁에 감동받아 교회를 등록하셨습니다. 가정환경이 넉넉지 못한 성도들을 위해 김치와 반찬 나눔 등에 우선적인 지출을 하다 보니 미처 지출하지 못해 밀린 교회임대료가 보증금보다 많아졌습니다. 건물주인은 밀린 임대료 전부를 준비하지 못하면 건물을 비우고 시설물을 원상 복구하라고 하였습니다. 결국은 비워 주기로 하고 시설물 철거를 용역업체에 의뢰해 놓고 하나님의 뜻을 구하는 기도를 하였습니다. 삼 일을 남겨 놓고 하나님께서는 지인을 통해 밀린 임대료와 계약 위약금까지 한 번에 결제하게 하셨습니다.

하나님께서는 항상 대책을 세워 놓고 계셨습니다. 그리고 다시 일어설 수 있었던 것은 총회본부에서 실시하는 2·3·4부흥운동이 있었기 때문입니다. 꾸준히 2시간 이상 기도하고 3시간 이상 말씀 연구하고 4시간 이상 전도하는 운동에 참여함으로 양적 부흥이 시작되었습니다.

하지만 쉽지 않았습니다. 자립을 목표로 나아가려는데 하나님 나라의 확장을 본격적으로 방해하려는 세력이 공격해왔습니다. 성도들 간에 분쟁이 일어나고 갖가지 문제들이 발생하면서 모든 것이 제 탓이 되었습니다. 몸도 마음도 지쳐 호흡조차 어려웠습니다. 기도하려고 강단에 앉으면 몸이 말을 듣지 않았습니다. 누워서 읊조리며 하나님께 어떻게 하실지 묻고 또 물었습니다. 누워있을 수만은 없었습니다. 위기를 극복하려 산기도를 다니는 목사님을 따라서 주일부터 금요일까지 밤마다 부르짖고 기도했습니다. 토요일이면 교회에서 가까운 청계산에 가서 기도하면서 주일을 준비하였습니다. 그렇게 삼 개월 동안 세상 끝날까지 함께 하시겠다는 약속만 붙잡고 나아가는 중, 토요일 오후 청계산에 기도하러 갔다 눈이 얼었다가 녹은 산길에서 미끄러지면서 한 발자국도 걸을 수가 없는 발목 골절 부상을 당했습니다. 결국 119구급대원들의 들것에 실려 인근 병원에 옮겨지고 발목 골절로 금속고정수술을 받아야만 했습니다.

절망하여 포기하고 싶은 심정이 불일 듯 일어났습니다.

성도들은 다시 떠나기 시작했으며 지인들도 이제 그만 내려놓으라고 하였습니다. 어둠의 권세는 교회 폐쇄를 촉구했습니다. 상황은 날로 더해 가는 절망 가운데 있었지만 하나님께서는 포기하지 않는 믿음을 요구하셨습니다. "선한 능력으로 일어서리. 주만 의지하리. 믿음으로."

전능하신 하나님께서는 구원투수를 보내 주셨습니다. 어느 날 선교단체 모임에서 지인을 통해 인사를 나눈 김 목사님께서 저를 잘 알지 못하고 교회 사정도 알지 못하시는데 기도할라치면 제가 생각나고 "돌파하라"는 마음을 주신다며 만나자고 하셨습니다. 하지만 힘든 상황에 누구도 만나고 싶지 않았습니다. 2017년을 마감하면서 연약해져가는 저 자신과 교회 상황을 감당하기 어려웠습니다. 하나님은 침묵만 하시는 것 같았습니다. 저는 매일같이 일기장에다 하나님 아버지께 편지를 썼습니다. 지출이 다급할 때는 찾아갈 사람도 지인도 없었기에 하늘 아버지께 전하는 편지에 계좌번호와 금액을 기록하고 수도 없이 반복하여 읊조리기만 했습니다. 2018년 새해를 맞으려는데 자신이 없었습니다. 최종적으로 일주일 작정기도를 정하고 기도한 후에 결론을 내리기로 했습니다. 삼 일째 되는 날 선교단체톡방에서 댓글을 올리다가 김 목사님과 안부를 나누는데 또 다시 말씀하셨습니다.

"목사님 하나님께서 돌파하라고 하십니다."

하나님의 세미한 음성을 듣고 돌파할 수 있는 길을 찾고 구했습니다. 김 목사님과 함께 1월부터 12월까지 매월 둘째 주 월요일부터 수요일까지 새벽, 아침, 오후, 저녁 하루 4번의 예배를 드렸습니다. 매월 하나님은 놀라운 역사를 베풀어 주었습니다.

서울동지방회 국내선교위원회에는 매주 목요일 모여서 한 시간 뜨겁게 기도를 하고 전도현장에 나가 복음을 전하는 품앗이 전도팀이 있습니다. 품앗이전도팀의 뜨거운 중보기도와 응원에 힘입어 용기를 잃지 않고 일어서려 했지만 그리 쉽지는 않았습니다. 주님께서는 돌파하라고 하시는데 저의 힘으로는 도저히 일어설 수 없을 것 같은 무력감이 점점 저를 더 눌렀습니다.

김금례의 달란트대로

그런데 주님은 특별히 예비하신 기도모임으로 이끄셨습니다. 새롭게 선임된 국내선교위원장님이신 성낙희 목사님께서 작은 교회 성장은 기도가 답이라고 말씀하시며 품앗이전도팀이 포함된 비전모임 목사님들과 매 주일 저녁 7시에 모여 9시까지 2시간 동안 합심하여 전심으로 기도하는 모임을 갖자고 하셨습니다. 비전모임은 소수의 인원이 모였지만 매 주일 한마음을 가지고 전심으로 기도하면서 영육간의 호흡이 열려지기 시작했습니다.

때마침 총회본부로부터 각 지방회별로 '작은 교회 목회코칭' 교회를 선정하여 8개월간 훈련을 한다는 소식을 선교위원장님으로부터 전해 듣고 망설임 끝에 참여하게 되었습니다. 참여 교회들은 매주일 저녁 7시에 모여서 작은 교회 목회코칭 안내대로 진행하였습니다. 설교연구부분을 훈련하던 중에 성 목사님은 남은 3개월 동안 특별 강사님을 초청해서 글쓰기

훈련과 자신에게 맞는 목회방향설정을 위한 훈련을 하자고 하셨습니다. 매 주일 기도만 하는 것이 아니라 독서를 통한 자기 사고력과 목회자의 특기를 살려 목회에 적용하는 훈련을 받으며 새로운 변화에 목회행복을 누리는 전환점이 되었습니다. 이전에 이론적으로 정해 놓은 방법론만을 가지고 목회하려 했던 습관을 깨고 자신만의 철학을 가지고 자신이 잘하는 것, 잘 할 수 있는 것을 발견하고 꾸준히 진행하는 것이 최선이라고 말씀하신 강사님은 '스스로 체험학습'을 실습하게 함으로 더딜지라도 성취감을 맛보게 하셨습니다. 이로 인해 저는 낮은 자존감에 시달리며 움츠렸던 지난날에서 탈바꿈하고 당당하게 하나님께서 제게 주신 달란트를 최대한 활용하여 목회에 전념하고 있습니다.

담임 목사의 당당함의 변화가 성도의 변화로 전염되어 함께 매월 '돌파부흥성회'에서 예배하고 기도하며 나아갔더니 10년 전에 가출했던 집사님의 아내가 돌아오는 기쁨으로 교회 내에는 살아남의 역사가 진행되고 있습니다. 매일 기도하며 가락시장 전도현장에 뿌렸던 전도의 씨앗들이 싹 트이기도 하였습니다. 오랜 세월 장사에 매진하시느라 교회 출석이 어려운 전도 대상자들을 모아 가락몰에 영업하는 집사님의 식당에서 복음의 메시지를 나누려고 기도하며 준비하고 있습니다. 이제는 삶의 현장을 찾아가 기도하고 함께 애환을 나눔이 즐겁고 신납니다.

목회코칭 안에 특별한 코칭을 받으면서 고기봉 목사님의 예리하신 분석과 통찰력으로 못하는 것이 너무 많다고 입버릇처럼 이야기하던 제가 저의 달란트를 발견하기 시작했습니다. 예수님이 계시는 곳에는 늘 나눔이 있었습니다. 생명의 말씀을 주셨고 먹을 것도 주셨습니다. 산상수훈과 오병이어가 그렇고 밤새도록 그물을 던졌으나 아무것도 잡지 못한 베드로에게 찾아오셔서 조반을 먹으라 하신 사건도 그렇습니다. 결국은 예수님은 자신의 피와 살까지 나누시는 최후의 만찬으로 떡과 포도주를 주심으로 우리에게 영생을 선물하셨습니다. 예수님을 닮기 원했던 저는 '예수님 따라쟁이' 이고 싶어서 나눔을 시작했습니다. 품앗이전도를 통해 강냉이 나눔전도를 하면서 만나는 사람들에게서 그들의 살아가는 이야기를 듣고 마음이 아픈 사람에게는 구약과 신약을 나누고 몸이 아파하는 사람에게는 하나님 사랑 담은 갖가지 선물을 나눔합니다. 그러기 위해 저는 틈나는대로 하나님께서 자연을 통해주신 재료들을 손질해 뒀다가 어떤 것은 효소를 만들고 어떤 것은 제분소 가서 환을 만들기도 합니다.

가락시장에서 만난 성도는 온몸에 퍼진 피부질환 때문에 견딜 수가 없어서 대학병원에서 정밀검사를 받고 치료를 받았지만, 여전히 가려움으로 잠을 못 잔다고 하였습니다. 문득 제가 어릴적 가려움으로 고생하였을 때 교회 사모님께서 탱자열매 치료를 해주셨던 것이 생각났습니다. 3년 전 늦가을에 시골에 갔다가 탱자나무에 노랗게 열린 열매를 따다가 효소를 담궈둔 것이 생각났습니다. 기도하는 가운데 원액은 희석해서 마시고 건더기는 끓여서 환부에 바르거나 마시라고 전했습니다. 예수님은 역사하셨고 치료해주셨습니다. 문병을 갈 때는 환자의 상태와 환우의 병명에 따라 때로는 하나님의 사랑 듬뿍 담은 녹두죽, 콩죽, 전복낙지죽, 문어죽, 민어죽 등을 만들어 예수님 따라쟁이를 하다 보니 그곳에서 역사하시는 하나님의 사랑의 무한함을 경험하고 있습니다. 주님의 마음을 순종으로 따라 했더니 예수님 때문에 모두가 행복해합니다. 주님의 감동 따라 심부름하는 것이 즐겁습니다.

능력 받아 목회 잘 해보려고 산기도 다닐 때는 심령이 무거웠습니다. 캄캄한 밤에 멧돼지도 만났고, 우뚝 서 있는 표지판을 보고 귀신인줄 알고 두렵기도 했습니다. 설교를 잘함으로 성도를 변화시켜본다고 잘하는 설교가 무엇인가 고민하다가 이름난 목사님의 설교를 그대로 적어서 원고로 사용하는 표절 설교도 했습니다. 그런데 힘이 들었습니다. 목회코칭을 받으면서 주님께서 제게 주신 달란트를 바로 알게 되었습니다. 주님께 여쭙고 결정권을 가지신 주님의 결정 앞에 순종하니 힘이 납니다. 방법도 미리 준비해 두시고 재료도 공급해 주시고 성령님과 동행하게 하십니다.

이제 꿈꿉니다

청소년들의 무질서한 생활과 잘못된 가정교육으로 인해 무너져가는 다음세대를 보면서 예수님의 마음 담은 미래학습코칭목회를 하고 싶습니다. 무너진 가정에서 친구들과 어울리다가 중학교 과정을 유급하며 간신히 졸업장을 받은 학생이 있었습니다. 입학할 수 있는 고등학교가 없어 좌절하고 있을 때 옆에서 용기를 북돋우며 검정고시로 학업을 이어갈 수 있도록 도와주었습니다.

또 하나 많은 식품이 간편조리식으로 대체되고 하나님이 주신 자연 방법이 아닌 인공재배와 유전자변형재배의 식품들을 섭취함으로 병들어 가고 있는 현실을 보면서 천연조미료 만들기와 자연 닮은 건강식품 나눔 목회를 하고 싶습니다.

나를 위한 그 사랑이! 나를 위한 그 사랑때문에 행복합니다. 목회코칭은 열방비전교회 담임목사의 내적회복과 성장에 엄청난 영향력을 끼쳤습니다. 열방비전교회는 남아 있는 그루터기와 함께 새로운 성장의 길에 서 있습니다. 작은 교회 목회코칭을 시작하게 하신 교단 선배 목사님들께 감사드립니다. 실패를 거듭하고 희망도, 소망도 없는 미력한 여종을 끝까지 믿어 주시고 격려와 위로함으로 함께 동역자의 반열에 있게 하신 국내선교위원장이신 성낙희 목사님께 감사드립니다. 더딘 거북이 걸음으로 따라가는 저에게 싫은 내색하지 않으시며 숨겨진 소질을 찾을 수 있도록 기다려 주시고 지도해주시는 고기봉 목사님께 감사드립니다. 애틋한 사연에 함께 눈시울 적시기도 하고 때론 기쁜 소식에 마음껏 웃음을 나누시는 MTP동역자님들께 감사드립니다. 무엇보다 폐쇄될 수밖에 없었던 열방비전교회가 현존함은 하나님의 은혜로 말미암은 것입니다.

> 내 안에 거하라 나도 너희 안에 거하리라 가지가 포도나무에 붙어 있지 아니하면 스스로 열매를 맺을 수 없음 같이 너희도 내 안에 있지 아니하면 그러하리라 나는 포도나무요 너희는 가지라 그가 내 안에, 내가 그 안에 거하면 사람이 열매를 많이 맺나니 나를 떠나서는 너희가 아무 것도 할 수 없음이라(요 15:4-5).

타교단에서 목회하시는 목사님들은 우리 교회를 보며 자주 말씀하십니다. 기독교대한성결교회는 먼저 성장한 큰 교회가 뒤늦게 시작된 작은 교회들과 손잡고 더불어함께 성장을 이루어 가는 좋은 교단이라고 부러워합니다.

숲길지기의 다시 부르는 노래

오솔길교회 _ 김범기 목사

갈 곳 없는 병든 목회자

새벽에 잠이 많아 부교역자 시절에는 종종 새벽기도를 놓쳐 담임 목사님으로부터 꾸지람을 받았습니다. 새벽예배만 아니면 목회도 할 만하다는 이야기, 새벽예배는 도대체 누가 만들어서 근무시간 많은 목회자를 새벽까지 일하게 했느냐는 농담 섞인 푸념도 들었습니다. 예수님도 새벽 미명에 기도하셨는데 너무도 바쁜 세상, 새벽 시간이라도 깨어 기도하지 않으면 정말 기도할 시간이 없는 것 같습니다. 다행이라 하기에는 조금 가혹하지만, 파킨슨병이 통증을 수반하는 병이라 이제는 굳이 알람을 맞추지 않아도 새벽이면 통증으로 잠에서 깨어날 수밖에 없습니다. 새벽잠 많은 목사를 깨우시느라 불치병을 주신 것은 아니겠지만, 그래도 새벽을 깨워 말씀을 전하고 기도할 수 있다는 것이 얼마나 감사한지 모릅니다.

2015년 5월, 마흔셋 젊은 나이에 6~70세에 오는 줄 알았던 퇴행성질환인 파킨슨병이 거짓말처럼 왔습니다. 대전에서의 부교역자 사역을 마치고 일산에 있는 교회에 새롭게 사역을 시작하려던 시기였고, 당시 아내는 임신 8개월로 셋째를 임신 중이었습니다. 부임하려던 교회에는 병으로 사역을 할 수 없게 되었고 사역을 그만두던지, 개척하던지 결정해야만 했습니다. 어쩌면 하나님은 개척하게 하시기 위해서 그런 길을 주셨는지도 모르겠습니다.

오솔길을 내기 위해

절대 울지 않는 코끼리를 울린 이야기가 교회 개척 이야기라는 우스갯소리처럼, 사연 없는 개척자 없다고 하지요. 자존심 상한 코끼리 주인은 두 번째 내기를 합니다. 절대 앞발을 들지 않는 코끼리의 앞발 들게 하는 것 역시 개척 교회 목사님에 의해 이루어졌다지요. 코끼리에게 이렇게 이야기했다고 합니다 "너 나랑 같이 개척할래?"

그만큼 힘들고 어렵고 하기 싫은 일이 교회 개척이라고 하지만, 하나님은 오솔길교회를 개척하시도록 이끌어 가셨습니다. 늦둥이 셋째 덕에 다자녀 혜택이 되어 새로 지은 임대아파트에 입주하게 되었습니다. 사역지를 생각하고 이사 온 일반 아파트는 사역을 하지 못하게 된 입장에서 월세를 감당하기 버거운 상태였습니다. 이제는 사역을 하느냐 못하느냐의 문제가 아니라, 가족들의 생계가 걱정이었습니다. 몸 상태를 보아 몸을 쓰는 힘든 일은 하기가 어려웠습니다. 마침 우리 가정의 어려움을 아신 지인이 학교의 일자리를 소개해 주셨고 교회에서 받아주지 않던 목사를 학교에서 받아주셔서, 생계를 유지할 수 있었습니다. 사역을 시작한 이후 처음으로 2년간 목회자가 아닌 일반 성도로 예배를 드리며 성도의 입장을 생각해 보게 되었습니다. 강단이 아닌 회중석에서 말씀을 들으며 강단에서 말씀을 전할 수 있다는 것이 교회의 사역을 계획하고 실행한다는 것이 얼마나 행복한 일인지 알게 되었습니다. 건강한 몸으로 뚜벅뚜벅 걸으며 복음을 전하는 것이 얼마나 아름다운 일인지 뼈저리게 느끼게 되었습니다. 아내는 우리의 목회 시절 중 유일한 이 2년의 평신도 시절이 사모님 소리 안 듣고, 사모살이 안해서 좋았다 말하지만 아내도 사역이 얼마나 그리웠을까요.

사역자가 다른 일을 하고 있으니 마음이 편치 않았습니다. 그러나, 선택의 길은 사역을 그만두느냐, 개척하느냐 둘 중 하나였습니다. 아파트를 드나들 때마다 입구에 있는 상가 2층이 비어있는 것이 보였습니다. 입주가 꽤 되었는데도 유독 그 상가만 임대가 안 나가는 것이, 꼭 교회를 시작하라는 하나님의 명으로 보여 구체적으로 알아보기 시작했습니다. 개척 자금은 고사하고 적은 월급으로 5인 가족 생계를 겨우 유지하던 때인데도, 아무것도 가진 것 없는 불치병 환자인데도, 마음을 주셨으니 알아보기는 해야지요. 결과적으로 임대가 안 된 이유가 있었습니다. 지역의 월세는 인기업종이 들어온다고 해도 감당하기 어려울 만큼 이미 올라있었고 엘리베이터도 없는 임대아파트 2층 15평 상가에 100만 원이 넘는 월세를 내며 교회를 개척하는 것이 맞는 것인가 하는 생각이 들었습니다. 그러나 이미 개척을 결정한 저는 저희 가정을 위해 오랜 시간 기도하며 후원해주시는 집사님 가정에서 보내주신 개척 헌금을 보태 상가를 계약했습니다. 물론 지방회와 감찰회에 문의를 했고 그곳에 개척해도 좋다는 답을 얻고 시작을 했습니다. 그러나, 주변에 교단 교회가 있었던 것을 아무도 몰랐고 결국 그곳에 개척할 수 없었습니다. 다행히 상가 주인의 배려로 계약금 대부분을 돌려받았고 결과적으로 그곳에 개척하지 않은 것이 하나님의 인도하심이었음을 알게 되었습니다. 다시 알아본 지역이 지금 교회의 길 건너 솔개마을입니다.

교회처럼 생긴 1층 상가가 예뻐 보여, 임대가 가능한지 문의하니 교회에는 임대하지 않는다고 하였습니다. 1층에 교회가 들어오면 사람들 왕래가 많아져 건물이 복잡해지고 위에 거주하는 입주민들도 싫어한다는 것이었습니다. 우리 다섯 식구 개척하는 거라 사람이 없다고 설득하자 상가 주인은 곧 부흥해서 사람들이 늘어날 것 아니냐며 끝까지 반대하였습니다. 아니라고 이런 개척 교회에 누가 오겠냐며 계속 설득을 하다 보니, 이상한 것이 개척하려는 목사는 절대 부흥이 않될 것이라고 믿고 믿음 없는 상가 주인은 개척만 하면 반드시 교회가 부흥할 것이라고 굳게 믿는 것이었습니다. 이건 누구 믿음이 더 좋은 것인지! 결국 근처 다른 상가를 알아보다가 겨우 성사가 되어 계약하기로 한 계약 당일, 아침마다 그 자리에서 기도하고 돌아오던 아내가 지금의 자리를 보게 되어 이곳에 개척을 하게 되었습니다. 만약 그 날 그 임대 현수막을 보지 못했더라면 잘못 선택된 자리에서 개척할 수 밖에 없었을 것입니다. 지금도 그 상가에 개척한 교회는 주일 11시 예배 외에는 마이크를 전혀 사용하지 못한다고 합니다.

우리가 개척한 이 자리는 정말 하나님이 예비하신 자리라고 말할 수밖에 없는 기가 막힌 자리입니다. 상가 건물이라 주일에는 영업하지 않는 곳이 많아 음향을 원하는 대로 사용할 수 있습니다. 비록 15평 작은 공간이지만 교회가 이곳에 있기 때문에 할 수 있는 사역이 너무 많습니다. 노을 음악회, 어린이그림대회, 야외영화 상영, 수영장 운영, 솔개어린이야구단 등은 다른 곳이었으면 꿈도 못 꿀 일들이 이곳이기에 할 수 있었습니다. 하나님은 오솔길교회를 이곳에 세우시려고, 일산으로, 신원마을로, 그리고 다른 그리스도인들과 비그리스도인들을 사용하셔서 보내신 것입니다. 마치 요셉이 형들의 미움을 받아 애굽에 내려간 것처럼 말이지요.

주님이 하십니다

2017년 4월 9일, 지방회에서 정한 설립예배일은 마침 저의 생일이기도 해서, 하나님 주시는 작은 선물 같다는 생각을 했습니다. 이전이나 이후에 교회 개척하는 과정을 보았지만 큰 교회에서 분립개척하거나, 지방회 차원에서 정책적으로 기금을 모아 기념 교회를 개척하는 경우는 있지만 오솔길교회처럼 후원교회도 없이 무모한 개척을 하는 교회는 보지 못했습니다. 후에 아내와 이야기를 나누면서도 우리가 무슨 믿음으로 교회를 개척했을까 하는 말을 나누었습니다. 참 무모했던 것 같습니다. 그러나, 반대로 생각해 보면 우리는 계산하지 않았기 때문에 개척할 수 있었습니다. 오솔길교회 자리에 개척하려는 분들이 계셨고 실제로 그분들을 만나기도 했습니다. 그분들의 이야기를 들어보면 모두 계산이 안 나온다는 것이었고 실제로 우리도 개척하면서 월세를 낼 수 있을까 계산이 되지 않았습니다. 그러나, 언제 하나님의 일이 우리의 계산대로 되나요. 개척하기 전, 세 아이를 앞에놓고 좋아하는 치킨 한 마리를 시켜주며 진지하게 이야기했습니다. 앞으로 개척하면 이런 거 못 먹을 수 있으니 실컷 먹어두라고. 민망하게 지금은 두 마리씩 먹고 있습니다. 계산기 아무리 두드려보아도 그 계산대로 나오는 경우는 거의 없다는 것입니다.

　2017년 4월 9일 개척 이후, 4월 16일 부활주일에 우리 가족 외에 두 분이 예배를 드리러 오셨습니다. 그 이후로 지금까지 우리 가족만 예배드린 주일이 단 한주도 없습니다. 지금도 신기한 것이 첫 주에 오신 그분들은 여기에 교회가 있는 것을 어떻게 알고 오셨을까요? 매일이 기적의 연속이었고 기적이 아닌 날을 찾는 것이 더 빨랐습니다. 분명한 것은 교회의 개척은 하나님이 하시는 일이고 그분의 계획에 의해 움직인다는 것입니다. 저는 정말이지 그분이 보내시는 생각, 재정, 사람들과 함께 일하는 숲길지기에 불과합니다. 그렇기에 개척을 했지만, 지금까지 한 번도 제가 했다는 생각을 해본 적이 없습니다. 설립 때 들어온 헌금과 설립을 위한 지출을 정리해 보니 7,300만 원 정도로 2-30만 원의 오차밖에 나지 않았습니다. 대차대조를 보시던 집사님 한 분이 웃으면서 일부러 맞춘 것 아니냐며 신기해하십니다.

　사실 이런 경우가 처음은 아닙니다. 청년 시절 단기선교를 갈 때도, 대학원 등록금을 낼 때도, 결혼할 때도, 가진 것은 하나도 없지만 돈이 없어 못한 적은 한 번도 없었습니다. 단지, 음료수 값이라도 좀 더 주실 줄 알았는데 그건 없다는 장난스러운 웃음으로 투정이 나올때는 종종 있습니다. 하나님은 딱 그만큼, 딱 필요한 만큼 채우십니다. 지금도 이 법칙은 적용되어서, 통장 잔액이 0을 향해 가면 어김없이 어디에선가 딱 그 주 사용할 만큼의 헌금을 보내오십니다. 만나와 메추라기를 지금도 경험하고 있는 셈이지요. 심지어 저를 알지도 못하는 분이 개척 교회 돕겠다면 십일조를 보내시는 분도 계십니다. 요즘도 아내는 농으로 이야기합니다.

"여보, 빨리 교회 통장 잔액을 0으로 비워요."

개척 첫해 가을, 기증받은 낡은 에어컨으로 여름 더위는 어떻게 지냈는데, 난방공사를 못한 상태라 겨울이 문제였습니다. 작은 공간이니 전기난로 몇 개로 날 수 있지 않을까 생각하고 있었습니다. 그런데, 약 20년 전에 출신 교회에서 함께 성가대 하시던 권사님으로부터 연락이 왔습니다. 출신 교회와 가까운 곳에 개척하기는 했지만 떠나온 지 오래되고 처제와 사돈어르신 장로님을 제외하고는 저와 연관된 분들도 없기에 오솔길교회 개척 소식이나 제 지병 소식이 공식적으로 그 교회에 알려진 것이 아니었습니다. 그 권사님 역시 저에 대한 소식을 최근에야 들었다며 여전도회 회원들과 함께 찾아오시겠노라 연락을 하신 것입니다. 그해 그 여전도회를 시작으로 7-8개의 여전도회에서 헌금을 보내오셔서 가을에 냉난방기 공사를 할 수 있었습니다. 가장 추웠던 2017년 겨울, 난방공사를 하지 않았으면 어떻게 되었을까, 지금 생각만해도 아찔합니다.

노을음악회 후원 요청을 위해 찾아갔던 마을의 빵집에서는 음악회 후원은 물론 2년 가까이 개척 교회의 일용할 양식을 빵으로 제공해 주셨고, 역시 우연히 들린 꽃 공방에서는 오솔길교회의 성전꽃꽂이를 지금도 매주 자비량으로 해주십니다. 솔개야구단 창단이후 소모품인 야구공 가격이 너무 비싼 제조사 사장님께 편지를 썼더니 90만 원 상당의 야구공을 후원받은 일, 노을음악회에 이태원, 민영기 같은 유명인들이 출연하고 교회 발코니에서 음악회를 하게 된 드라마 같은 일화들이 가득합니다.

그뿐만이 아닙니다. 교회 장로님에게 사기당해 교회를 비판하시던 집사님의 남편이 등록하신 일, 교회 근처 은평교회 후배 집사님과 청년들이 행사 때마다 도와준 일, 오솔길교회를 돕는 꿈을 꾸었다며 하나님 사인으로 여기며 찾아와 둘째 유산으로 받은 보험금을 전부 헌금하신 다른 교회 집사님, 어린이 야구단 만들라 하셔서 시작했지만 국가지원이 없어 투덜대며 기도했더니 〈꿈의 학교〉에 선정되게 하셔서 2,000만 원이나 지원받은 일, 신문 만들기 위해 알아보다가 교단 교회의 인쇄소 운영하시는 장로님을 알게 된 일, 신문을 만들어 놓고 대금결제를 못 해 발동동 구르고 있을 때 전혀 예상에 없던 분들이 오셔서 꼭 그만큼 헌금하시고 가신 일, 사실 개척 이후 이런 일은 너무 많아 주님이 행하시지 않는 날을 찾는것이 더 빠를 정도입니다. 개척하지 않았으면 결코 알 수 없었던, 격려해 주시고 위로해 주시는 꽃과 같은 기쁨이 오솔길교회에 있습니다.

목사가 아프니 성도들도 아픈 분들이

현재 오솔길교회의 장년 등록 성도는 10여 명입니다. 어린이들까지 합치면 20명 정도 됩니다. 예배 인원은 30여 명 되구요. 등록을 강요하지는 않습니다. 본인이 등록 의사를 밝히면 절차를 진행합니다. 그런데, 등록하신 성도들이 아프신 분들입니다. 마음이 아프던, 몸이 아프던 아픔이 있습니다. 내가 아프기 전에는 아픈 분들을 위해 기도할 때 '그저' 했습니다. 그런데, 내가 아파보니 그저 기도할 수가 없었습니다. 그분들의 아픔이 내게도 스며들어 고스란히 내 아픔이 되기 때문에 그저 할 수가 없었습니다.

지역사회를 섬기는 교회

교인들만을 위한 교회가 아닌 지역사회를 섬기는 교회이고 싶었습니다. 그래서, 개척교회에서는 생각하기 어려운 노을음악회, 어린이그림대회, 야외영화 상영, 지역신문 발행, 장소 무상대여, 부부세미나, 솔개어린이야구단운영 같은 일들을 추진했습니다. 특별히 노을음악회는 문화 소외계층에게 가까운 곳에서 건전하게 즐길 수 있는 공연문화를 제공해 주고 지역주민 중에 연주자를 발굴해 공연에 참여시켜 큰 호응을 얻고 있습니다. 또, 야구를 배울 곳이 마땅히 없는 어린이들에게 최소한의 경비만으로 체계적으로 야구를 가르쳐주는 솔개어린이야구단은 이번에 경기 꿈의학교에도 선정되어 거의 드는 비용 없이 25명 지역 어린이들에게 혜택이 돌아가게 되었습니다. 음악회를 진행하지 않는 짝수 해에는 그림그리기대회를 열어 어린이들에게 꿈과 희망을 주고 있습니다. 이 대회는 어린이작가들에게 전시회 기회를 줍니다. 여름에는 교회 앞에 작은 수영장을 만들어 지역 어린이들에게 개방하고 넓은 야외광장에서 전문장비를 가지고 야외영화상영도 합니다. 지역의 인재를 키우기 위해 장학생을 선발해 장학금을 지급하고 있으며 가정의 회복과 힐링을 위한 부부세미나를 개최하기도 합니다. 모두 개척 교회로는 버거운 일들이지만, 저는 이 안에 큰 하나님의 계획들이 숨겨져 있다고 확신합니다.

꼭 필요한 교회, 바로 그 교회를 꿈꾸며

개척할 때 대한민국의 5만 1번 째 교회가 되고 싶지 않다고 기도했습니다. 기존 5만 교회에 대한 비판이 아니라, 조금 방법이 다른 교회 하나쯤은 있어도 좋지 않을까 생각했기 때문입니다. '또 하나의 교회(one of church)'가 아니라 '바로 그 교회(the church)'이고 싶었습니다. 오솔길교회가 기존의 교회가 하지 않던 일을 하자 우리 성도님들이 전도할 때 오솔길교회 이단이 아니냐는 이야기도 들으셨다고 합니다. '다름' 에서는 차별화가 된 것 같아 자랑스럽습니다.

제 꿈은 동일합니다. 오솔길교회가 이사하거나 없어지려 할 때, 주민들이 일어나 반대하는 것입니다. 이 교회가 우리 지역에 끼친 영향이 크니 꼭 있어 달라고 부탁하는 것입니다. 사람들이 오솔길교회를 보면서 하나님을 보았으면 좋겠습니다. 들어온 것 남기지 않고 흘려보내니 조금씩, 아주 조금씩은 이 아픈 목사의 마음을, 아니 저보다 더 아팠을 하나님의 마음을 알 날이 오겠지요. 그 날을 기대하며 오늘도 아내는 교회청소를 합니다. 저는 아픈 몸을 이끌고 또 사역의 자리를 지킵니다. 중3, 초6, 그리고 다섯 살 막내까지 반주로, 싱어로, 유아부 어린이로 자기의 몫을 해내기에 가능한 일입니다.

[에필로그]

오늘 새벽기도도 없는 주일인데 새벽 2시에 깨어 통증과 씨름했습니다. 그런데, 신기하게도 교회 이야기를 할 때는 신이 납니다. 아픔을 잠시 잊게 됩니다. 지금도 오솔길교회는 예배당으로, 때로는 영화관으로, 미술전시회장으로, 강연장으로, 야구단 사무실로, 콘서트장으로, 캘리그라피 공방으로, 그렇게 다양하게 활용되고 있습니다.

어떤 분이 오솔길교회 처음 오셔서 둘러보시더니 "본당은 어디인가요?" 물었던, 그만큼 작은 공간이, 놀랍도록 활용되고 있다는 사실이, 아니 그보다 누군가가 기도할 수 있는 공간, 하나님을 만나고 있는 공간이 되었다는 사실이 참 좋습니다. 교회 벽에 뚫은 십자가 사이로 보이는 푸른 나뭇잎이, 오늘따라 더 정겹습니다. 주님의 평화가 이곳에 함께합니다.

여주동행(與主同行)의 길

온전한교회 _ 양재돈 목사

연약함 가운데 역사하시는 하나님

부족한 목회 여정을 나눈다는 것이 참 부끄럽습니다. 개척 4년이 지났어도 여전히 작은 교회이고, 교회의 일꾼은 부족하며, 재정이 어려워 매일 고민하는 부족한 목회자이기 때문입니다. 그러나 저의 자랑은 제 연약함 가운데 역사하시는 하나님의 사랑과 은혜입니다.

개척하게 된 것은 오라고 하는 교회가 없어서가 아닙니다. 단지 하기 싫었던 개척에 대한 마음을 이상하리만큼 변하게 해주셨기 때문입니다. 사실 교회를 개척하기 전 몇 교회에 부목사 이력서를 넣었고 한 곳을 제외하고 모두 오라고 하였습니다. 하지만 마음이 이상하게도 내키지 않았고 부임할 수 없었습니다. 개척을 준비하면서 자연스레 휴식의 시간이 주어졌습니다. 그러나 저는 가만히 있는 성격도 아니고, 호기심이 많아 공부하는 성향이라 쉬는 동안 성경을 연구하기로 작정하였습니다. 부목사로 사역할 때에는 바빠서 성경을 깊이 있게 보기가 힘들었는데 좋은 기회가 주어졌다 생각했습니다.

그리고 매일 성경을 연구하며 창세기부터 요한계시록까지 저만의 성경 공부 시트를 만들었습니다. 하루에 12시간 이상 책상에 앉아 공부하다 보니 항문질환까지 생겼습니다. 지금 다시 하라면 하기 어려울 텐데 그때는 하나님의 말씀에서 헤어나올 수 없었습니다. 그리고 말씀에 대한 열정으로 포털사이트에 말씀으로 영적 각성을 불러일으키는 카페를 만들어

1,500명 가까운 사람들과 나누게 되었습니다. 6개월 넘게 성경공부와 온라인 사역으로 전세계 그리스도인과 소통하는 기쁨을 누렸고 무엇보다도 하나님의 성결한 자녀로서의 삶으로 돌이키게 하는 플랫폼의 역할을 감당할 수 있어 감사했습니다.

여주동행의 하나님

개척에 대한 마음으로 기도하는 가운데 하나님은 몇 곳을 떠올리게 하셨습니다. 모두가 신도시였는데 하나님은 세종시로 가라 하셨습니다. 그러나 그저 막막했습니다. 세종에 연고가 있는 것도 아니고 지방회에 아는 목사님이 계신 것도 아니기에 막연한 두려움이 엄습했습니다. 하지만 두려움 너머의 소망을 갖고 세종으로 가기로 했습니다. 무식하면 용감하다 했던가요. 지금까지 제가 밟아보지 않았던 땅에서 아무도 모르는 사람들과 어울려 지내기는 쉽지 않았습니다. 지금이야 지방회 교역자 총무를 할 만큼 넓고 깊은 교제를 하고 있지만, 당시에는 무엇을 먼저 어떻게 시작해야 할지 막막했습니다. 재정이 넉넉한 것도 아니고 지교회의 분립개척도 아닌, 개척 구성원 역시 없었습니다. 개척을 시작한다 해도 맨땅에 헤딩하는 것과 같았습니다. 그럼에도 제게는 확신이 있었습니다. 제가 한 가지 붙잡고 있었던 것은 '내가 어디로 가든 내 평생에 나와 함께 하셨고, 하실 거라는 여주동행의 하나님에 대한 믿음' 이었습니다.

세종에서의 교회개척을 준비하던 중 반가운 소식을 알게 되었습니다. 서울에 있을 때 협동목사로 섬겼던 교회의 담임목사님께서 은퇴를 하시고 세종에서 가까운 공주에 거처를 정하시고 내려와 계신 것이었습니다. 반가운 마음에 세종에 이사하기 전이었지만 답사로 내려간 길에 목사님께 인사를 드렸습니다. 목사님은 은퇴하시면서 섬기셨던 교회에서 멀리 떨어져 사는 지금이 좋다고 말씀하셨습니다. 섬기시는 교회는 새해와 교회 창립일에만 가시는데 중대형교회에서 은퇴하시면서 욕심 없이 작은 시골집에서 사모님과 소박하게 살고 계시는 모습이 예수님 같다고 느꼈습니다. 어쩌면 당연한 모습이라 말할지도 모르겠습니다. 욕심 없이 떠나신 것도 존경스럽지만 제가 경험한 목사님의 인품은 예수님을 닮았다고 생각되었습니다. 말씀하실 때도 온화하시고 인자하시지만, 하나님 말씀대로 사랑으로 사시며 노력하시는 모습이 감동을 주었습니다. 저도 어디서 은퇴하든 저래야 하리라 생각되었습니다. 목사님과 만남이 아무 연고도 없는 곳에서 개척을 시작하는 제게 큰 위로가 되었습니다.

그리고 하나님의 뜻은 거기에 있었습니다. 지방회의 사정을 전혀 모르고 있는 저에게 지방회에서 성결인대회를 통해서 모은 헌금을 개척자에게 지원하는데 지원자를 찾고 있다는 소식을 전해주셨습니다. 기도 가운데 지원했고 지방회의 여러 심사를 통해 대상자 중의 한 명으로 선정되었습니다. 아무것도 없이 내려갔는데 하나님은 예비하고 계셨고 그렇게 교회는 시작되었습니다.

하나님의 지혜

아무것도 없는 교회였기에 교회를 시작하기 전에 준비하는 시간을 갖기로 했습니다. 교회를 임대하기 위해 준비자금이 필요했고 교회가 자립하기까지 자비량으로 사역할 것을 결심하였기에 아내와 함께 집에서 공부방을 시작하기로 했습니다. 저는 영어를 가르치고 아내는 수학을 가르쳤습니다. 누군가는 완벽한 조합이라 생각할지도 모릅니다. 하지만 매일 가르치고 목회하는 것은 쉬운 일이 아니었습니다.

그럼에도 지난 4년을 거쳐 지금에 이를 수 있었습니다. 물론 공부방을 연다고 지역 어린이들이 등록하는 것은 아닙니다. 그래서 오전에는 홍보하고 오후에는 아이들을 가르치기로 했습니다. 몸은 좀 지쳐갔지만 한두 명씩 늘어나는 학생들로 인해 교회를 준비하는 과정은 순조롭게 진행되었습니다. 아내와 저는 공부를 하러 오는 이들에게 전문적인 교사의 모습을 보이기 위해 열심히 노력했습니다. 외국에서 공부한 것이 이 일을 준비한 일이라 생각되었습니다. 그런데 가장 힘든 것은 이들에게 복음을 전하고 싶었으나 교회의 '교'자도 꺼낼 수 없다는 것이었습니다. 그렇게 지방회의 모든 절차를 거쳐 공부방이 열린지 6개월 후에 교회가 시작되었다.

　교회 예배처소를 위해 20평도 안 되는 작은 공간을 얻었습니다. 세종시의 임대료가 부쩍 올라 관리비까지 200만 원에 육박하는 살인적인 월세를 감수해야만 했습니다. 개척하는 과정에서 예배 공간에 대한 준비는 교회 공간을 얻기 위해 영적으로 기도하는 것과는 별개로 외부 세상은 철저히 돈의 논리에 의해 돌아가는것 같았습니다. 건물을 임대하고 인테리어 하는 과정에서도 여러 힘든 일이 있었습니다. 우선 교회를 준비하면서도 여전히 가족끼리 예배드리는 것이 부담스러웠고 더욱이 인테리어 작업이 너무 느리게 진행되어 인건비가 예상외로 지출되는 바람에 마음고생을 하기도 했습니다. 무엇보다 인테리어 기술자가 본인 생각대로 하지 못하는 것 때문에 중간에 사라지고 말았습니다. 개척 초보라 정식업체를 고용하지 않은 것이 제 실수이었겠지만 이웃 교회의 집사이신 분이 공사 중간에 그만 두시는 모습에 깊은 상처를 받고 실망감으로 힘들었습니다. 후에 큰 사고를 당하신 인테리어 집사님이 우리 교회에 미안한 마음을 갖고 사과하러 오고 싶다는 이야기를 전해 들었으나 상처가 큰 탓에 그리고 아직도 옹졸한 마음 탓에 만나지는 않았습니다. 재정이 부족하기도 했고 중간에 인테리어 기술자가 사라지는 바람에 강대상, 성경공부테이블, 십자가, 의자

등은 어쭙잖은 눈썰미로 직접 만들어야 했습니다. 그 과정에서 힘은 들었지만 주님이 피로 세우신 교회를 세워간다는 것이 이렇게 애쓰고 힘들고 어렵다는 것을 직접 몸으로 체험한 시간이 되었습니다. 후에 일어난 일이긴 하지만 한 번의 이전을 더 경험하면서 비슷한 고단함이 있었고 이런 경험이 있다보니 교회를 이전하거나 건축하는 목회자들이 새삼 존경스럽게 보입니다. 수고와 애씀이 바울 사도와 같지는 않겠으나 조금은 알 수 있을 것 같기 때문입니다.

낮에는 아이들을 가르치고 밤을 새어 새벽까지 인테리어 작업을 했습니다. 어떻게 그 시간을 보냈는지. 밤을 지새우는 날이 많았습니다. 고단하고 힘든 날이 반복이었지만 하나님은 또한 풍성한 위로도 주셨습니다. 그날도 새벽 세시까지 교회에서 인테리어 작업을 하고 있었습니다. 30분이 더 흘렀을 즈음, 십자가를 만들어 강단 앞에 달아야 하는데 강단을 대리석으로 하다보니 도저히 제 기술로는 십자가를 달 수가 없었습니다. 이런저런 방법을 궁리해 보았으나 도무지 방법을 알아낼 수가 없었고 아내와 잠시 눈을 감고 "저희의 힘으로는 어렵습니다. 주님, 방법을 알려 주세요"라고 짧은 기도를 올려드렸습니다. 그런데 그때였습니다. 작은 예배실의 문을 누가 두드리는 소리가 들렸습니다. 혹시 잘못 들은 것은 아닌가 생각이 들었는데 계속해서 문 두드리는 소리가 들렸고 문밖에는 낯선 남성분이 계셨습니다.

"혹시 교회 준비 중이신가요?"

5층에서 인테리어 작업을 하시던 분이셨는데 작업이 밀려 밤새 작업을 하던 중에 3층에서 계속 소리가 들려 이상한 생각이 들었다고 하셨습니다. 처음에는 누가 이 늦은 새벽에 소리를 낼까 생각했는데 마음속에서 내려가라는 음성이 계속 들렸다고 했습니다. 그러면서 자기도 천안에 있는 교회 집사임을 밝히셨습니다. 제가 집사님께 "하나님이 왜 이 시간에 집사님을 여기에 있게 하시는지 그 이유를 알려 드릴까요?"라고 이야기하며 십자가를 못 달고 있는 상황을 설명했습니다. 그랬더니 집사님은 웃으시며 "이거요? 이렇게 다시면 됩니다"라고 말씀하시곤 10분도 안 되어 십자가를 달아 주었습니다. 제가 생각하지도 못한 기발한 방법으로 하나님은 십자가를 달아주셨습니다. 하나님은 놀랍고 기발한 방법으로 역사하십니다. 지금껏 그래 왔고 또한 그럴 것입니다.

고비고비를 넘어

우리 교회는 마태복음 5장 48절의 말씀, "그러므로 하늘에 계신 너희 아버지의 온전하심과 같이 너희도 온전하라"는 말씀을 붙들고 마지막 시대의 사명을 감당하는 교회로 세워지기 소망하며 세종시에 개척하였습니다. 아내와 둘이서 시작한 교회는 그동안 하나님의 인도하심의 은혜 아래 아직도 적은 인원이 모이지만, 함께 예배를 드리며 하나님께서 기뻐하시는 건강한 교회를 꿈꾸며 주님의 교회를 세워가는 과정에 있습니다. 그리고 개척 이후 1년 6개월이 지난 시점에는 교회를 확장하여 이전 하게 되었습니다.

20평 교회일 때는 교회 주방이 없어 식탁교제를 나누기 어려웠습니다. 이전한 후에는 작지만 예배드릴 수 있는 예배처소와 교육관, 주방과 소그룹 성경공부방을 갖게 되었습니다. 물론 교회 이전 역시 교회개척만큼 어려웠습니다. 이를 경험한 목회자들은 다들 이해할 것으로 생각합니다. 이는 단순히 장소를 옮기는 문제가 아닙니다. 나와 다른 사람들의 생각이 하나가 되어야 하고 또 시간과 거리와 물질의 문제가 잘 맞아야 합니다. 무엇보다 앞으로 교회가 추구해야 할 사역의 방향성과 목회철학과도 일치해야 하는 부분이 있습니다. 이런 복잡한 문제들을 다 거쳐도 마지막 관문, 하나님의 뜻이 어디에 있는가에 대한 확신이 있어야 합니다. 그런 일련의 과정을 거쳤다고 확신해도 난관은 남아있었습니다. 이전하는 과정에서 대출로 인한 재정적 부담을 느낀 몇 가정이 교회를 떠나게 되었습니다.

장소가 무엇이 중요할까요! 한마음으로 하나님의 나라를 이루어 가는 것이 중요하다 생각하며 차근차근 함께 준비하며 나아갔는데, 주님의 마음으로 온전히 나누며 사랑했다 생각했는데, 뒤도 돌아보지 않고 떠나는 성도들의 모습이 참으로 야속하고 서러웠습니다. 아내와 많은 시간 울면서 기도하기도 하였습니다. 하지만 지금 생각해보면 주님만 의지하는 법을 알게 하시려는 하나님의 뜻으로 이해됩니다.

반전세의 사명

일과 목회를 병행하다 보니 목회와 전도를 함에 있어 딜레마를 느낍니다. 교회를 세워가자니 재정이 필요하고, 사역을 하자니 시간과 에너지가 부족한 상황입니다. 교회가 설립되고 자립하기까지 통계상 3-5년이 골든 타임이라 합니다. 개척 골든타임을 어떻게 보내느냐가 중요하기에 당장 어려움이 있지만, 주님의 가능성을 믿으며 작은 교회를 큰 교회들이 나서서 좀 도와주면 좋겠다는 생각도 해 보았습니다. 큰 교회나 작은 교회나 함께 일어나야 합니다. 큰 교회가 작은 교회 개척자들을 지지해주고 응원해주고 격려해 주어야 함이 필요합니다. 큰 교회는 동역자 의식을 갖고 고린도 교회가 예루살렘 교회를 도왔던 것처럼 하나님 나라의 사명을 함께 가지길 기대합니다.

요즈음은 지역에 있는 세 곳의 교회와 연합하여 전도하고 있습니다. 연합전도회의 이름은 '반전세' 입니다. '반드시 전도하는 세 교회' 라는 뜻입니다. 세 교회 모두 작은 교회이지만 모이니 크다는 것을 느낍니다. 약한데 함께 하니 강함이 됩니다. 더욱이 주님 마음을 알게 되니 더 작아지고 더 약함을 자랑하게 됩니다. 그리고 본질로서 교회를 함께 고민하니 타락과 욕심의 싹이 무너짐을 경험합니다.

다시금 여주동행의 믿음으로

전 지금도 개척 교회 목회자로 교회의 영혼과 재정을 동시에 걱정하고 근심하며 살고 있습니다. 이것이 현실이겠지요. 그런 이유로 지금껏 자비량으로 사역하며 교회에서 사례를 받지 않았습니다. 그렇다고 교회 개척을 포장하고 싶지는 않습니다. 오히려 더욱 강조하여 개척의 길은 쉽지 않다고, 개척은 외로운 길이고 견뎌야 하는 길이라고 말하고 싶습니다. 함께 일할 수 있는 사람이 없어 울고, 버틸 수 있는 재정이 없어 우는 길입니다. 개척 사역의 현장은 영적전투의 치열한 전쟁터입니다. 외국에서 공부할 때 이민 교회에서 새가족 사역을 창의적으로 지도하여 250여 명이 모이던 교회가 600명 이상 모이는 교회로 성장한 경험을 하기도 했었습니다. 그러나 그때는 함께 해줄 동역자들이 있어 가능했었고 지금은 그 동역자들 없이 홀로 가는 길입니다. 그래서 부여된 하나님의 뜻을 본다 해도 더이상 버텨낼 재간이 없을 땐 한없이 절망하는 길이 개척의 길이기도 합니다. 그러나 여주동행의 하나님이 함께 하심으로 이기며 나아갈 수 있는 길이라 생각합니다.

교회가 어렵다는 이야기가 회자되는 날들입니다. 더욱이 개척은 죽는 길이라고 말하기도 합니다. 그렇다고 모두가 손을 놓을 수는 없습니다. 최전방에 서서 무너지는 교회의 댐을 막는 자들이 교회의 개척자들입니다. 그러므로 개척자는 누구보다도 성령 충만해야 합니다. 흔들리지 말아야 합니다. 자신의 정체성을 눈에 보이는 것에서 찾지 말고, '존재하고 있는 삶'으로부터 구해야 합니다. 그동안의 개척 사역의 여정 가운데에서 하나님은 여주동행으로 함께 하셨습니다. 그리고 주님은 지금도 저를 만들어 가시는 중입니다. 지난 목회의 시간을 돌이켜 보면 모든 것이 하나님의 은혜였습니다. 치열한 영적 전쟁터에서 여주동행으로 함께 하시는 하나님의 사랑이었습니다. 이것이 제 믿음의 고백이며 앞으로의 나아갈 소망입니다.

> 이 외의 일은 고사하고 아직도 날마다 내 속에 눌리는 일이 있으니 곧 모든 교회를 위하여 염려하는 것이라 누가 약하면 내가 약하지 아니하며 누가 실족하게 되면 내가 애타지 아니하더냐 내가 부득불 자랑할진대 내가 약한 것을 자랑하리라(고후 11:28-30)

하나님의 사람을 세우는 교회

장유제일교회 _ 황대광 목사

바람이나 쐬러 가는 길

장유제일교회는 2015년 7월 26일 김해제일교회의 지교회로 설립되었습니다. 처음 치리목사님을 통해 전해 들은 교회 사정은 매우 열악했습니다. 예배당은 상가건물 지하이고, 전체 교인 6명 중 4명이 중증 장애인이었으며, 사택도 없고 심지어 사례비를 줄 수 없으며 1억 1,000만 원의 대출까지 있는 상황이었습니다.

청빙설교를 하러 내려가던 날 아내는 제게 "그냥 바람이나 쐬고 오세요"라며 배웅을 했고, 교회 사정을 알고 나니 아내의 마음이 이해가 되어 저 역시 가벼운 마음으로 토요일 오후 부산행 기차에 몸을 실었습니다. 그리고 다음날인 주일 아침 교회 문 앞에 이르렀을 때 예배를 준비하는 성도들의 찬송 소리가 들려왔는데, 반주도 없이 음도 박자도 제각각인 소리에 피식 웃음이 났습니다.

그런데 문이 열리고 찬송을 부르고 있는 6명의 성도들을 본 순간 웃음은 사라지고 하염없이 눈물만이 흘렀습니다. 예배를 마치고 성도들과 교제의 시간을 가지면서도 우리는 함께 울었습니다. 그렇게 제 마음에 부어주신 이 교회와 성도들을 향한 강력한 성령의 감동을 안고 집에 돌아왔지만 아내는 선뜻 결정하지 못했습니다. 하지만 자정이 넘는 시간까지 '보내심'에 대한 진솔한 대화를 나눈 후 아내 역시 동일한 마음을 품게 되었고 우리는 눈물로 하나님께 감사의 기도를 올려드릴 수 있었습니다.

기다리는 것은 고비뿐

그러나 청빙이 결정되어 내려온 저를 제일 먼저 반겨준 것은 700만 원의 세금영수증이었습니다. 교회 건물 일부분을 기독서점에 세를 주고 그것으로 대출이자를 내고 있었는데 여기에 대한 세무조사가 진행되어 세금이 부과되었던 것입니다. 제가 부임하기 전에 어떻게든 성도들끼리 해결해보려했던 모습에 눈물이 났습니다. 그래서 "담임목사가 왔으니 이제 걱정하지 말라"고 성도들을 안심시키고 해결방법을 찾던 중 과하게 부과된 내역을 발견하고 다행히 금액을 줄일 수 있었습니다. 그럼에도 교회 재정이 없던 당시 상황에서 교회가 감당하기엔 벅찬 금액이었습니다. 세무서에 가서 사정을 해보았지만 다른 방법이 없었습니다.

당시 저는 사택을 구하지 못해 먼저 내려와 교회에서 생활하고 있었는데, 한겨울 지하 예배당에서 전기장판 하나로 지내기가 쉽지 않았습니다. 추위로 인해 잠을 제대로 이루지 못했는데 그때마다 강단에 엎드려 "하나님 어떻게 하지요?"라고 묻고 또 물었습니다. 성도들에게는 걱정하지 말라고 했지만 가슴이 너무 답답했습니다. 눈물로 기도를 쌓는 중에 하나님은 제게 '아들아, 걱정하지 마라. 내가 다 안다' 라고 말씀해주셨습니다. 그리고 그 주일 예배시간에 성도들에게 바로 선포했습니다. "걱정하지 마세요. 담임목사 취임예식 끝나면 다 해결됩니다" 취임예식이 끝나고 100만 원이 부족했지만 하나님은 신실하게 기독서점을 통해 100만 원을 보내주었습니다. 이전까지 교회와 전혀 왕래가 없었는데 하나님의 일하심이었습니다.

고비는 이어 찾아왔습니다. 상가건물 소방점검으로 교회에만 150만 원의 견적이 나왔습니다. 이곳에 부임한 지 얼마 되지 않아 아는 사람도 없고 정말 막막했습니다. 무작정 소방담당자에게 전화를 했더니 소방서를 직접 찾아가 보라고 조언하였습니다. 교회 옆에 있는 119안전센터로 찾아 갔습니다. 마침 그곳에서 어느 교회 안수집사이신 팀장님을 만나게 되었고 '교회의 딱한 사정은 알겠지만 이건 꼭 해야 하는 일'이라며 저렴한 곳을 알아봐 주시겠다고 하셨습니다. 그분의 따뜻한 마음에 큰 위로와 힘을 얻고 감사하며 기다리고 있었는데, 며칠 후 지금이 바쁜 시즌이라 인터넷을 통해 직접 알아보는 것이 더 빠를 것 같다고 했습니다. 다시 맨땅에 헤딩하는 심정으로 인터넷 검색을 통해 세 곳의 업체와 약속을 잡았습니다.

마지막에 오기로 한 분이 시간이 비었다며 가장 먼저 오셔서 점검을 하셨는데 예상했던 견적보다 훨씬 높은 금액을 말씀하셔서 "알겠다"고 대답했습니다. 그런데 저도 모르게 "그런데 우리 교회는 장애가 있는 성도들이 많아 걱정이다"라는 말이 한숨과 같이 흘러나왔고 "교회에 장애인들이 있으세요?"라고 물으시고는 며칠 후 직원과 함께 오셔서 자비량으로 모든 설비를 해주셨습니다. 그분은 김해에 있는 교회에서 장애인 부서를 섬기고 계셨는데 이 모든 것이 하나님의 시간에 하나님의 방법대로 일하시는 하나님의 은혜였습니다.

물론 이후에도 숨 좀 돌리나 했더니 이내 또 세금고지서가 저를 기다리고 있었습니다. 그동안 납부하지 않은 토지세와 건물세가 누적되어 나온 것입니다. 이 역시 만만치 않은 금액이었지만, 우리 하나님의 타이밍은 정확했습니다. 전에 한 교회에서 사역을 할 때 만난 젊은 집사 부부가 딱 그만큼의 선교비를 보내 온 것입니다.

찬양사역자를 보내주소서

하나하나 이루신 모든 일들이 감사했지만 저에겐 무엇보다 간절한 기도제목이 하나 있었습니다. 우리 건물 5층에도 교회가 있는데 주일 아침마다 그 교회에서 부르는 찬양소리가 1층까지 들렸습니다. 거기와 비교하면 예배 전 우리 교회는 너무나 적막했습니다. 그래서 아내와 함께 새벽마다 부르짖으며 찬양사역자를 보내달라고 기도했습니다.

   마침내 우리의 기도를 들으신 하나님은 부산 수영로교회 새벽 찬양팀 싱어였던 집사님 부부를 우리 교회로 보내 주셨습니다. 휠체어를 타는 척수장애인인 남편 집사님은 기타를 치며 찬양을 인도하고 아내 집사님은 음향을 담당합니다. 예전에는 지하에 교회가 있는지도 몰라 5층 교회로 가셨던 분들이 지금은 간혹 찬양 소리를 듣고 지하로 내려오시기도 합니다. 하지만 사역 초기에는 집사님 부부가 바뀐 환경에 적응하지 못해 많이 힘들어했고 '왜 하나님은 부산에서 잘살고 있는 우리를 장유까지 오게 하셨는가?'에 대해 강한 의문을 토로하기도 하였습니다. 그러나 남편 집사님은 이곳에서 '슐런'이라는 게임을 접하게 되었고 국가대표로 선발되어 독일에서 열리는 '2019 독일 슐런 월드컵대회'에 참석하기도 하였습니다.

어려움을 통해 일하시는 하나님

   하나님의 은혜로 행복하게 사역을 하던 부임 첫해 추석이었습니다. 명절을 맞아 부모님이 계신 천안으로 출발을 했는데 전날까지 멀쩡한 모습으로 계셨던 정신분열증을 앓고 계신 집사님께서 갑작스레 발병하였다는 연락이 왔습니다. 거주하고 계신 아파트 전체가 고통을 당할 만큼 창문을 열고 소리를 지르고 욕을 하고 베란다에서 뛰어 내리려 하는 등 남편분께서 제어가 되지 않자 저에게 전화를 한 것이었습니다. 계절이 바뀔 때마다 증상이 심해져 정신병원에 입원해오던 분이셨는데, 여러 번의 고비가 있었지만 말씀과 기도로 잘 이겨내는 모습을 본 남편이 어떻게든 병원에 가는 것만은 피하고 싶어 저에게 도움을 요청한 것입니다. 그래서 부모님께 인사만 드리고 내려와 집사님 댁으로 가보니 완전 전쟁터가 따로 없었습니다. 집사님은 그 누구도 제어할 수 없는 막무가내 상태였습니다. 다행히 목사인 저는 알아보셨는데 말씀을 읽고 기도해드리며 간신히 진정시켜 침대에 눕혀 잠드신 걸 확인한 후에야 집으로 돌아올 수 있었습니다. 하지만 새벽 2시에도 다음 날 아침, 낮, 밤에도 계속 불려갔습니다. 그리고 집사님은 끝내 경찰까지 출동한 상황에서 병원에 입원하게 되었습니다. 어떻게든 입원만큼은 막으려고 했는데, 지칠 대로 지친 몸을 이끌고 교회에 돌아와 십자가를 보니 울컥 눈물이 났습니다. "도대체 이게 뭡니까? 하나님? 왜요? 왜?" 얼마나 울었는지 모릅니다.

그런데 명절이 지나고 주일예배가 끝난 후, 집사님의 남편분이 딸과 함께 과일을 한아름 사서 찾아오셨습니다. 당시 두 분 모두 신앙생활을 하지 않고 있었는데 아픈 집사님을 대하는 모습에 감동 받았다는 말씀을 하시고 남편분은 그 날 이후로 신앙생활을 시작하였습니다. 그리고 지금은 세례를 받고 남전도회 회장으로 섬기는 사역도 감당하고 있습니다. 따님은 아직 신앙생활을 못하고 있지만 그 날 이후 교회 행사에는 빠짐없이 참석하여 일손을 돕고 수요일에는 직장에서 퇴근하면서 본인 차량으로 성도들을 댁으로 모셔다드립니다. 그리고 집사님은 퇴원 후 작년 한 해에만 성경을 5독 하셨으며 올해도 2독 중이신데 그때 이후 현재까지 병원에 입원하지 않고 말씀으로 이겨내고 계십니다. 게다가 지난해 5월 집사님을 포함하여 네 분의 집사님을 권사로 세웠는데, 권사님이 기폭제가 되어 권사님 모두 성경 일독에 성공하였습니다. 우리 교회 성도들은 요즘 하나같이 권사님이 성경 통독 후 똑똑해졌다고 말을 합니다. 디모데후서 3장 17절에 보면 "성경은 하나님의 사람으로 온전하게 하며"라고 하지 않았습니까!

주님, 승합차가 필요합니다

교회가 조금씩 성장하면서 20명이 넘게 출석을 했는데 승합차가 필요했습니다. 차량운행을 해야 했는데 당시 교회 차량인 '마티즈'로는 불가능했습니다. 어떻게든 방법을 찾아보았지만 쉽지 않았습니다. 하나님은 '차량은 우리 교회가 스스로 감당해야 할 몫'이라고 말씀하시는데 교회는 차량보증금은 물론이거니와 할부금도 낼 형편이 못되었습니다. 성도들에게 차량을 구입하자는 말이 떨어지지 않은 상황이었지만 하나님은 이미 큰 그림을 그리고 계셨습니다.

어느 날 경추장애를 가진 여 집사님이 고민을 상담해 오셨습니다. 이십 년 전 다세대 주택에 전세로 계약을 했는데 입주한 지 얼마 되지 않아 주인이 사라졌다는 것입니다. 그런데 방 하나가 비가 새서 수리하려고 알아보니 건물 전체를 수리해야 하는데 땅과 건물주인이 다르고, 또 세대마다 주인이 달라 전체의 동의를 받아야 하는 어려움이 있고 무엇보다 집주인이 아니니 매매도 할 수 없는 진퇴양난의 상태였습니다. 그래서 함께 새벽 작정기도를 시작하였습니다. 그리고 며칠 후, 거할 처소가 없어 고민하던 후배에게 집사님은 아무 조건 없이 그 집에 거주하도록 배려해주었고 후배는 고마운 마음에 집사님께 사례를 했는데, 집사님은 어려운 형편임에도 불구하고 그 전부를 하나님께 드렸습니다. 저는 그 마음의 중심을 기뻐 받으신 하나님께서 더 크게 갚아주실 것이라는 감동이 있어 그 마음을 집사님에게 전했는데 정말 놀랍게도 작정기도가 끝날 무렵, 20년 동안 살았는지 죽었는지 소식도 없던 집주인이 나타났습니다. 완전히 포기하고 있던 전세금에 보상금까지 더해 돌려받게 되었던 집사님은 드린 헌금의 백배가 넘는 큰 복을 받았다며 무척 기뻐하며 하나님께 약속한 대로 서원헌금을 드렸고 그 예물이 교회 차량의 보증금이 되어 교회 차량을 구입하게 되었습니다.

집사님은 전동휠체어를 타기 때문에 교회 차량이 있어도 혜택을 받을 수 없음에도 불구하고 기쁨으로 예물을 드렸고, 이에 도전받은 성도들이 매주 1만 원 차량 헌금 운동에 동참하여 지금까지 단 한 번의 할부금도 연체되지 않고 갚고 있습니다. 잘 갚도록 채워주시는 하나님께 감사와 영광을 돌립니다.

차량을 인도받던 날은 대출연장을 하는 날이기도 했습니다. 새 차를 타고 기쁜 마음으로 은행에 대출연장을 하러 갔더니 하나님이 절 얼마나 사랑하시는지 새로운 기도제목을 주셨습니다. 이제는 이자와 함께 대출금의 5%씩을 상환해야 한다는 것이었습니다. 차량할부금에 대출이자에 상환금까지, 순간 멍해져서 아무런 말도 못 하고 있는 저에게 은행직원이 이렇게 말해주었습니다.

"목사님, 걱정하지 마세요. 하나님이 다 하실 겁니다."

그 순간 그의 말이 하나님의 음성으로 들렸습니다. '그렇지. 지금까지 때마다 만나와 메추라기로 채워주신 하나님을 경험하고도 왜 또 인간적인 마음으로 걱정부터 앞세우고 있을까?' 연약한 믿음을 회개하고 '기도할 수 있는데 왜 걱정하십니까' 찬양을 부르며 은행을 나왔습니다.

여호와 라파, 고치시는 하나님을 만나다

우리 교회 권사님의 시숙 되시는 80세 어르신이 계십니다. 처음 교회에 오셨을 때는 왼쪽 팔을 들 수도 없었고 피부병 역시 아주 심하였습니다. 병원에서도 치료가 되지 않아 어려움을 겪고 계셨는데 얼마나 고통스러웠으면 칼로 살을 다 도려내면 좋겠다고 말할 정도였습니다.

우리 교회는 찬양대가 없기에 성경봉독과 설교 사이에 찬양 대신 치유 기도를 하는데 이때 이 분의 왼쪽 팔이 번쩍 올려지고 피부병이 깨끗하게 치료되는 놀라운 은혜가 임했습니다. 하지만 기쁨도 잠시, 얼마 후 목에 혹이 만져져 이비인후과에 갔는데 암 진단을 받으셨습니다. 도저히 받아들일 수 없었던 성도님은 평소 다니던 병원에 가서 다시 검사하였지만, 설상가상 말기암 진단을 받으셨고, 장례를 준비하며 낙담한채로 삶을 완전히 포기하셨습니다.

그래서 이대로 두면 안 되겠다 싶어서 가족들의 기도로 위암을 고치신 장모님의 간증을 들려드리며 함께 기도하자고 했지만 본인의 경우는 다르다며 완강하게 거절하셨습니다. 계속 찾아가서 설득하였고 수요일 저녁 기도회에 온 성도들과 함께 '여호와 라파' 치료하시는 하나님과 예수 그리스도의 보혈을 선포하면서 간절히 기도했습니다. 그러자 그분도 어느 순간부터 함께 기도하기 시작하였고 기적처럼 암 종양이 완전히 사라진 것을 경험하게 되었습니다. 이 일을 통해 살아계신 하나님을 경험하게 되었고 구원의 확신을 갖게 되어 지금은 세례 받은 성도의 반열에 올랐습니다.

아픔이 아픔이 아닌 것은 주님의 일하심입니다

하나님의 은혜 가운데 있지만 아픔도 쉬지 않고 몰려옵니다. 예배반주와 기도의 동역자로 열심을 내던 두 가정이 어린이예배가 없어 고민하다 큰 교회로 이동하는 아픔도 있습니다. 그래서 현재는 15명이 출석하고 있습니다.

그래도 멈추지 않습니다. 지난 2년은 장애와 여러 가지 열악한 상황 속에서 자주 낙심하고 넘어지는 성도들을 말씀과 기도로 양육하며 교회의 내실화에 집중했다면, 올해부터는 교회의 사역을 밖으로 확대시켜 나가려고 합니다. 현재 여전도회를 중심으로 매주일마다 독거노인과 장애인들에게 김치와 반찬 나눔을 하고 있으며, 지난 4월에는 지역 내에 있는 군부대 교회를 방문해 군장병들과 함께 주일예배를 드리고 최선을 다해 그들을 섬기며 선교사역의 첫 발걸음을 내딛었습니다. 그리고 매월 둘째, 넷째 주 토요일마다 무료 칼갈이 봉사와 무료카페 운영으로 지역을 섬기고 있으며, 경남지방회 국내선교위원회로부터 강냉이를 지원받아 노방전도를 실시하고 있습니다. 또한 장애인사역을 이유로 다음세대 예배를 미뤄 두고 있었는데, 장유지역기독교연합회와 함께하는 전도행사를 계기로 어린이예배를 시작하려고 준비 중입니다.

우리 교회는 '하나님의 말씀으로 하나님의 사람을 세우는 교회'라는 표어 아래 오직 말씀에 가치를 두고 기도하는 삶을 살도록 성도들을 훈련시키고 있습니다. 이제 성도들은 이렇게 말합니다.

"목사님, 이제 우리 교회 모든 성도들이 말씀대로 살려고 애쓰고 있어요."

그래서일까요? 작은 일에도 목사만 다급하게 찾던 성도들이 이제 웬만한 일은 스스로 이겨내는 믿음의 내성이 생긴 것 같습니다. 이사야 60장 22절에 "그 작은 자가 천명을 이루겠고 그 약한 자가 강국을 이룰 것이라 때가 되면 나 여호와가 속히 이루리라"는 말씀처럼 언젠가 하나님이 우리 교회를 통해 꼭 이루실 부흥의 그 날을 기대하며 저는 오늘도 소망가운데 맡겨주신 목회의 현장으로 나아갑니다.

오라, 보라, 내가 하는 것을

좋은교회 _ 박갑성 목사

내 무릎이 아니라 하나님의 무릎으로

부교역자 사역을 하면서 퇴행성 관절염으로 무릎 통증이 심하여 사역의 어려움을 느끼고 있었습니다. 입대하기 전, 부모님을 도와 기도원 보일러 공사를 하다 사고를 당하였습니다. 경운기 조작 미숙으로 내리막길에서 기어가 빠졌고 모래와 시멘트를 가득 실은 경운기가 미끄러지면서 속도를 감당할 수 없던 저는 경운기에서 뛰어내리다 두 다리를 깔리게 되었습니다. 당시 단순 외상으로 치부하고 치료하지 않았던 것이 화근이 되어 겉으론 멀쩡해 보였지만 늘 묵직한 통증을 앓고 있었습니다. 군 제대를 할 때까지는 그런데로 무리 없이 다닐 수 있었습니다. 하지만 제대하고 복학을 하면서 통증이 심해지기 시작했습니다.

1995년 여름, 참을 수 없는 통증으로 병원을 찾았습니다. 무릎에 물이 차고 빠지질 않았으며 물을 뺀다고 해도 2~3일이면 다시 물이 차올랐고 회복될 기미도 보이지 않았습니다. 아픈 무릎을 끌고 부교역자로 사역한다는 것이 교회와 성도들에게 죄송한 마음이 들어 2002년 초부터 병을 고칠 수 있다는 병원을 찾아다녔습니다. 하지만 통증이 심한 왼쪽 무릎을 보호하다 보니 오른쪽 무릎을 많이 사용하게 되고 오른쪽 무릎 역시 물이 차기 시작하면서 더 큰 통증에 시달렸습니다. 무릎에 직접 주사를 맞으며 사역을 하였지만 결국 2002년 8월 급성 화농성 염증이 생겨 급하게 수술을 받을 수밖에 없었습니다.

사역자가 사역지를 떠나는 것은 죽는 것이다

단 한 번도 개척은 생각하지 않았습니다. 부교역자로 사역하다 적절한 때에 부임목사가 되고 싶었습니다. 그런데 부교역자로 사역 도중 수술을 하게 되었고, 교회에서는 사역자의 자리가 자주 비는 문제가 생겼습니다. 당시 담임목사님의 권유로 오산리 기도원에 갔습니다. 아픈 무릎으로 기도원 성전에 들어가 털썩 앉아 기도했습니다. 얼마 지나지 않아 음성이 들렸습니다.

"사역자가 사역지를 떠나는 것은 죽는 것이다."

음성을 듣고 깜짝 놀라 눈을 번쩍 뜨고 고개를 들었습니다. 더는 엎드려 있을 수가 없었습니다. 제 마음 가운데 아픈 무릎으로 인해 사역을 그만둬야 하는것은 아닌지 갈등이 있었는데 성령님께서 무엇보다 제가 가야 할 길을 알려주신 것입니다. 2002년 12월 31일, 부교역자로서 사역을 마무리했습니다.

2003년 1월 1일, 아내와 두 아들과 함께 가정예배로 신년예배를 드렸습니다. 잦은 통증으로 약에 취해 있는 시간이 많았는데, 누구에게도 개척한다고 이야기할 수 없이 예배만 드렸습니다. 열악한 개척 상황에 막냇동생이 함께하겠다며 찾아왔습니다. 그리고 학생 때 가르쳤던 청년이 3개월 정도 반주로 봉사할 수 있다고 찾아왔습니다. 이 청년은 지금까지도 반주자로 섬기고 있습니다. 또 다른 청년은 교회에서 운영하는 어린이집 차량 운전자로 근무하다 퇴직하게 되었는데 신앙생활을 할 수 있는 건강한 교회를 찾는다며 상담하다 저의 개척 소식을 듣더니 하나님의 뜻이라며 함께 교회를 섬기게 되었습니다. 여기저기 몇 분의 성도들이 모이기 시작하더니 세례교인 12명으로 개척을 할 수 있는 준비가 한 달여 만에 이루어졌습니다. 저는 아무것도 할 수 없었으나 하나님의 이끄심은 강력했습니다. 그리고 2003년 2월 3일 상동의 주공아파트 상가 지하를 임대하여 교회를 시작하게 되었습니다.

돕는 손길을 경험하다

교회 공간은 반찬가게로 사용되던 곳으로 보증금 1,000만 원에 월세 40만 원을 내는 40평 규모의 공간이었습니다. 수중에는 이를 지출할 돈이 전혀 없었습니다. 주인과 보증금 없이 월 50만 원의 월세를 내기로 협의하고 아버지께 500만 원을 빌려달라고 부탁하였습니다. 짧은 생각에, 10개월 사역하다 뜻이 아니면 목회를 그만두는 것이 옳다고 생각되었습니다.

교회는 반찬가게로 사용되다 7개월 정도 방치되었던 곳이기에 썩은 젓갈 통과 죽은 쥐가 있었고 악취도 진동했습니다. 주변에서 안 된다고 하였지만 제 눈에는 그곳이 좋게만 보였습니다. 눈에 보이는 상황은 악취가 나고 온통 썩어 있지만 정리하면 잘 꾸며진 교회의 모습으로 변화될 것만 같은 감사가 나왔습니다. 사택도 없는 상황이었지만 상가 지하에 작은 방 하나가 있기에 그렇게 살아도 되겠다 싶었습니다. 지금은 도저히 생각할 수 없는 환경이지만 정말 그땐 그렇게 해도 좋을 것 같았습니다. 내부의 썩은 것들을 끄집어내고 청소를 하니 널찍한 공간이 나왔습니다. 그리고 가득 찬 감동이 밀려오며 찬양과 기도가 넘쳤습니다.

개척을 준비하며 주변의 도움이 넘쳤습니다. 성전건축을 하신 어느 목사님께서 당신이 개척 당시에 사용했던 앰프, 의자, 강대상, 커튼 등 성구 일체를 보내 주시겠다고 하셨습니다. 그리고 지방회에서도 도움의 손길이 이어졌습니다. 영등포교회에서 개척 자금 3,000만 원을 지방회에 보내왔는데 지방회에서 우리 교회로 헌금하겠다고 연락이 왔습니다. 헌금을 받아 매달 지출되는 월세 부담금을 낮추려고 하였으나 주인의 거부로 보증금 1,000만 원에 월세 40만 원으로 재조정하였고, 나머지 2,000만 원으로는 사택을 구하였습니다. 영등포교회의 헌금은 개척을 하고 1년이 지난 다음에 알게 되었습니다. 지방회의 기금으로 헌금되었다고 생각했는데 영등포교회의 신 집사님의 헌금이 마중물이 되어 우리 교회로 오게 된 헌금이었습니다.

신 집사님은 영등포 판자촌에 거주하시면서 3년 동안 적금을 들었고 그 액수가 900만 원이 되었다고 합니다. 신 집사님은 그 돈을 영등포교회 담임 목사님께 드리며 지금까지 받은 사랑과 은혜에 감사하며 목사님이 쓰시고 싶은 곳에 사용하시라고 하였답니다. 김선영 목사님은 이 귀한 헌금을 자신의 먹고 마시는데 사용할 수 없다며 100만 원을 더하여 저희 지방회에 헌금하면서 교회를 개척하는 곳에 사용해달라고 전달하셨습니다. 당시 지방회장 목사님께서 1,000만 원으로 개척할 수 없다며 3,000만 원을 헌금해 달라며 요청을 담은 이야기를 하셨고 영등포교회의 두 분의 권사님이 헌신하셔서 개척자금 3,000만 원이 모금된 것이었습니다. 이 사실을 알고 신 집사님을 찾아뵙고 감사의 마음을 전하고 싶었는데 "안 만나도 괜찮아요! 기도할게요"라며 사양을 하셔서 만나지 못하고 돌아왔습니다. 개척하는 모든 순간 채우시는 하나님의 은혜를 경험하였습니다.

개척 10개월 만에 사무총회에서 어린이로부터 장년까지 77명을 보고할 수 있게 되었습니다. 개척한 해에 어린이교회에 40여 명의 어린이가 출석하였는데 주일이면 아이들의 웃음소리가 부흥하는 소리로 들렸습니다. 당시 상동초등학교의 교사 부부가 평일에 예배를 드릴 교회를 찾고 있었습니다. 이분들은 섬기는 교회가 광주에 있고, 거주지 또한 광주인지라 주일은 광주에서 예배를 드리시고 평일에는 목포에서 예배드릴 교회를 찾고 있었는데 좋은교회의 돕는 손길이 되셨습니다. 비록 주일은 섬기는 교회로 가셨지만, 평일에는 예배에 함께하시며 전도에 힘을 실어 주셨습니다. 반 아이들에게 복음을 전하셨고 대부분이 교회에 등록하게 되었습니다. 하나님은 좋은교회의 교회 건물을 위해서도 돕는 손길을 보내 주셨으며, 또 동역자를 예비하심으로 사역을 풍성하게 시작토록 하셨습니다.

넘어서야 하는 나약한 모습

교회 건물을 정돈케 하시고 양적 부흥을 이루고 있을 때 교회가 어려움을 겪게 되는 것은 목회자가 하나님 앞에서 어떻게 사역하는지 자세가 중요한 것임을 알게 되었습니다.

먼저는 10개월의 기간을 정하고 언제든 그만둘 수 있다는 마음으로 사역을 시작하였던 것이 문제였습니다. 조금이라도 어려움이 있으면 뒷걸음치려 했던 제 모습을 보게 하셨습니다. 둘째는 무릎 수술 후유증으로 약과 통증에 취해 괴로운 시간을 보내며 판단의 좁은 시각을 갖게 된 것입니다. 제 육체적 고통이 무엇보다 크게 느껴져 생각을 깊이 할 수 없었습니다. 그렇기에 기도 중에 결정해야 하는 일을 제 좁은 판단으로 결정하여 교회에 어려움을 초래했습니다.

여름이 되니 장마로 교회에 물이 새기 시작했습니다. 3시간마다 세숫대야 한가득 차는 물을 닦아내는 일을 거의 매일 하였고, 장마가 심해지면서 물을 배수시키는 모터도 고장이 나면서 교회 바닥은 종아리까지 물이 차기도 하였습니다. 문제를 개선해야겠다는 생각이 앞서면서 교회 이전이라는 조급한 판단을 하게 되었습니다. 그런데 이를 반대하는 성도들이 있었습니다. 제 마음에는 성도들을 향해 '주일 한 번 예배에 나와 잘 모르는거야'

라고 생각하며 교회 이전을 시급하게 진행하였습니다. 당장 물이 새지 않는 곳으로 옮기는 것이 중요하다 생각한 저는 길 건너편 건물로 교회 이전을 계획하였습니다. 만화 대여점으로 운영되다 2년 정도 비어있던 곳으로 교회와 가깝고 무엇보다 지하가 아니라는 점이 가장 크게 다가왔습니다.

제가 당시 몰랐던 것은 교회는 장소가 아니라 성도라는 사실입니다. 성도들과 충분하게 소통하지 못하고 저의 임의대로 진행하였던 것이 큰 불찰이었습니다. 30평의 상가를 화장실, 부엌, 유아실, 사무실 그리고 본당으로 나누는 작업을 3주에 걸쳐 진행하며 교회를 이전하였습니다. 보증금은 2,000만 원으로 올랐지만, 월세는 30만 원으로 매달 지출되는 재정 부담도 줄였다 생각했습니다. 사택을 팔고 2층 유아실로 옮겨왔지만 아내와 세 아들은 불평하지 않고 잘 따라주었습니다. 물론 저와 아내, 막내는 유아실에서 첫째와 둘째는 사무실에서 8년을 지내게 되었지만, 이 모든 것이 순절하게 흘러가는 것이 주님의 뜻이라고 생각되었습니다.

교회 이전을 하고 먼저 어린이교회 출석 인원이 절반으로 줄었습니다. 교회 오지 않은 아이를 붙잡고 왜 교회를 오지 않는 것인지 물었습니다. "교회가 이사 갔잖아요!" 아이들은 왕복 2차선 길 하나 건넜을 뿐인데 교회가 이사하였다 생각했습니다. 상동 지역에는 교회로 사용할만한 넓은 공간이 없었습니다. 그래서 작은 교회가 성장하면 하당 또는 다른 동으로 이사를 하는 일이 종종 있었습니다. 아이들에게 교회 이전에 대해 미리 설명하며 소통하지 않은 상태에서 이사하니 아이들은 "좋은교회도 이사간다"라는 실망감이 앞섰던 것 같았습니다.

더하여 교회 이전으로 새로 등록한 성도들과 개척부터 함께 했던 성도들 가운데 분쟁이 발생했습니다. 그리고 불과 2주 만에 개척부터 함께했던 성도들이 떠나며 장년 성도도 절반으로 줄어들게 되었습니다. 깊은 골과 상처가 또 다른 불평으로 자리하면서 결혼과 이사로 성도들이 떠나더니 2007년 어느 주일에는 한 사람만이 앉아서 예배를 드리게 되었습니다.

돌파구를 찾아서

이대로는 안 되겠다 싶어서 2009년 3월에 서울신학대학교 신학전문대학원에 입학하였습니다. 열심히 공부도 하고 대학원 임원 활동도 하면서 매주 월요일이면 새벽기도를 마친 5시 30분에 교회를 나와 저녁 11시에 들어오기 일쑤였습니다. 결국 너무 무리해서인지 2011년 1월, 오른쪽 무릎 수술을 강남삼성의료원에서 다시 하게 되었습니다. 비록 재수술이었지만 통증도 빨리 잡히고, 회복도 빨리 되었습니다. 재활과의 싸움은 계속되었지만, 목회에 대한 새비전을 품으며 지역에 맞는 국수 전도도 시작하게 되었습니다.

그리고 2012년 8월, 깊은 기도의 필요성을 품고 오산리금식기도원에서 금식을 작정하며 기도하였습니다. 기한을 정하지는 않았지만 장기 금식을 마음에 품고 나아갔습니다. 금식을 시작한 지 3일 동안은 식사 시간만 되면 잠이 쏟아졌습니다. 시작 3일은 식사를 끊으면 나타나는 금단현상과 같은 배고픔이 있는데 하나님은 잠을 통해 이를 느끼지 못한 채 지나가게 하셨습니다. 금식이 19일 째 되었을 때는 이제 교회로 가도 하나님께서 응답해 주실 것 같은 믿음이 생겼습니다. 20일이 되는 날 아침 기도원을 떠나 교회로 돌아왔습니다.

21일 째 저녁 기도회 시간에 하나님은 세 번에 걸쳐 음성을 들려주셨습니다.

"오라! 보라! 내가 하는 것을!"

그날 밤에 얼마나 울면서 기도를 했던지 그날의 감동은 아직도 제 마음을 울립니다. 이제 더욱 주께 가까이 가서 주가 하실 일을 보며 그 일에 힘있게 동참하는 일이 제게 허락하신 일임을 믿습니다.

주님이 하시는 일을 봅니다

2013년이 되면서 교회가 좁다는 생각이 들었습니다. 교회 사택으로 이용되던 유아실과 사무실의 짐을 빼고 온전히 교회로만 사용해야겠다는 생각이 들었습니다. 주공아파트에 서류를 접수하였습니다. 66명을 뽑는 곳에 6번으로 번호를 받았습니다. 하나님께서 선하게 이끄신다는 생각이 들었습니다. 마지막 접수를 하면 입주할 일정만 남게 된 상황에서 서류접수를 하려 주공아파트 사무실로 가고 있을 때 아버지로부터 연락이 왔습니다. 농협 건물이 경매로 나왔고, 3번이나 유찰되면서 경매가 아닌 수의계약으로 건물을 시세보다 아주 저렴한 가격에 사들일 수 있다는 것이었습니다. 경매 3억 2천만 원에 나왔던 건물이 절반 가격으로 내려갔고, 이를 사면 대지 92평에 건평 107평의 건물로 본당, 유아실, 사무실, 목양실, 사택 등이 넉넉하게 들어갈 수 있었습니다. 갑작스럽게 큰일을 만나면 감정의 표현도 아둔해지는 것처럼 어안이 벙벙한 상태가 연속이었습니다.

보증금을 빼고, 헌금을 모으고, 대출을 받았습니다. 대출의 과정도 녹록지 않았지만, 하나님의 인도하심 가운데 도움의 손길을 받으며 리모델링 공사를 진행하게 되었습니다. 6개월 동안 공사 현장에서 목수가 되기도 하고 용접공이 되기도 하면서 전문가의 손이 반드시 필요한 곳 외에는 성도들과 함께 만들어 갔습니다. 건축하시는 장로님이 오셔서 교회 사정을 보시고 최소한 리모델링 공사 견적으로 1억 원이 든다고 하였는데 5,000만 원 정도로 공사를 마무리 할 수밖에 없었습니다. 교회 천장과 바닥 공사도 못 하고, 이전 사택에서 사용하던 장판을 가져와 사용하였지만, 교회 명의로 된 건물을 가지고 있다는 사실이 이루 말할 수 없는 기쁨이었습니다. 물론 1억 7,000만 원의 빚이 생겼고, 매달 70만 원의 이자가 지출되어야 했지만 온전한 교회 건물을 소유할 수 있다는 사실이 모든 것을 잊게 해주었습니다. 3년이 지난 후 이자가 떨어지면서 지금은 15만 원 정도를 줄이게 되었습니다. 교회를 입당하며 축하 인사를 해주신 목사님께서 "빚의 사자가 된 것을 환영합니다"라고 말씀하신 것이 생각납니다.

교회가 이전한 지역은 한때는 번화가였지만 지금은 구도심이 되어 할머니, 할아버지 그리고 부모의 손을 떠나 사는 아이들이 사는 동네입니다. 이 지역으로 이사 오면서 목요일은 부침개 전도, 토요일은 국수 전도를 혹한이나 혹서기를 제외하고 쉬지 않고 시행하고 있습니다. 처음에는 재정으로 어렵고 힘들었는데 의지를 되새기며 계속 진행하다 보니, 때를 따라 국수를 사주시거나 밀가루를 사주시는 등 다양하게 전도를 돕는 손길이 이어지고 있습니다. 그래서 믿음으로 실행하는 것에 주력하고 있습니다.

또한, 교회 재정이 아닌 자비량으로 매년 한 번씩 추진하는 전도 순례 선교활동을 진행하고 있습니다. 개척 초기 너무 힘들었던 상황 속에 우리를 도와주셨던 손길들을 생각하며 우리도 어려운 교회들을 도와야겠다는 감동이 들었습니다. 그렇게 시작된 전도 순례가 벌써 4회나 진행되었습니다. 저희 가정을 포함하여 권사님, 집사님들과 함께 대략 8~13명이 자비량으로 참여하고 있습니다. 매번 비용 마련이 고민이 되지만 성도님들이 고추를 다듬어 팔아 비용을 마련해 보기도 하고 잼을 만들어 팔아 비용을 준비하며 전도 순례를 쉬지 않기로 결단합니다. 개척 초기, 예배 처소는 있는데 함께 예배할 성도가 없는 아픔을 알기에 개 교회를 방문하여 2박 3일 전도지도 돌리고 복음 제시도 하면서 저녁에는 집회하고 마을 잔치도 엽니다. 지역 어르신들을 모시고 공연도 하고 마사지도 하며 뜸도 떠드리고 식사 대접도 하면서 복음을 제시합니다. 비록 많은 수는 아니지만 전도 순례를 통해 열매가 맺어지고 있습니다.

오라, 보라, 내가 하는 것을

교회를 개척하고 깨달은 것은 교회는 철저하게 하나님이 만들고 세워 가신다는 것입니다. 그리고 교회의 이전이나 건물의 넉넉함보다 더 소중한 것은 성도들과 소통을 통한 충분한 공감이라는 사실입니다. 물질이 많아서 헌신하는 것이 아니라 믿음이 있어야 헌신한다는 사실 또한 커다란 깨달음이었습니다. 좋은교회의 성도는 장년 22-28명으로 아직 재정적인 어려움이 있습니다. 교회운영이 어려울 때도 있고, 목회자의 사례비 역시 지출되지 못하기도 합니다.

그럼에도 하나님의 응답 "오라! 보라! 내가 하는 것을!"이라고 말씀하시며 성취해주시는 은혜를 찬양하고 감사합니다. 부어주신 사명과 교회로서 온전한 기능을 할 수 있기를 위해 기도하며 믿음의 행진을 하고 있습니다. 어느새 개척한 지 16년이 되었습니다. 올해의 표어는 "그리스도 예수 안에서 함께 상속자가 되고(엡 3:6)"라는 주제로 믿음의 행진을 하고 있으며, 하나님께서 친히 하시는 은혜를 체험하면서 나아가고 있습니다. 하나님의 도우심이 있었기에 여기까지 있게 올 수 있었습니다. 믿음은 철학이 아니기에 가설을 세우면 안 되고, 사상이나 이론 체계 또는 논리가 아니기에 논증이 되지 않습니다. 오직 믿음은 하나님의 선물이고 그 은혜 위에 사는 것이 믿음인 것을 오늘도 잊지 않고 믿고 나아갑니다.

내일의 길을
내는 사람들

교회 한 달 이용권

유동교회 _ 강은택 목사

나의 고향 교회

전남 신안군 지도읍에 있는 우리 유동교회는 전형적인 농촌 교회입니다. 평균연령이 70세가 넘는 장년 성도분이 17명, 그리고 교회학교 20여 명의 함께 어우러져 하나님의 역사하심을 경험하고 있는 교회입니다.

저는 2013년 2월 유동교회에서 처음 단독목회를 시작하였습니다. 단독목회를 시작한 이 유동 마을은 제 아버지가 태어나서 자란 곳이며, 저 역시 자란 곳이기도 합니다. 동네 주민 60% 이상이 한 집안인 집성촌 마을입니다.

'예수님께서도 고향에서는 별로 환영받지 못하셨다고 하는데... 하나님께서는 왜 나를 고향으로 보내셨을까?'

걱정과 염려도 있었지만, 한편으로는 집안 어른들에게 복음을 전해야겠다는 마음을 주셔서 새로운 열정을 가지고 목회를 시작하게 되었습니다.

1기 교회학교 사역– 청소년교회, 상급교회 진학으로 와해

서울신학대학교 진학으로 고향을 떠난 지 20여 년이 지난 후, 유동으로 돌아왔습니다. 20여 년 전만 해도 동네에는 시끌벅적 많은 이웃이 모여 살았고, 어린이, 청소년들도 많았습니다. 당시 우리 교회는 인원이나 재정도

충분히 자립하는 교회였습니다. 헌신적인 교사들이 굳건히 봉사하는 교회학교도 있었습니다. 하지만 세월 앞에 장사 없다고, 열심히 지역을 일구고 교회를 세워가셨던 분들이 도시로 나가셨거나, 고령의 노부가 되셨고 혹은 소천하시기도 하셨습니다. 동네에 학생들이 없다 보니 교회학교도 없어진 지 오래되었습니다.

처음 교회에 부임했을 때, 교회에는 장년 성도 17명과 초등학생 2명, 그리고 갓 두 돌을 넘긴 집사님의 딸이 전부였습니다. 저희 가정의 두 딸과 함께 4명으로 교회학교를 시작했습니다. 그렇게 두 달이 지나자 옆 동네에 사는 초등학생 2명이 함께 예배드리며 6명으로 부흥이 되었습니다. 하지만 1년이 지나고 2014년이 되면서 초등학생 2명이 졸업을 하게 되었습니다. 막막했습니다. 초등학생과 중학생의 예배를 어떻게 해야 할지 고민되었습니다. 중학교 1학년 2명, 초등학교 2학년 2명, 유치부 2명. 선택의 여지가 없었습니다. 유치부와 유년부 어린이는 함께 어린이예배로 드리고, 청소년예배는 따로 드려야 했습니다. 그렇게 분리해서 3월 첫 주부터 청소년교회 예배를 토요일에 시작하게 되었습니다. 중학교 1학년 2명이 전부였던 예배에 또래의 중학생들이 모이기 시작했고, 그해 여름 서산교회의 초교파 학생 수련회를 참석하면서 청소년교회가 부흥하기 시작했습니다. 이후부터 매주 토요일에 모여 예배와 성경 공부를 하며 청소년교회 사역이 자리를 잡았습니다.

하지만 그 기간도 그렇게 길지 않았습니다. 중학생들이 고등학교로 진학하면서 학생 대부분이 외지로 나갔습니다. 남아있는 청소년은 단 2명. 그것도 학년이 올라갈수록 공부와 여러 가지 학교 활동 때문에 점점 청소년교회는 힘을 잃고 저의 사역도 힘을 잃어갔습니다.

교회 한 달 이용권 2장

둘째 하음이가 2017년 초등학교에 입학했습니다. 그리고 1학년이 끝나가던 시점인 12월, 친구의 생일파티에 초대받은 하음이가 아내와 함께 선물을 포장하고 있었습니다. 포장이 끝나갈 즈음 하음이가 작은 종이 두 장을 가지고 왔습니다. 초대장처럼 생긴 종이에는 '교회 한 달 이용권'이라고 쓰여 있었습니다.

하음이는 친구를 교회에 데려오고 싶었던 것 같았습니다. 작은 어린이 마음에 고민하며 생각한 것이 '교회 한 달 이용권'이었습니다. 한 장이 아닌 두 장을 준비한 이유를 물었더니 "두 달 동안 사용하라고…"

저와 아내는 조금은 엉뚱해 보이는 하음이의 선물에 한참을 웃었습니다. 기특해 보이기도 하면서 그저 준다고 교회에 올까 싶은 마음과 함께 오히려 '이런 걸 선물로 주냐?'고 아픈 소리를 듣지 않아야 할 텐데 생각하며 가볍게 웃어넘겼습니다. 그런데 친구 생일파티에 다녀온 하음이가 뜻밖의 말을 했습니다.

"아빠, 그 친구가 이번 주에 교회 온다고 했어. 몇 시에 어디로 오는지 알려 달래~."

하음이의 친구는 약속대로 그 주부터 교회에 왔습니다. 2018년 1월 첫 주일입니다. 교회에서 14km 떨어진 동네에 사는 하음이의 친구는 그때부터 지금까지 계속해서 교회에 나와 예배드리고 있습니다.

하음이가 2학년이 되고 학기 초, 다른 친구의 생일파티에 초대받았습니다. 그리고 선물을 준비해서 파티에 간 하음이에게 생일 맞은 친구가 서운한 감정을 드러냈다고 했습니다. 알고 보니, 지난번 생일 맞은 친구에게 주었던 '교회 한 달 이용권'을 자기에게는 주지 않았기 때문이었습니다. 이번 생일에는 미처 생각을 못 하고 있었던 하음이는 그 친구에게 교회 오고 싶으면 이용권 없이 와도 된다고 말했고 그렇게 어린이교회에 한 친구가 등록했습니다.

처음 이용권을 받았던 친구의 어머니는 우리 교회에 보내게 돼서 좋다고 하셨습니다. 시부모님께서 구원파 교회에 다니는데, 자꾸 손녀를 데려가려고 하셔서 걱정이었다고 하셨습니다. 비록 자신은 믿지 않지만, 이단으로 알려진 곳으로 딸을 보내는 것이 싫었다고 하셨습니다. 그러던 찰나에 교회이용권을 선물 받고 우리 교회로 보내게 된 것이었습니다. 그 후로 이 어머니는 우리 교회의 홍보대사가 되셔서 만나는 지인들에게 자녀들을 유동교회에 보내보라고 했다며 웃으시면서 말씀하셨습니다. 정말 그 어머니의 권유로 우리 교회에 자녀들을 보내신 어머니들도 계셨습니다.

하음이의 '교회 한 달 이용권'으로 새롭게 시작된 유동교회 교회학교는 2018년 한해에만 18명이 새롭게 등록하여 매주 20~25명의 아이들이 예배를 드리게 되었습니다. 이곳 지도읍의 초등학생이 약 100여 명, 교회가 학교에서 10km 떨어진 거리에 있는 것을 생각하면, 교회학교 아이들 20여 명을 매주 토요일과 주일에 차량 운행하는 주행거리는 100km가 넘습니다. 이 일은 정말 생각지도 못한 큰 기적이었습니다.

유동교회 교회학교

친구의 생일 선물로 건넨 교회이용권을 시작으로 교회학교가 부흥하고 있습니다. 1년이 지나면서 이제는 교회학교가 어느 정도 기틀이 잡혀갑니다. 주일이면 교회로 와서 웃고, 떠들고, 함께 예배하는 아이들의 모습을 보면서 하나님의 섭리와 역사하심은 참 오묘하다는 것을 새삼 느낍니다.

이곳에 부임해 오기까지 기독교교육을 전공하고, 13년을 부교역자로 교회학교 아이들을 지도해왔습니다. 그리고 아내도 보육교사로 10년이 넘는 현장 경험이 있었기에 나름대로 교회학교 사역에는 강점이 있다고 생각하고 자신감도 있었습니다. 그래서 처음 단독목회를 시작하면서 교회학교에 여러 가지 계획을 짜며 시골 교회이지만 교회학교를 기반으로 장년 사역을 확장해 나가려고 계획하며 기도도 하였습니다. 하지만 기도하고 계획한 만큼 성과는 나오지 않았습니다. 교회 성도님들의 가정에 아이들이 없다는 것과 또 우리가 사는 이 지역은 읍내에는 아이들이 많이 있지만, 그 외 동네에는 아이들의 웃음소리 듣기 힘든 곳이 더 많다는 것이었습니다.

저희 부부가 이곳에 와서 제일 많이 나눴던 이야기가 '우리 교회가 학교 근처에 있었으면, 읍내에 있었으면 아이들을 위해서 할 일들이 좀 더 많을 텐데… 우리 교회는 읍내랑 좀 멀리 떨어져 있는 외진 곳이고, 성도님들도 연로하셔서 이것도, 저것도, 좀 어렵지 않을까…' 하는 이야기였습니다. 하지만 교회학교의 부흥을 경험하며 깨달은 것은 하나님의 생각은 우리의 생각과 다르다는 것입니다. 하나님은 우리의 생각을 뛰어넘으시는 분이심을 다시 한번 경험하게 되었습니다.

하나님은 지리적인 여건이 사역의 걸림돌이 아님을 분명하게 가르쳐주셨습니다. 아이들이 늦잠을 자서 교회 차량을 못 타면 직접 교회까지 데려다주시기도 하셨습니다. 교회가 동네에서도 구석진 곳에 있다 보니 아이들을 차량 운행해서 데려다주지 않으면 아이들 스스로 집에 갈 수도 없습니다. 하지만 교회 차 아닌 다른 차들이 다니지 않는 길이기 때문에 위험이 적다는 점이 몇몇 부모님들께는 장점으로 보이셨는지 아이들을 교회에 보내주셨습니다. 지리적 불편함, 약점으로만 생각했던 여건을 하나님께서는 강점으로 만들어 주신 것입니다. 어떤 환경에서도 하나님께서는 하시고자 하는 방법이 있으시며, 어느 부분이든 하시고자 하시면 모든 것이 가능하다는 것을 다시 한번 깨닫게 되었습니다.

'어린 아이들과 같이 되지 아니하면 결단코 천국에 들어가지 못하리라(마 18:3)'는 말씀을 읊조려 봅니다. 처음에 하음이가 친구에게 교회이용권을 선물로 준다고 만들었을 때, 저희 부부는 그저 웃고 말았습니다. 그것을 받고 누가 교회 오겠냐며 가볍게 생각했습니다. 하지만 하음이는 그것을 만들면서 친구를 교회로 데려오려는 마음에 부풀어 있었을 것이고, 하나님은 순수하고 선한 마음으로 기도하며 실천하는 모습을 보시고 그 기도에 응답하신 것으로 생각합니다. 정형화되고 고정관념으로 가득한 어른들의 눈과, 어른들의 기준으로 판단하는 것이 아니라, 어딘가 부족해 보이기도 하고 이해되지 않고 엉뚱해 보이기까지 하는 어린아이의 단순하고 진실한 생각과 실천을 통해서 교회가 변화되어 갑니다.

매주 아이들이 와서 목청 높여 놀고, 서로 싸우고 울기도 합니다. 이런 모습이 70세가 넘으신 성도들에게는 그저 시끄럽기도 하고, 놀다 다칠까 걱정되는 대상이기도 하였습니다. 하지만 지금은 시끄럽다며 꾸짖지 않으시고, 아이들과 반갑게 인사도 하시며 아이들의 다툼도 중재하시며 울면 눈물 닦아주시고 안아주십니다. 또 절기마다 준비하는 만찬에는 아이들을 위한 반찬도 특별히 신경 써주십니다. 교회에 아이들이 있다 보니 교회의 분위기도 많이 밝아졌습니다. 감사의 달인 5월에는 교회학교 아이들과 어른들이 함께 선물도 주고받으며 즐거움을 나누고, 성탄절에는 축하 무대도 꾸며 함께 기쁨의 시간을 가지기도 합니다.

교회에서 어떤 특별한 사역을 하는 것은 아닙니다. 아이들과 함께할 뿐, 돌봐 줄 교사도 없습니다. 이는 가장 아쉬운 부분이고 간절한 기도제목이기도 합니다. 저는 주일 아침 8시 20분에 차량 운행을 나가 9시 10분경에 아이들과 교회에 도착합니다. 그 시간 아내는 아이들 먹을 간식과 식사준비로 분주합니다. 아이들이 교회에 오면 10시까지 예배하고 성경공부를 합니다. 그리고 30분 정도 간식 먹고, 11시부터 12시 30분까지 장년 예배를 드립니다. 그 사이 아이들은 식당에서, 마당에서, 트램펄린에서 시간을 보냅니다. 트램펄린은 아이들이 제일 좋아하는 공간으로 6년 전쯤 '트램펄린(방방이) 선교'를 하는 교회에서 설치해 주셨습니다. 아무래도 이때를 위해 준비해 주신 것임을 믿어 의심치 않습니다.

장년 예배를 마치면 바로 식당으로 가서 아이들의 점심을 준비해서 먹입니다. 조금은 분주한 주일이 될 때도 있습니다. 그렇지만 최대의 목표는 주일을 지켜 예배드리는 것과 말씀 잘 먹이는 부분, 또 많은 시간과 비용이 들어가지만, 아침도 먹지 못하고 오는 아이들에게 간식, 점심 등 먹거리도 잘 준비해서 먹이려고 합니다. 힘든 날도 있지만 북적거리며 노는 아이들의 모습을 보고 있으면 힘이 납니다.

앞으로의 비전

1980년대, 90년대의 시골 교회들은 이 근방 도시들(광주, 목포)에 교회를 세우고 성장케 한 모판이었습니다. 그러나 세월이 지나 더는 모판이 아닙니다. 이제 옮겨갈 만한 모도 없을뿐더러, 씨앗이 심어져도 그 씨앗을 건강한 모로 키울 힘도 잃어버렸습니다. 우리 교회도 그랬습니다. 도시 이주로, 고령으로 이제는 새로운 부흥을 갈망하기보다는 성도들의 신앙을 유지하고 교회를 유지해 나가기도 벅찼습니다.

하지만 1기 교회학교 사역을 경험하면서 모판으로서의 교회 모습을 다시 회복해야 함을 느낍니다. 저는 지금 우리 교회에 오는 아이들이 우리 교회의 장년 성도로 남아있을 것이라 크게 기대하지는 않습니다. 지역의 여건이 중·고등학교만 가면 도시로 진학을 하고, 또 부모님의 직장에 따라 옮겨 다니기에 그렇습니다. 아이들이 어렸을 때, 하나님, 예수님에 대해서 알고, 하나님의 사람으로 자랄 수 있는 기틀이 마련된다면 이들이 외지에 있는 상급학교에 진학하더라도 또는 부모님의 직장을 따라서 다른 곳에 정착하더라도, 이들은 있는 그곳에서 하나님의 나라를 확장해 나가는 귀한 일꾼들로 세워질 것이라 믿습니다. 그 벅찬 일을 생각하면 이것만으로도 우리의 사역은 성공한 사역이라고 평가할 수 있을 것입니다.

대부분의 아이들의 부모님이 믿지 않으셔서 초청 예배도 계획하고 진행했지만, 아직 마음 문을 열지는 못했습니다. 하지만 교회학교 부흥처럼 하나님의 때에 이루어 주실 줄 믿고 기대하며 기도합니다.

그리고 앞으로의 사역을 교회 안에서의 사역만 머무는 것이 아니라 교회 밖에서의 사역을 더하려고 합니다. 꼭 우리 교회를 데리고 오려는 사역이 아니라 이 지역에 사는 모든 어린이가 하나님에 대해서, 예수님에 대해서 알게 되길 소망합니다. 또한 개인주의, 물질만능주의 문화가 지배하는 이 세상에서 우리 아이들이 믿음을 가지고 예수중심의 문화로 바꾸는 역할을 감당하길 오늘도 소망하며 기도합니다.

"떡교" 라고 불리는 가평교회 이야기

가평교회 _ 한근호 목사

매일 지나치며 만나는 교회

"교회가 뭐 하는 곳이야?"

학교 수업을 마치고, 집으로 가는 어린이들의 대화를 듣는 순간, 머리를 한 방 맞은 느낌이었습니다. 가평교회는 가평초등학교 후문 근처에 자리 잡고 있습니다. 매일 수많은 어린 영혼들이 우리 가평교회 마당을 통하여 등하교합니다. 매일 지나치면서 만나는 교회인데 어린아이들은 교회가 무엇을 하는 곳인 줄 몰랐습니다. 왜냐하면, 교회를 한 번도 들어와 보지 못했기 때문입니다. 교회가 어떤 곳인지도 모르는 아이들을 보면서 어떻게 교회를 알리고, 어떻게 교회를 오게 할 수 있을지 고민이 많아졌습니다.

그날 이후 이 문제가 저의 기도 제목이 되었습니다. 사실, 우리 교회도 이전에는 교회학교가 있었습니다. 그런데 교회학교 아이들이 성장하여 청소년이 되고, 청년이 되면서 지역을 떠나기 시작하였습니다. 교회학교는 더는 유지되지 못하였고 결국 교회의 다음세대가 없어졌습니다.

이 문제는 우리 교회만의 문제는 아니었습니다. 이웃 교회를 보면 교회학교가 없는 교회들이 더 많습니다. 어느 정도 규모가 있는 교회라도 교회학교 어린 영혼은 몇 되지 않았습니다. 교회가 어떤 곳인지 모르는 어린 영혼들을 보면서, 매일 아침 교회를 지나치는 어린이들을 보면서 그대로 주저앉아 있을 순 없었습니다. 어린 영혼을 구원하기 위해 무엇이라도 해야만 했습니다.

떡볶이 승부사

먼저, 어린이들이 가장 좋아하는 것이 무엇인지 살펴보았습니다. 어린이들이 가장 좋아하는 간식이 떡볶이라는 것을 알 수 있었습니다.

"그래, 떡볶이로 승부를 보자."
"떡볶이를 통하여 어린이들에게 접근하자."
"떡볶이를 매개체로 어린이들을 구원하자."

지금으로부터 3년 전, 어린 영혼들을 위한 떡볶이 전도계획을 세우고 기도하기 시작했습니다. 어린 영혼들을 섬기는 일인 만큼, 방앗간에서 쌀로 직접 떡볶이를 뽑아, 최상의 쌀 떡볶이로 대접하기로 했습니다. 물론 시장에서 판매하는 밀 떡볶이는 저렴하고 편리했지만 가장 좋은 재료를 통하여 섬기기로 했습니다. 우리 교회에서 음식 솜씨가 가장 좋은 권사님께 주방을 맡기고, 주변에서 유명한 떡볶이 가게를 두루 다니며, 맛을 보고, 최상의 맛을 내도록 부탁했습니다.

마침내 모든 준비를 마치고, 매주 금요일에 떡볶이전도를 시작하기로 했습니다. 본격적인 전도에 앞서 2주 전부터 교문 앞에 나가서, 가평교회에서 맛있는 쌀떡볶이를 준다고 전단지를 나누어 주었습니다.

그런데 이게 웬일입니까? 첫날, 한 명의 어린이도 오지 않았습니다. 매일 교회 앞을 지나다니고 있지만, 교회에 들어오는 것은 또 다른 문제였습니다. 어린이들이 가장 좋아하는 떡볶이를 주겠다고 열심히 광고했건만, 그 좋아하는 떡볶이를 교회에 들어와서 먹기는 부담스러웠던 것입니다. 실망감을 감출 수 없었습니다. 결국, 그날 그 많은 떡볶이는 봉사자들의 식사가 되었습니다. 그러나 포기할 수 없었습니다. 새로운 전략이 필요했습니다.

"그래, 어린이들이 교회에 오지 않으니 직접 찾아가자!"

찾아가는 떡볶이전도대

떡볶이전도를 시작한 두 번째 주, 초등학교 후문에 교회 안내 공간을 만들고 미리 준비한 떡볶이를 어린이들에게 종이컵으로 나누어 주기 시작했습니다. 그 날은 대성공이었습니다. 대박이 났습니다. 한 명의 어린이도 거부하지 않고, 모든 어린이가 좋아하면서 맛있게 받아 먹었습니다.

그리고 세 번째 주에는 학교 후문에서 10m 떨어진 곳에 전도 공간을 차리고, 떡볶이를 나누어 주었습니다. 지난주에 먹었던 아이들이 자연스럽게 교회를 안내하는 곳으로 와서 떡볶이를 먹었습니다. 네번 째 주에는 후문에서 30m 떨어진 지점에서 떡볶이를 나누어 주었습니다. 이전에 떡볶이를 먹었던 많은 아이들이 30m 떨어진 곳에서도 떡볶이를 맛있게 먹었습니다. 이런 방법으로 교회 앞까지 아이들을 인도하는데 무려 5주의 시간이 필요했습니다.

그러나 교회 앞까지 인도한 아이들을 교회 안으로 끌어들이는 것은 결코, 쉽지 않은 일이있습니다. 만만한 일이 아니었습니다. 교회 밖에서는 떡볶이를 맛있게 먹었지만, 교회 안에 들어와 떡볶이 먹는 것에 대해서는 극도로 경계하며, 완강히 거부했습니다. 어쩔 수 없이 교회 앞마당에서 두 주간 떡볶이를 나누어 주었습니다.

그리고 두 달이 조금 안 되는 7주에는 어린이들이 교회 로비에서 떡볶이를 먹었습니다. 아이들을 교회 예배당까지 들어오게 하는데 떡볶이전도를 시작한 지 두 달이 지나서야 성공했습니다. 할렐루야! 그 날 이후, 매주 금요일 오후가 되면, 아이들이 떡볶이를 먹으러 가평교회에 몰려옵니다. 많게는 80명, 적게는 60명의 아이가 가평교회로 들어와서 떡볶이를 먹습니다. 매주 금요일마다 우리 교회는 어린이들로 북적북적합니다. 요즘은 떡볶이를 먹었던 중학생들까지 교회에 옵니다.

하지만 떡볶이는 어린 영혼을 구원하기 위한 매개체이고, 우리의 목표는 어린 영혼들에게 복음을 전하는 것입니다.

"어떻게 복음을 전할까?"
"무슨 방법이 좋을까?"

금요 떡볶이 학교

어린이들이 교회에 오면, 먼저 자리에 앉게 합니다. 그리고 떡볶이가 나올 동안 선생님들은 아이들과 자연스럽게 이야기를 나누며 복음을 전합니다. 아이들은 거부감 없이 성경 말씀을 들으며 흥미를 느끼기도 합니다. 그리고 떡볶이를 먹습니다. 사실, 떡볶이 준비는 다 되어 있지만, 떡볶이 나올 시간을 버는 것은 잠깐의 시간을 내어 하나님의 말씀을 듣게 하는 전략이 숨어 있습니다. 또한, 선생님과 아이들의 교제의 시간을 갖게 하는 의도와 목적이 있습니다.

그리고 꾸준히 나오는 아이들에게는 복음 제시가 아닌 성경 인물에 관한 이야기를 전해줍니다. 어린이들이 계속적으로 교회에 오면, 이름을 적어 게시판에 붙여서 관리합니다. 교회에 올 때마다 스티커(달란트)를 붙여주고, 교회 오는 횟수에 따라서 떡볶이 이외의 학용품, 여름엔 아이스크림, 겨울엔 호빵 등을 줍니다. 그리고 3개월에 한 번씩 달란트잔치를 열어 교회 오는 것을 기쁜 일로 만들고 있습니다.

우리 교회는 어린이들이 주일에 오지 않고, 금요일에 복음을 듣고, 양육을 받기 때문에 "금요 떡볶이 학교"라고 부르고 있습니다. 또한 우리 교회는 어린 영혼들에게 하나님의 말씀이 자연스럽게 스며들도록 여러 장치들을 의도적으로 설치했습니다. 예배당 벽에 성경 말씀을 많이 붙여 놓았습니다. 그리고 아이들이 좋아하는 음악뿐 아니라 영화를 계속 보여줍니다. 우리는 떡볶이를 통하여, 어린이들에게 한국교회에 대한 좋은 이미지가 심어지기를 바라고 있습니다. 그리고 어느 교회이든 언제든지 편하게 들어갈 수 있는 공간이 되게 해달라고 기도하고 있습니다.

선한 영향력을 뿌리는 교회

우리 교회가 떡볶이전도를 하면서 알게 된 충격적인 사실은 어린이들 85% 이상이 교회를 한 번도 들어와 보지 않았다는 것입니다. 예전에는 부모가 교회를 나오지 않더라도, 교회 가면 좋은 것을 배우고 아이들 인성개발에 좋을 것이라고 해서 적극적으로 교회에 보내주셨습니다. 그런데 지금은 부모님이 교회 가는 것은 막습니다. 교회를 이상한 집단처럼 생각하여 교회 보내기를 꺼립니다. 아마 좋지 않은 이단 사이비들의 비리가 매스컴을 통해 드러난 까닭일 것입니다.

떡볶이를 통하여, 교회에 처음 온 아이들은 예배당 여기저기를 돌아다니며 신기해합니다. 이제는 교회에 대하여 전혀 낯설어하지 않습니다. 교회에 들어오는 것에 거부감을 느끼지 않습니다. 떡볶이를 통하여 교회 문턱이 낮아진 것입니다. 저희는 이 사실에 감사하고 있습니다. 어릴 때 경험한 교회에 대한 좋은 기억이 성인이 되었을 때 분명 좋은 결과를 가져다 줄 것이라 믿습니다.

우리는 계속 기도하고 있습니다. 어린 영혼들이 지금은 비록 떡볶이를 먹기 위해 가평교회에 오지만, 이들이 성장하여 언젠가 인생의 곤고함이 닥치고, 고난이 올 때, 떡볶이 주었던 가평교회를 생각하면서 어느 교회든지 찾아가 하나님을 만나고, 구원받고, 하나님 말씀으로 인생의 해답을 얻기를 바라는 마음으로 열심히 뿌리고 있습니다. 때가 되면 하나님께서 거두게 하실 것을 믿습니다.

주일에도 교회로

2년 동안 열심히 떡볶이전도를 통해서 우리 교회는 매주 금요일마다 60-80명 이상의 아이들로 북적거렸지만, 안타깝게도 주일에 나오는 아이들은 거의 없었습니다. 그런데 3년 만인 올해 드디어 주일에 교회학교가 다시 생겼습니다. 현재 15명의 어린이들이 주일 기쁨으로 교회에 옵니다. 할렐루야!

물론 부모님들이 나오지 않는 어린이들입니다. 하지만 지금은 믿지 않는 부모님들이 적극적으로 아이들을 교회에 보내고 있습니다. 가평교회를 인정해 준 것입니다. 뿌린대로 거두게 하시는 하나님의 은혜입니다.

떡교교회

가평초등학교 어린이들은 우리 교회를 "떡교"라고 부릅니다. "떡볶이 주는 교회"의 줄임말입니다. 가평초등학교 어린이들이 붙여 준 "떡교"라는 말을 우리는 좋아합니다. 예수님이 태어나신 베들레헴도 떡집이란 뜻입니다. 예수님은 떡집이란 곳에서 태어나셔서 인류에게 영원한 생명의 떡을 주셨습니다. 우리는 지금 육신의 떡을 주지만, 이 떡을 먹는 아이들이 나중에 생명의 떡을 먹게 될 것입니다.

우리는 더 많은 어린이가 금요일에 떡볶이를 먹으러 가평교회 오기를 기도하고 있습니다. 그런데 안타까운 것은 학원을 가고, 과외 수업을 들어야 하고, 너무 바빠서 오고는 싶지만 오지 못하는 아이들이 더 많습니다. 어린 영혼들이 금요일만이라도 교회 와서 떡볶이 먹고, 마음껏 쉬고 싶은데 아이들 환경이 그러지 못하는 것이 늘 아쉽습니다.

어른들에 비하면, 아이들 영혼은 순수합니다. 우리 교회는 한 명의 어린 영혼이라도 복음을 전하기 위해 계속 떡볶이를 만들 것이고, 떡볶이를 매개로 어린 영혼에게 하나님 말씀을 전할 것입니다.

한 영혼이 천하보다 귀하다고 했습니다. 이 시대는 영혼 구원하는데 정말 지혜가 필요하고 하나님의 은혜가 필요한 시대인 것 같습니다. 가평교회는 "떡교"로 어린 영혼에게 떡볶이와 함께 하나님 말씀의 떡을 풍성하게 먹이는 교회이길 소망합니다.

'들'에 복이 있는 교회 이야기

라복교회 _ 이영노 목사

가족 같은 교회

충남지방의 부여에 있는 우리 교회는 '들에 복이 있다'는 뜻을 가진 라복교회입니다. 규암교회의 지교회였던 라복교회는 1954년에 기도처로 세워져 1959년에 설립되었고, 근래까지 새벽 4시에 종을 쳐서 예배시간을 알린 오랜 역사가 있는 교회입니다. 교회 건물 또한 60년 가까이 되어 요즘은 잘 볼 수 없는 형태의 아담한 교회로, 91세의 어르신부터 5세의 아동이 함께 예배드리는 가족 공동체입니다.

2016년 단풍이 아름답게 물드는 가을, 저는 라복교회에 부임하여 행복한 목회를 하고 있습니다. 제 아내는 기독교교육을 전공하여 교단 목사로 교회에서는 교회학교를 담당하며 함께 협력하여 목회하고 있습니다.

잘 죽는 준비

라복교회에 부임하여 첫 심방을 할 때였습니다. 교인들의 기도 제목을 들으며 첫 담임목회의 방향을 생각할 수 있었습니다. 우리 교회는 교인 대다수가 70세 이상입니다. 교인들의 가정을 방문하였을 때, 공통되게 말하는 기도 제목이 있었는데, 하나는 자녀들의 잘됨과 또 하나는 '잘 죽는 것'이었습니다. 그러나 누구도 '잘 죽는 준비'에 대해서는 어떻게 해야 하는지 말하는 사람이 없었고, 과거에 본인들이 교회를 어떻게 다녔는지, 얼마나 열심히 섬겼는지에 대한 과거의 신앙만 나열하였습니다.

사실 이 문제 앞에서 자유로운 사람이 그렇게 많지 않다는 것은 오늘날 현대 교회의 과제이기도 하며, 우리 교회의 문제이기도 했습니다. 지금껏 어린이들의 신앙을 가르치며 교재를 만들던 아내는 노인들의 '어제의 신앙'을 '오늘의 신앙'으로 세우기 위한 교재 개발의 필요를 느끼게 되었고, 한동안은 노인들을 실제로 겪으며 알아가는 시간을 가졌습니다.

교회 공간을 가꾸며

교회 한편에 창고로 방치된 공간이 눈에 들어왔습니다. 소천하신 장로님을 기념하여 지은 교육관이었는데 오랫동안 방치되어 있었습니다. 아내와 함께 갈라진 벽을 메꾸고 페인트를 칠하며 목양실로 꾸몄습니다. 약 20평 가까이 되는 좋은 공간이었기에 그냥 창고로만 쓰기에는 아까워서 시작된 노력은 현재 주일에 모여 차를 마시고 담소를 나누는 공간으로 탈바꿈하였습니다. 이전에는 오전예배 후 오후예배 시작 전까지 머물 장소가 애매해서 각자 집으로 갔다가 다시 왔었는데, 이제는 함께 모여 이야기꽃을 피우는 장소가 되었습니다.

교회가 지어진 지 60년 정도 되다 보니 모든 공간이 낡고 불편한 상황이었는데, 적은 예산으로 큰 효과를 누릴 방법을 모색하다 교회 입구와 자모실을 고치기로 했습니다. 교회 자모실은 계단 형태의 바닥으로 난방이 되지 않고 지붕 벽면이 곰팡이로 덮여 있었습니다.

아이들의 예배 공간을 이렇게 둘 수 없다는 노력으로 최선을 다해 공사했습니다. 주어진 예산 안에서 작업하다 보니, 직접 바닥을 뜯어 필름을 깔고 벽면은 페인팅하는 수준에서 마무리해야 했습니다. 내장재 작업은 천정과 교회 입구만 먼저 하였습니다. 그리고 지난 봄 전체 벽면을 직접 마무리하면서 또 다른 아늑하고 따뜻한 공간이 만들어졌습니다.

교인들은 목회자인 우리가 직접 페인트 칠하고 작업하는 모습을 보고 이렇게 직접 할 수 있다는 것을 알게 되었다며 예쁘게 바뀐 교회가 좋으면서도 미안한 마음을 전해 왔습니다. 교회 예배실 전체 벽면을 페인트 칠하는 동안 교회에 대한 애정이 점점 커졌습니다.

교회 주변은 논과 밭, 그리고 우사(牛舍)가 많아 교회학교 아이들이 딱히 교회에 와도 놀만한 공간이 없었습니다. 교회에 와도 예배 후 자모실에서 핸드폰으로 게임을 하는 것이 전부였습니다. 보드게임을 갖춰놓기도 하였지만, 나이가 다양하다 보니 게임 구성이 쉽지 않았습니다. 부임하고 다음 해에 이웃 교회에 서울의 한 교회가 교회학교 살리기 프로젝트로 가로 3m, 세로 6m가 되는 트램펄린(방방장)을 무료로 설치해 준다는 소식을 듣게 되었습니다. 너무 반가운 소식이라 바로 연락을 했고 3주 만에 교회에 설치되었습니다. 놀거리가 전혀 없었던 터라 트램펄린이 생긴 이후로는 아이들이 예배 후 교회 앞마당에서 놀기도 하고 토요일에 와서 노는 아이들도 생겼습니다.

노인 성경학교

교회 공사와 교회 주변을 가꾸어 가는 즈음에 노년들을 가르칠 교재가 어느덧 완성되어 노인들을 위한 성경학교를 준비하게 되었습니다. 몇 주간의 홍보와 설명은 우리의 기대만큼 크지 않았습니다. 교회의 많은 어르신들은 부여에 속한 타교단 노인대학에 이미 다니고 계신 터였고, 어느 정도 익숙한 모임이어서 새롭게 무언가를 한다는 것에 대한 노력도 기대도 없었습니다. 성경공부라고 하면 어려워하실 수도 있고, 노인대학이라 하면 노인이 되었다는 것에 대한 불편함이 있을 수도 있어 다른 이름이 필요했습니다. 교회학교도 여름이나 겨울이 되면 특정 기간 동안 말씀을 집중적으로 배울 수 있는 성경학교가 있듯이, 이들에게도 그러한 시간을 제공해야겠다고 생각했고 총 두 번에 걸쳐 5주씩 진행하기로 계획했습니다. 하지만 반응은 기대 이하였고 개별적으로 권유해야 하는 상황이었습니다. 그렇게 모집된 인원은 모두 10명이었는데 한 분을 제외하면 모두 여성이라 결국 남자 성도는 다음에 하겠다며 9명으로 시작하였습니다.

첫 주에는 노인에 대한 정체성을 나눴습니다. 성경학교는 총 두 시간으로 예배로 시작해서 두 그룹으로 나누어 성경공부를 진행합니다. 성경공부는 어린이 성경교재처럼 이야기식으로 성경을 배우고 삶 속에서 적용하거나 경험했던 시간을 나누는 것입니다. 교회에서 만나면 간단히 인사만 하던 만남이 서로의 과거를 함께 나누며 알아가는, 심지어 한 교회에서 수십 년간 함께 예배했음에도 아주 간단한 사실도 모르고 지냈음을 발견하는 시간이 되었습니다. 오늘을 살던 노년의 시간에서 이전에 살았던 시간을 누군가 들어준다 하니 이야기는 사랑방처럼 구수하게 때론 길게 나누는 시간이 되었고, 색칠공부도 하며 웃음꽃을 피워갔습니다. 그렇게 성경공부가 끝나면 주제에 맞게 활동하는 시간을 가졌습니다. 1과는 '아브라함'의 이야기로 75세에 부르심에 답한 신앙의 모습을 보며 우리도 이제 했던 일을 내려놓고 쉬어야 하는 세대가 아니라, 또 다른 부름 앞에 순종해야 하는 세대임을 다짐하는 시간을 배웠습니다. 그렇게 다시 걸어가겠노라 다짐하고 주어진 현수막에 물감으로 발도장을 찍어 다짐을 새기도록 했습니다. 그리곤 그분들의 노곤한 발을 씻겨드리며 다시 힘을 내고 믿음 앞에서 힘차게 걸어가시라고 격려하는 시간을 가졌습니다.

하나님과의 동행을 배우는 과에서는 어떻게 하나님과 동행할 수 있는지 구체적으로 얘기해보고 과거의 신앙이 아니라 오늘의 동행이 필요함을 나누고 약속하며 말씀을 의지하고 동행할 수 있도록 나만의 말씀 액자를 만

드는 시간을 가져보았습니다. 또한 고부간의 관계에 있어서는 어떻게 해야 할지를 서로가 선대하며 살았던 나오미와 룻에게서 배웠습니다. 그들의 삶을 통해 배우고 실천하는 활동으로 지금껏 한 번도 마음을 표현해 보지 않았던 며느리들에게 고마움을 글로 표현하고 예쁜 구슬로 팔찌를 만들어 선물할 수 있도록 했습니다. 다행히 그즈음이 김장하는 시기여서 다들 집으로 온다기에 전할 좋은 기회를 얻었습니다.

믿음의 사람들은 배우자의 죽음 앞에 어떻게 하는 것이 신앙인의 자세인지 아브라함을 보며 깨닫는 시간도 가졌습니다. 슬픔의 자리에서 일어나 당당히 해야할 일을 했던 아브라함처럼 우리 또한 그렇게 되길 약속하며 교회 인근 꽃밭에 찾아가 예쁘게 화장도 하고 머리도 만져보며 즐거운 시간을 사진 속에 담았습니다. 90세가 넘은 집사님의 얼굴에 발그레 쑥스러움과 어색함과 기분 좋음을 볼 수 있는 시간이었습니다. 그런데 배우자가 살아있는 성도들에게는 지금껏 경험한 죽음 중에 가장 슬픈 죽음에 대해 나누었는데, 부모의 죽음보다 형제의 죽음이 더 슬프고 힘들었다는 이야기를 듣게 되었습니다. 이때 깨달은 것은 어느 기준까지 조문할 것인지 장례조문의 기준을 정한다는 것의 가치를 생각하며, 성도들의 가정에 장례가 있을 때에 보다 마음 다해 조문해야 할 것을 생각해보게 되는 시간이 되었습니다.

서로 사랑해야 함을 알아가는 시간에는 용기 있게 직접 화해를 청해보도록 맛있는 샌드위치를 만들어 전달하도록 했으며, 자녀들에게 마땅히 가르쳐야 하는 것은 신앙이기에 자녀들에게 교회에 다니기를, 신앙을 회복하기를 격려하도록 제안했습니다. 때가 되면 자녀들에게 영상을 전송하려고 동영상으로 격려와 당부의 영상을 찍어 보았고, 비록 육신은 연약해지고 무언가를 할 수 있기보다 할 수 없는 것이 더 많아지는 세대일지라도 용기 내서 주님의 약속의 날을 기대하며 기다리기 위해 언약의 시계를 만들어 꾸며보기도 하였습니다.

이렇듯 노년의 시간에 필요한 또는 반드시 알아야 하는 신앙적 점검의 시간을 두 차례에 걸쳐 5회씩 진행하고 2019년 2월에 마칠 수 있었습니다. 모든 모임의 시간 뒤에는 인근 맛있다고 하는 식당을 찾아 식사 대접을 하고 댁으로 모셔다드리며 일정을 마무리하였습니다. 교회 식당에서 음식을 준비하면 경비가 많이 절감되기는 하지만, 그렇게 일할 수 있는 인력도 성경공부에 참여할 수 있도록 하여 모임을 진행했습니다. 매 모임의 시간에 찍어놓은 영상과 사진을 주일에 공유하여 주중에 어른들이 어떻게 모이며 어떠한 활동을 하는지 알렸더니 참여하지 않았던 분들도 관심과 기대를 가지셨습니다. 또한 성도 중에 식사를 대접하겠다는 분들도 생겨나서 2기 때에는 1기 때보다 예산을 많이 절감할 수 있었습니다. 후에 알았지만 어르신들 중에 글을 모르는 분들이 성경공부를 한다는 것에 대한 두려움, 부끄러움이 있다는 것을 알게 되었습니다. 생각보다 글을 모르시는 분들이 많다는 것을 알게 되면서 또 한번 제 고정된 생각을 깨뜨리는 시간이 되었습니다. 성경학교를 한다는 것이 낯설 수도 불필요한 것으로 여겨질 수 있음에도 선뜻 그러한 시간과 재정을 마다하지 않은 성도들에게 감사했고, 성경공부를 마치며 수요예배를 다시 드리게 되는 권사님도 생겨나서 과거에는 모두 드렸었다는 과거적 얘기를 오늘의 얘기로 말할 수 있는 시간이 되기도 했습니다. 결국 모든 시간은 젊은 목회자인 우리가 배워야 하는 순간이었고 나눔에 행복한 시간이었습니다.

다음세대를 위한 신앙교육

우리 교회는 유아부터 청소년까지 모두 모여 함께 예배를 드립니다. 지역의 특성상 걸어서 오는 아이들은 없고 모두 차로 이동해야 하는데, 부모님이 교회에 다니는 아이와 그렇지 않은 아이들이 반반입니다. 그럼에도 거의 매주 특별한 일이 아니면 빠지지 않고 예배합니다. 평균 13명 정도가 모여 예배드리는데 1년에 두 번, 출석과 예배 참여에 따라 모아둔 달란트를 가지고 잔치를 합니다. 그런데 달란트 잔치를 교회에서 하는 것이 아니라 직접 마트로 가서 본인이 원하는 선물을 살 수 있도록 했습니다. 마트에 처음 온 아이들도 있었고, 농사를 짓는 부모님의 자녀들은 자신의 선물보다 집에서 필요한 생필품을 사는 경우도 있는 재미있는 풍경이었습니다. 이제는 마트를 바꿔 달라는 재미있는 요구도 생겨 웃음을 주기도 했습니다. 겨울방학 때는 아이들을 데리고 롯데월드, 덕산 스파캐슬, 필리핀 어학연수를 다녀왔고, 사순절 기간에는 사순절 성경학교를 매주 토요일에 5주간 열어 신앙의 확신을 배울 수 있도록 했습니다. 또한 여름에는 교회 마당에 큰 수영장을 설치해서 아이들이 즐겁게 놀 수 있도록 제공했습니다. 더운 여름에 장로님들은 땀을 흘려 아이들에게 놀거리를 제공했다며 오랜만에 땀을 흘린 새로운 경험도 장년들에게 선사했습니다. 아이들에게도 신앙체크를 할 수 있는 시간을 가져 다시 한번 구원의 확신을 배울 수 있도록 하였습니다. 앞으로의 계획은 청소년과 아동부를 나눠 예배를 드리고, 아이들이 와서 쉴 수 있는 공간을 만들어 교회의 문턱을 낮추는 작업을 하려고 합니다.

앞으로 나아가야 할 길

장년들 또한 그룹을 나누어 세 그룹씩 성경공부를 계속해서 진행하고 있고, 2018년에는 성경공부 후 실제로 배울 수 있도록 성서의 땅 이스라엘을 다녀오기도 했습니다. 이렇듯 어린이에서부터 장년, 노년에 이르기까지 말씀을 통해 신앙 다지기를 계속해서 사역하려고 합니다. 또한, 관계에 있어서도 이어질 수 있는 '끈의 장'을 만들어 제공하려고 노력하고 있습니다. 무엇보다 예배를 통해 회복과 믿음의 연장이 지속될 수 있도록 말씀 전파에 대한 노력과 지역 주민과 소통하여 복음을 전하는 장을 만들고 있습니다.

창립 60주년을 맞아 우리 교회를 섬기다 타지로 가서 신앙생활을 하는 많은 믿음의 지체들과 함께 하는 시간을 가져보려고 합니다. 고향 교회에 대한 관심과 사랑으로 더불어 하나 되는 시간을 가져 지나간 시간들과 앞으로의 시간을 함께 고민하며 나누고자 합니다. 그렇게 사역의 열정을 담아 오늘도 라복리 새벽 4시 30분에는 주님을 찬양하는 목소리로 아침이 열립니다.

강원도 와플 목사

서원주교회 _ 김기혁 목사

"와플은 태어나서 처음 먹어봐요. 너무 감사합니다."
"교회 앞에서 기다렸어요, 두 개 주시면 안되나요?"
"아침 못 먹었어요, 두 개 주세요."

강원도 원주시 명륜동에 있는 서원주교회 앞 목요일 아침 등굣길 풍경입니다. 작지만 건강하고 지역사회와 소통하며 함께하는 서원주교회에서는 목요일 아침 새로운 등교 문화를 만들어 가고 있습니다.

시작해야 할 때

학부를 졸업하기도 전부터 사역자의 삶을 살아온 저에게 담임목회는 꿈이자 목표였습니다. 이를 위해 십수 년을 부교역자로 섬기며 많은 것을 경험하고 배우려고 노력하였습니다. 그리고 이런 배움과 노력으로 나름 저만의 목회를 해나갈 수 있을 것이라는 자신감도 생겼습니다. 하지만 가지고 있던 자신감과는 무관하게 1~2년 시간의 흐름에도 환경에 별다른 변화가 없자, 담임목회자가 되는 것부터가 불가능한 도전처럼 느껴졌습니다. 점점 나이가 들어가면서 이런 생각이 커져 갔고, 동시에 아무것도 할 수 없을 것 같은 불안과 절망이 제 안에 곰팡이처럼 피어났습니다.

그렇게 무기력한 상태로 부교역자 생활을 하던 중에 우연히 부흥강사 목사님과 식사를 할 기회가 생겼습니다. 목사님께서 제 나이를 물으시더니 "단독목회를 시작할 때가 된 것 같은데 왜 아무 노력도 안 하느냐"고 말씀하셨습니다. 조용히 하신 말씀이지만 잠자고 있던 저의 정신을 일깨우는 호통으로 들렸습니다. 그래서 단독목회를 위해 다시 기도하기 시작했습니다. 그리고 매일 교단 홈페이지와 교단 신문에서 청빙 관련 공고들을 스크랩하고 기도하며 이력서를 제출하고 제가 할 수 있는 모든 노력을 기울였습니다. 그리고 몇 번의 도전 끝에 드디어 하나님께서 담임목회지를 열어주셨습니다.

병약한 목사의 취임

모든 것이 순조롭게 일이 진행되는 것 같았습니다. 특히 부목사로 섬기던 인천교회와 담임목사님, 당회에서 적극적으로 지지하고 도와주신 상황이었기에 별다른 문제 없이 부임만 남은 것 같았습니다. 그런데 마음을 놓을 때 생각지도 않은 문제가 터졌습니다.

담임목사 청빙과정 중 몇 차례 인천에서 원주를 다녀와야 했습니다. 자동차로 2시간을 넘게 가야 하는 길이었지만 전혀 피곤하지 않았습니다. 원주에 올 때마다 이곳이 저의 목양지라는 생각에 괜히 이곳저곳을 가보기도 했습니다. 그러면서 청빙에 필요한 절차를 밟게 되었고 지방회 인사부와 심리부 면접을 보는 날이 되어 원주에 오게 되었습니다. 평소보다 더 긴장하고 기합이 들어간 모습으로 면접을 보았지만 따뜻한 분위기에 어려움 없이 면접을 잘 보고 인천으로 돌아가던 중 고속도로에서 뭔가 이상을 감지했습니다.

갑자기 복통이 심하게 찾아왔습니다. 살아오면서 처음 겪는 고통 중 머리에 떠오른 것은 "위경련이 왔구나"라는 생각이었고 겨우 약국을 찾아 약을 먹었지만 나아지지 않았습니다. 어찌할까 망설이다 일단 집으로 갈 생각에 식은땀을 흘리며 겨우 운전대를 잡았으나 결국 안양 근처 고속도로 휴게소에서 차를 두고 119에 실려 종합병원 응급실로 갔습니다. 병명은 급성담낭염이었습니다. 급성담낭염은 염증이 생긴 담낭만 제거하면 낫는 병이지만 그때 너무 참고 무리한 나머지 폐렴이 함께 와서 결국 제거술이 아닌 담낭조루술을 받고 장기간 입원을 해야만 했습니다. 그리고 입원 중에 사모와 아이들은 먼저 인천에서 원주로 이사를 했고 저는 며칠 후 옆구리에 구멍을 내고 담즙을 빼는 주머니를 찬 채 홀로 원주에 도착했습니다.

점점 더위가 기승을 부리는 6월, 서원주교회에 첫 단독목회 부임을 하였지만 제가 생각했던 활기차고 힘 있는 목회가 아닌 옆구리에 담즙 주머니를 찬 어설픈 목회를 시작하게 되었습니다. 7월 첫 주, 명예 목사 추대 및 담임목사 취임식을 할 때까지도 옆구리에 담즙주머니를 차고 있었고 저는 병약한 목사로 새 교회에 인사하였습니다.

필요를 채우는 교회

취임식을 마치자마자 담낭을 완전히 제거하면서 본격적인 담임 목회 활동을 시작하였습니다. 미루었던 부임 심방을 하고 동네를 관찰하며 목회 계획을 세워나가는 중에 딸이 다니는 교회 앞 여자중학교가 눈에 들어왔습니다. 특히 중학생들이 등교하는 모습을 보게 되었는데 엄청난 수의 학생들이 교회 앞을 지나는 것이 보였습니다. 많은 학생들이 교회 앞을 지나는 데 아무도 교회에 눈길을 주거나 혹은 관심을 보이지도 않았습니다. 학생들에게 교회는 그저 지나가는 길에 있는 풍경에 불과했습니다. 바쁘게 등교하는 학생들의 얼굴엔 일찍 집을 나선 피곤함과 짜증, 그리고 배고픔이 서려 있었습니다. 그들을 보자 아침에 바쁘다고 굶고 등교하는 딸이 생각났습니다. 저 아이들이 내 아이처럼 보이기 시작했습니다.

"무엇을 할 수 있을까?"
"무엇이 이 학생들에게 웃음과 행복을 줄 수 있을까?"
"학생들이 필요로 하는 것이 무엇일까?"

아이들을 위해 교회가 무언가를 해야겠다고 생각하고 여러 방법을 검토했습니다. '등교하는 아이들 앞에서 찬양을 불러줄까?', 아니면 '작은 쪽지에 힘이 되는 말씀을 적어서 나누어 줄까?', '학용품 같은 것을 나눠 줄까?', '등교하는 아이들에게 기도해 주는 것을 시도할까?' 등 여러 생각을 했지만 그런 일들이 학생들에게 당장 도움이 되고 긍정적으로 받아들여질지 확신이 서지 않았습니다. 그때 이전 목회지에서 했던 와플전도가 생각났습니다.

여러 방법으로 전도를 했지만 가장 호응이 좋았던 와플전도가 떠올랐고 사모와 상의하고 기도를 하며 와플전도에 대한 뜻을 구했습니다. 특히 책정된 예산도 예비 예산도 없었기에 30만 원 정도의 와플기계와 필요한 자재들이 부담이 되었습니다. 기계만 있다고 되는 것이 아니라 와플재료와 토핑할 쨈, 포장지 등 매번 고정적으로 들어가야 하는 비용도 부담으로 다가왔습니다.

그래서 하나님께 "이 와플전도가 당신의 뜻이거든 필요한 것들 주옵소서"라고 기도했습니다. 필요한 것이 주어진다면 그것이 바로 응답이고, 그 응답이 있어야만 시작할 수 있다는 생각이 들어 단순하게 필요를 구하며 뜻을 올리는 기도를 했습니다. 그러자 예상치도 못한 곳에서 하나님의 응답이 전해졌습니다. 머나먼 미국에 사는 처제 가족을 통해 응답을 주셨습니다. 처제 가족이 선뜻 필요한 기자재의 헌물을 약속하였고 또한 성도들이 자발적으로 매달 재료구입을 위해 헌신하겠다고 하였습니다.

차근차근 하나님의 시간표대로 와플전도가 준비되었습니다. 모든 것이 완비된 상태는 아니었지만 하나님께서 이렇게 빠르게 응답하셨으니 우리도 빠르게 움직여야겠다고 생각했습니다. 그리고 원칙을 세웠습니다. 교회를 내세우지 말자는 것이었습니다. 교회를 내세우는 것은 나중에라도 할 수 있다고 생각했습니다. 전도라는 표현을 사용하지 않고 그저 순수하게 아침 식사를 굶고 등교하는 학생들에게 와플을 나누기로 결정하였습니다. 교회라는 것, 전도라는 것이 앞서 있으면 받고 싶고 먹고 싶어도 주저하며 오히려 싫어하고 반대하는 학생들이 있을 것이라는 생각이 들었습니다.

일주일 하루, 오전 8시부터 한 시간 동안 와플을 나눠주기 시작했습니다. 사실 과정은 힘들고 고됐습니다. 서원주교회 성도 대부분이 직장에 다니거나 혹은 연세가 많아 아침에 함께 봉사하기가 어려운 형편이었습니다. 그래서 대부분의 일을 저희 부부가 감당해야 했습니다. 그래도 와플을 나눌 수 있다는 사실에 감사함과 기쁨이 가득했습니다.

와플전도를 하기 위해서는 먼저 하루 전날 반죽을 해야 합니다. 수요 저녁예배를 마친 후 아내는 아이들과 함께 사택으로 가고 저는 아무도 없는 교회 주방에서 조용히 반죽을 준비합니다. 처음에는 주방 저울을 가지고 계량하면서 반죽을 했습니다. 뭉치지 않고 잘 풀어지도록 젓기도 하며 블렌더를 사용하며 최선을 다해 와플 반죽을 만들도록 노력했습니다. 그러다 보니 지금은 감각만으로 반죽의 농도를 맞추는 놀라운 경지에 이르기도 하였습니다. 이렇게 고요한 기도 중에 만든 반죽은 하룻밤 숙성이 됩니다.

그리고 다음 날 새벽예배를 마친 후 바로 와플을 굽기 시작합니다. 반죽할 때처럼 혼자서 와플을 굽습니다. 처음엔 당연히 엉망이었습니다. 와플을 한 번 구울 때 사용해야 하는 반죽의 양도 들쭉날쭉했고 잼을 바르고 포장하는 과정도 미숙하기 그지없었습니다. 흘리는 반죽도 많았고 손발이 느려서 오전 6시부터 9시까지 3시간 동안 많이 구워서 만들어 봐야 150개에서 170개 정도였습니다. 와플기계 한 대에서 동그란 와플을 2개를 만들 수 있습니다. 그러면 이걸 반으로 쪼개 총 4조각으로 나눕니다. 처음에는 약 4분 정도가 들었지만 지금은 3분이면 4개를 만들어 잼을 바르고 포장까지 마칠 수 있는 실력을 쌓게 되었습니다. 그래서 지금은 약 200개가 넘는 와플을 아이들에게 줄 수 있게 되었습니다.

와플을 만드는 것이 제 몫이라고 한다면 학생들과 접촉하고 그들에게 좋은 인상으로 와플을 나누어주는 역할은 사모가 감당했습니다. 청년 때부터 학생들의 학업을 돕는 일을 했던 사모이기에 그 누구보다 학생들을 잘 이해하고 그들의 마음을 얻는 방법을 잘 알고 있었습니다. 그렇기에 사모는 와플을 나눠주는 역할의 준비된 적임자였습니다.

2018년 11월 첫 주 목요일에 첫 번째 와플을 전했습니다. 와플전도를 위해 전날 밤 반죽을 하고 당일 새벽에 와플을 구우면서 느꼈던 긴장감과 기대감은 담임목사 취임식 때의 그것보다 더하면 더했지 절대 부족하지 않았습니다. '중학생들이 이 와플을 잘 받아줄까?', '교회 앞에서 나눠주는 것인데 혹시 거절하지는 않을까?', '먹으면서 맛없다고 하지는 않을까?', '뭐 이딴 것을 주냐며 혹시 버리지는 않을까?', '추워지는 날씨에 밖에서 와플을 나눠주는 아내가 힘들지는 않을까?', '주변 이웃들이 와플 나눠주는 것을 반대하지는 않을까?' 등 온갖 생각과 마음들이 정신을 혼미할 정도로 어지럽게 오고 갔습니다. 그리고 드디어 오전 8시에 와플을 나눠주기 시작했습니다. 제 걱정이 무색하게 학생들은 너무나 기뻐하며 와플을 받아 갔습니다.

물론 교회 앞을 통해 등교하는 학생들 전부가 와플을 받아 간 것은 아닙니다. 몇몇 학생들은 경직된 표정으로 거부하기도 했습니다. 하지만 미리 준비하고 또 계속 구워서 만든 150개의 와플 대부분을 나눠줄 수 있었습니다. 학생들이 와플을 받으며 환한 미소로 고맙다고 인사를 하는 모습에 아내와 저는 하나님께 감사 고백을 수없이 올렸습니다. 지난밤부터 고되게 준비했던 모든 수고를 한 번에 보상받는 기분이었습니다.

고소한 향기를 이웃에게

기뻐하며 받는 학생들의 반응에 힘을 얻은 우리는 11월과 12월 두 달간 정신없이 매주 와플을 굽고 나눠주기를 계속했습니다. 쉬지 않고 정기적으로 목요일 아침 등교 시간에 와플을 나눠주자 주변 사람들과 학생들에게 반응이 조금씩 나타나기 시작했습니다. 우선 학생이 아닌 이웃들의 반응이었습니다.

아침에 와플을 나눌 때 학생들만 나누지 않고 교회 앞을 지나는 모든 이들에게 와플을 나누었습니다. 이웃의 상가 상인들과 교통봉사를 하는 어르신들, 아파트 경비하시는 분들은 아예 와플을 들고 찾아가서 드렸습니다. 학생들과 다르게 어른들은 이 와플의 출처와 의도를 궁금해하며 "어디에서 주는 거예요?", "왜 와플을 줘요?" 등의 반응을 보였습니다. 이런 질문에 우리는 "교회에서 무료로 나눠드립니다. 시장하실 텐데 맛있게 드세요!"라고 답을 하면 어른들은 여기에 교회가 있음을 새삼 놀라며 알은 체를 해주셨습니다. 그동안 교회가 너무 활동을 하지 않아 존재감이 약했던 것이었습니다. 와플의 고소한 향기가 매주 목요일 아침마다 등굣길에 활력을 주는 교회로 지역 주민들의 마음에 자리 잡게 되었습니다.

방학 기간 동안 와플전도를 잠시 쉬면서 재정비를 하였습니다. 와플전도를 처음 시작할 때의 방향을 교회를 내세우지 않고 철저하게 아침 식사를 굶고 오는 학생들을 섬기는 것이었지만 이제 복음의 도약을 해야 할 시기라는 생각이 들었습니다. 하지만 교회를 내세우지 않았기에 부담 없이 와플을 건네받던 학생들과 이웃들이 불편을 느끼며 떠나지 않을까 두려움이 들기도 하였습니다. 그럼에도 매주 목요일 아침에 시행되는 와플전도가 어느 정도 자리를 잡았다는 확신이 있기에 변화를 시도해 보기로 결정했습니다. 이제 학생들과 이웃들은 서원주교회가 목요일 아침, 교회 앞에서 와플을 나눈다는 것을 당연한 사실로 받아들이고 있었기 때문입니다.

매주 와플을 200개 넘게 준비하는데 놀랍게도 40분이면 다 나눠주고 남는 것이 하나도 없습니다. 학교에 소문이 나서 받아가는 학생들이 늘었기 때문입니다. 정문으로 등교해서 일부러 후문으로 찾아와 와플을 받아 가는 학생, 조금 늦게 와서 못 받았다고 울상을 짓는 학생, 매주 올 때마다 자기 이름을 알려주며 또 왔다고 좋아하는 학생 등을 보며 이제는 교회를 조금씩 알려도 좋겠다는 생각이 들었습니다.

학생들만 좋은 반응을 보인 것이 아닙니다. 지나가는 택시기사도 가던 길을 멈추고 와플을 받아 갔습니다. 학생들이 너무 많이 와서 주변의 상가와 교통봉사 어르신들에게 드리지 못한 날에는 살짝 서운해하시기도 하셨습니다. 그러면 다음 주에 미리 챙겨 드립니다. 얼마나 기뻐하시고 좋아하시던지 덩달아 우리도 마음이 뿌듯해졌습니다. 이런 모든 반응은 이제 서서히 전도의 모습을 갖추어도 된다는 하나님의 응답으로 확신되어졌습니다. 그래서 지금은 포장지마다 전도 스티커를 붙여서 나눠주고 있습니다. 수없이 뿌려지는 와플들이 씨앗이 되어 한 영혼이 전도되기를 기도하는 심정으로 와플을 나누고 있습니다.

선한 씨앗을 뿌리며

와플을 드시던 어떤 어르신께서 "비싼 와플을 무료로 주는 거 보니 교회가 돈이 참 많은가 봐"라는 말씀을 하셨지만 정말 돈이 많아서 이 일을 하는 것이 아닙니다. 시작은 바쁜 아이들에게 요깃거리라도 주자는 것이었고, 이제는 무엇보다 영혼의 양식을 전한다는 마음으로 기도하며 나누는 것입니다. 작은 교회지만 지역사회와 다음세대를 위해 뭔가를 하고, 그것이 교회의 선한 영향력으로 나타나기를 바라는 마음으로 기도하며 이 길을 걷고 있습니다. 다른 곳에도 다른 방법으로 선한 영향력을 발휘하는 교회와 목회자가 많지만, 원주 명륜동에는 서원주교회가 와플전도로 그 사명을 감당하고 있습니다. 우리는 선한 씨앗을 뿌릴 뿐입니다. 그것을 자라게 하고 열매를 거두게 하시는 이는 오직 하나님이라는 믿음으로 이 귀한 사역에 더 힘을 내려고 합니다. 지금도 귓가에는 학생들에게 와플을 나눠주는 아내의 목소리가 들리는 듯합니다.

"얘들아! 와플 먹어라! 목사님이 기도하며 만든 와플, 먹으면 공부도 더 잘된단다!"

주님 주시는 은혜입니다

아이사랑교회 _ 노혜신 목사

내 어린 시절

저는 어린 시절의 추억을 회상하는 것을 좋아합니다. 저에게 어린 시절의 기억은 제가 살아가면서 누리는 단비와도 같습니다. 힘들고 어려울 때마다 마음에 그리움과 평온으로 다가와 웃음 짓게 합니다. 그 기억 속에는 언제나 다정하시고 세심하셨던 어머니가 부지런히 일하시며 저를 살펴보아 주시던 모습이 담겨있습니다. 제 나이 예순 살을 훌쩍 넘겼지만 항상 어릴적 자라고 뛰어놀던 고향 마을을 생각하면 언제나 행복했던 순간순간의 기억들이 떠올라 감사가 샘솟습니다.

사람은 누구나 태어나고 자란 고향이 있습니다. 왜 사람들은 고향의 향수를 그리며 어린 날들을 그리워할까요? 그건 아마 이 세상에 태어나 처음 접하고 소중한 추억들이 쌓여 있고 마음에 간직한 값진 순간들이 고스란히 담겨 있기 때문일 것입니다. 순수함이 묻어있고, 꿈이 서려 있고, 어느 누구든 사랑의 대상으로 삼고 신뢰할 수 있는 어린 시절을 저는 매우 좋아하고 사랑합니다.

> 마땅히 행할 길을 아이에게 가르치라 그리하면 늙어도 그것을 떠나지 아니하리라(잠 22:6)

하나님의 말씀을 읽고 듣고 묵상하며 살아가는 사람은 이 세상에서 제일 행복한 사람입니다. 그것도 어려서부터라면 얼마나 값진 것인지 저의 어린 시절을 뒤돌아보게 되었습니다. 사실 저의 어린 시절의 행복했던 기억들은 초등학교까지입니다. 빛나는 졸업장을 받아든 순간부터 저를 기다리고 있던 것은 집안을 쓸고 닦고 밥하고 빨래하는 일이 전부였습니다. 6남매를 둔 어머니는 날이 새기가 바쁘게 일터로 나가시고 모든 집안일들은 오롯이 제가 도맡아 해야 했습니다. 일평생 가장 안타깝고 후회스러운 일이 무엇이냐 묻는다면, 초등학교 5학년 때 옆 반 선생님께서 일요일이면 친구들을 교회로 데리고 가시곤 하셨는데 집안일을 하느라 일찍 예수님을 만나지 못한 일입니다. 가끔 곰곰이 생각하며 하나님께 기도로 묵상하곤 하는데 "왜 제가 어릴 적에 예수님은 저를 외면하시고 찾아오지 않으셨나요?"라는 투정 아닌 투정을 부리곤 합니다.

복음을 듣고

한참 뒤인 몇 년 후에야 하나님께서는 저를 청주의 서문교회로 인도해 주셨고 예비하신 은혜를 부어주셨습니다. 만약에 제가 좀 더 일찍 예수님을 만나고 하나님의 자녀로 살아갔다면 좋았을 텐데 하는 안타까운 마음이 들 때마다 하나님은 제가 앞으로 가야 할 길에 대한 방향을 더욱 분명히 하셨습니다. 하나님께서 원하시는 건 아직 어릴 적 순수하고 깨끗한 어린이들에게 복음을 전하고, 복음을 들은 어린이들이 하나님의 온전한 자녀로 성장하도록 저의 안타까움과 간절한 마음을 사용하시는 것입니다. 그래서 어린이들을 전도하고 양육하는 일에 부름받았음을 깨닫게 하시고 그 길을 걷게 하셨습니다.

교회에 다닌 지 1년쯤 되어 세례를 받고 교회학교 보조교사가 되어 어린이들을 만나기 시작했습니다. 미숙하고 서툰 보조교사가 잘하는 일이 있을리 없겠지만 눈치껏 감당해가면서 배우는 마음으로 함께하였습니다. 그리고 더운 여름, 기다리던 여름성경학교가 다가왔습니다. 성경공부를 통해 어린이들을 가르치고 전도하러 공원으로 나갔습니다. 어린아이 네 명이 저를 따라온다고 하였습니다. 초보교사를 따라 교회에 왔는데 무엇을 전할지 난감하였습니다. 그 순간 하나님께서는 지혜를 주셨습니다. 창세기 1장 '태초에 하나님이 천지를 창조하시니라' 는 말씀과 함께 하나님께서는 저에게 말씀을 주시며 동역으로 이끄셨습니다. 그 후로 전도하러 나가기만 하면 4-5명의 어린이들이 교회에 따라왔고 말씀을 배우고 예배를 드리고 교회학교 어린이들로 성장해 가는 일들이 지금까지 쭉 이어지고 있습니다.

20대-60대까지 이어진 전도행전

어린이들이 있는 곳이면 어디든 복음을 들고 찾아다녔습니다. 학교 앞에서, 공원에서, 가정에서, 놀이터에서 이어지는 복음 전하는 일이 목요일부터 토요일까지, 점차 월요일부터 토요일까지 이어졌습니다. 복음을 들은 어린이들을 파악하긴 어렵지만 아마도 몇십만 명은 되지 않을까 싶습니다. 숫자가 중요한 것은 아니지만 하나님께서는 부족하고 미약하고 무식한 자를 들어 오직 하나님께서 주시는 하나님의 말씀과 하나님께서 주시는 은혜로만 채워 나가시는 일에 사용하심을 고백합니다.

몇십 년 동안을 전도하러 나가는 날에는 좋은 날씨로 화답해 주셨고 어린이들과의 행사하는 날에는 온전히 보호하시고 지켜주시는 은혜를 부어주셨습니다. 세상의 지식이 아닌 오직 성경만을 읽고 성경 속에서 해답을 찾게 하셨고 성경을 읽고 묵상하는 가운데 가정의 대소사들을 평탄함으로 이끌어 주셨습니다. 어린이들에게 가르칠 수 있는 성경 이야기들을 머리에 입력해 주시고 전도하는 시간이나 어린이들을 가르치는 시간이면 머릿속에 입력된 말씀들로 줄줄이 풀어 주시는 은혜를 매순간 경험하고 있습니다.

아이사랑교회를 개척하다

지방에서 야간 신학교를 졸업하고 목회신학원을 다니던 중 교회 개척을 결심하고 11평의 상가를 얻어 아이사랑교회를 개척하였습니다. 은행잎이 예쁘게 물든 11월의 가을에 지방회의 많은 목사님께서 협조해 주시고 미흡한 부분들을 채워주시며 온 가족과 지인들을 모시고 설립예배를 드렸습니다.

설립예배를 드리기 전에는 전도현장에서 복음을 전하고 헤어지면 복음을 전한 뿌듯함이 가득했습니다. 그리고 교회에 나오는 어린이들에게 말씀을 가르치고 성경공부하고 집으로 돌려보내고 나면 은혜를 나누었다는 좋은 감정만 가득했습니다. 하지만 기쁨과 은혜로만 다가왔던 부분들이 설립예배를 드리고 불신가정에서 나오는 어린이들을 온전히 접하다 보니 죽을 것 같은 일들이 벌어지기 시작했습니다.

5학년 남자아이가 반 아이들 거의 25명을 전도해 왔습니다. 매일 10여 명씩 몰려와서는 예배드리고 성경 배우는 일에는 관심이 없이 "컵라면 주세요. 아이스크림 주세요. 치킨 사주세요" 등 한 달 간식비만 100여만 원이 지출되는 상황이 벌어졌습니다. 많은 재정을 감당하기 어려웠을 뿐만 아니라 눈만 돌리면 주머니 속의 돈이 없어지는 등 정신없는 나날들이었습니다. 기대했던 어린이들의 순수한 모습들이 모두 물거품이 되어 사라지는 것 같았습니다.

다시 규칙을 세웠습니다. 성경 한 장 읽고 아이스크림 먹기, 예배 6번

드리고 문화상품권 받기, 하루에 라면 1개씩만 먹기 등 계획을 세우고 전도하고 예배 잘 드린 아이에게는 킥보드 선물하기 등의 규칙을 세웠지만 몰려드는 어린이들과 1년을 보내고 나니 매월 지출되는 월세를 감당하기 어려웠습니다. 그래서 거주하고 있던 집의 1층을 리모델링하여 교회 이전을 하고 사역을 이어갔습니다.

교회를 이전한 곳은 아파트단지를 끼고 도로를 사이에 둔 주택지입니다. 아파트 재건축 예정지로 아파트단지의 집들이 거의 비워진 상태이지만 이곳에서 살다 율량동으로 이사한 학생이 몇 년째 출석을 하며 친구들을 전도하여 함께 나오고 있습니다. 또 다른 어린이는 20분 거리의 이웃 동네에서 나오고 있습니다.

복음을 듣고 제자 되어 파송하기

하나님께서는 믿지 않는 가정의 어린이들을 저에게 보내주셔서 1년 6개월에서 2년 정도의 기간을 통해 예수님을 만나게 하고 하나님께 예배드리는 예배자로 성장하도록 하셨습니다. 그리고 예배자로, 제자로 성장한 어린이들은 이사를 하거나 가까운 이웃교회로 보내는 파송의 경험을 하게 하셨습니다.

아이사랑교회를 통해 하나님을 전혀 모르는 가정의 아이들이 예배자로 세워지고 부모님들은 어린이들이 성장하는 동안 협력자로 섬기면서 교회의 문턱을 넘어 교회라는 곳이 어떤 곳인지 소개하고 하나님을 경험하도록 하는 일에 쓰임 받는 것에 보람을 느끼며 사역을 감당하고 있습니다. 많은 분들이 어린이교회를 한다고 하면 제일 궁금한 것이 사역비는 어떻게 충당을 하는지 궁금해 하십니다. 사실 어린이들은 자신들에게 잘해 주는 것만 알지 돈이 어디서 나며 무슨 돈으로 운영하는지 전혀 관심이 없습니다. 자신이 받지 못한 것에만 서운해하고 토라질 때면 저 역시 답답하고 서운한 마음이 들기도 합니다. 하지만 어린아이 한 영혼을 귀히 여기시는 하나님께서는 지금껏 돈이 없어 사역을 못하는 일이 없도록 전도하는 모든 일체의 비용들을 순간순간 채워주셨습니다. 남편 집사를 통해 60%, 자녀들이 20%, 후원비가 20% 등으로 가족들이 기도와 후원으로 많은 부분 힘을 보태고 있습니다. 감사한 것은 구순을 바라보시는 시어머님께서 매달 3만 원씩 보내주시는 후원금은 저의 마음을 진하게 감동시키곤 합니다.

사역 이야기

매주 토요일이면 모든 일을 뒤로하고 교회에 나오는 어린이들과 시간을 보냅니다. 새친구를 전도하면 토요일에 다 함께 트램펄린 타는 행사로 하루를 보내면서 간식을 먹고 함께 시간을 보냅니다. 트램펄린을 타면서 몇 시간 동안 저와 친해지고 모든 교회의 아이들과 어울리면서 그 이튿날은 자연스럽게 예배드리러 교회에 오고 있습니다. 몇 주 동안 예배시간에 찬양 부르기와 성경목록가를 외우며 받은 달란트로 5주 정도 되면 달란트 잔치를 열고 있으며 6주를 교회에 출석하면 문화상품권으로 시상을 합니다. 바이올린 반을 개설하여 함께 배우고 익히면서 찬양 팀으로 활동하고 있으며, 매주 학교 주변에서 어린이들을 전도하며 교회에 나오는 친구들이 또 친구들을 전도하는 방식으로 사역하고 있습니다.

사역에 특별히 어려운 점은 불신가정에서 자라난 아이들이다 보니 부모님들의 의견을 수용하는 것이 녹록지 않습니다. 교회에서 이루어지는 일들을 이해시키고 또한 부모님들께도 복음을 전하는 기회로 여겨 마음을 쏟다 보니 가끔 낙심될 때도 있습니다. 물론 모든 것을 하나님께 맡기고 기도하다 보면 일이 수월히 해결되곤 하지만, 이럴 때마다 마음은 까맣게 멍들곤 한답니다.

천하보다 귀한 한 영혼이니 일 년에 10여 명씩을 전도하고 양육해야 하는 일이 약간 버겁기도 합니다. 그럴 때마다 하나님께서는 어린이들을 통해서 주시는 예비하신 기쁨으로 즐거움과 웃음을 선사하기도 하시니 기꺼이 기쁨으로 감당하고자 합니다. 또한, 하나님만을 찬양하는 예배자로 자라나는 어린이들을 바라보며 오늘도 주님 주시는 은혜와 사랑과 기쁨의 날 되시니 모든 것이 주의 은혜이며 모든 것이 감사할 뿐입니다.

청년을 향한 꿈

온사랑교회 _ 정상국 목사

아둘람 공동체 같은 교회

저는 대학생 때에 선교단체에서 활동하다가 부흥회에 참석하며 성령세례를 받게 되었습니다. 그 이후로 대학선교에 대한 소명의 부르심을 받고 신학을 하게 되었고, 지금은 나주에 있는 대학교 옆에 교회를 개척하였습니다.

개척 교인 없이 혈혈단신으로 개척하는데 많은 장애와 어려움이 있었습니다. 가장 큰 문제는 사모가 없이 혼자 사역하는 것이었는데, 사모가 없는 자리는 많은 유혹과 시험들이 들어왔고 사역에 진척을 보이지 않았습니다. 하나님이 저의 이런 처지를 아시고 은혜로 지금의 사모를 만나게 하셔서 함께 동역의 기쁨을 누리게 하셨습니다.

개척한 후에 기도로 대학 사역의 비전을 더욱 집중하여 그리게 되었습니다. 그런데 이상하게도 주신 사역의 비전과는 다르게 2~3년 동안 대학생들을 보내주신 것이 아니라 가난하고 힘들고 어려운 장년들을 보내 주셨습니다. 신용불량자, 갈 곳 없는 할머니, 동상 걸려서 자살하기 직전의 사람, 지적 장애인들, 고향을 떠나 타지에서 40년 이상 보내다 고향을 찾아와서 도움을 요청하는 할아버지 등 소외되고 어려운 분들이 교회를 찾아왔습니다.

특히나 남편을 먼저 보내시고 의붓아들에게 재산을 다 빼앗겨서 갈 곳 없는 할머니가 밤중에 우리 교회를 찾아와서는 자신의 처지를 하소연하며 눈물을 흘리는 모습이 아직은 생생합니다. 우리가 어떻게 해 드리지 못했지만 따뜻한 밥상을 나누고 교회에서 잠을 재워 드렸습니다. 할머니는 이튿날 고맙다며 아시는 동생 집에 가신다고 우리와의 만남을 뒤로하고 떠나셨습니다.

아픈 자들과 함께

대학생들을 집중적으로 사역하고자 하였지만 하나님께서 보내주신 양들은 대학생이 아닌 장년 성도, 특히 어렵고 힘든 분들이셨습니다. 이러한 일을 경험한 사모는 기도 중에 성령께서 아프고 병들고 어려운 사람들을 보낼 테니 잘 섬겨주라는 음성을 들었다며 더욱 힘써 아픈 자들을 위로하며 돌보았습니다.

물론 대학사역을 하는데, 일반 장년 성도들이 찾아와서 제게 주신 사명의 방향성에 대한 의구심이 들기도 하였습니다. 하지만 사역의 토양이 마련이 되자 대학사역도 하나씩 길이 열리기 시작했습니다. 놀라운 것은 아픈 자들을 만나게 하시며 준비케 하신 하나님께서 대학사역의 방향도 아픈 청년들을 보내주신 것입니다. 전북 남원에서 와 사회복지학과를 다니는 자매는 사춘기 때의 아버지로부터 받은 상처로 정신분열 증상을 가지고 있었습니다. 그로 인해서 자살을 여러 번 시도하였고 이상한 행동과 말을 하는 자매였습니다. 서울에서 온 다른 형제는 부모님의 자식 사랑에 부담을 느끼고, 친구들과의 경쟁으로 인한 심적 부담으로 정신장애를 가지고 있었습니다. 이 청년도 정신과 치료를 받으며 캠퍼스 생활에 잘 적응하지 못하였습니다. 인천에서 온 한 형제는 열등의식과 패배주의에 잡혀서 감정조절이 되지 않아 매우 난폭하고 돌발행동을 하는 친구였습니다. 광주에서 온 한 자매는 지적장애로 제대로 사고하지 못하고 대화하는 능력이 부족하였습니다. 그래서 친구들이나 사람들에게 지적장애가 있다는 소리를 듣고서는 매우 슬퍼하였습니다. 또한 성장이 중단되고 허리가 휜 여학생은 결혼해서 아이를 낳을 수 없다는 자신의 처지에 함몰되어 부정적인 사고를 하며 소심한 생활을 하였습니다.

대학사역을 하면서 복음을 통한 영적인 문제에 관심을 가지고 사역하고자 하였는데 하나님은 제가 가진 좁은 시선을 깨쳐서 전인적인 치유를 깨닫게 하셨습니다. 육체적 질병, 마음의 질병을 지닌 청년들을 접하게 되면서 전인적인 치유 사역을 해야 함을 알게 되었습니다.

씨뿌리는 작업

사역하면서 전도의 열매를 얻기 위해 수많은 전도프로그램이나 전략을 사용하였지만 영적인 싸움인지라 열매 맺기가 좀처럼 쉽지 않았습니다. 3년 동안은 열매가 보이지 않지만 씨뿌리는 작업을 실망치 않고 나아가려 했습니다. 그리고 4년이 되자 하나님께서는 양들을 보내주시기 시작하였습니다.

한 형제는 예수님에 대해서 전혀 알지 못하는 친구인데, 마음이 순수한 친구로 하나님의 은혜로 저희와 교제를 나눌 수 있었습니다. 하지만 좀처럼 교회로는 오지 않으려 하였습니다. 교회에서 만나면 교회를 다녀야 하고 이로 인해 부담이 생긴다는 것입니다. 그래서 어느 순간부터 저희를 피하기 일쑤였습니다. 어느 날은 캠퍼스 전도하는 날에 이 형제를 만나게 되었습니다. 집에 가려고 버스 승차장에 내려온 청년은 저희 부부를 보더니 부리나케 발걸음을 돌려 다시금 오던 강의실로 단숨에 도망갔습니다. 또 다른 날은 저희 부부와 마주치자 주위의 큰 나무 뒤에 숨기도 하였습니다. 하지만 하나님은 포기하지 않으셨고 저희 부부를 통해 예수님을 만나게 하셨습니다. 이 형제가 저희 사역의 첫 열매였습니다. 하지만 양육이 쉽지 않았습니다. 길들지 않은 야생마처럼 말씀에 대한 믿음이나 순종은 없고 신앙 성장도 이루어지지 않았습니다. 특히나 키가 작고 소심해서 열등의식에 잡혀 있다 보니 주도적이며 능동적으로 일하지 못하였습니다. 이러한 성격 탓에 직장생활도 적응하지 못하고 자주 이직하였습니다. 저희 부부 역시 가끔은 지치기도 하였지만, 사랑의 빚진 자로 섬겨주자 7년이 지난 후에 조금씩 변화가 일어나기 시작하였습니다. 지금은 신앙생활도 사회생활도 잘하며 주님의 제자로 세워지게 되었습니다. 은혜로 작년에는 결혼도 하였고 우리 교회의 집사로 함께 섬기고 있습니다.

봄철 새학기 사역은 한 해 사역 열매의 80% 이상을 차지하기에, 모든 선교단체나 주변 교회들이 새학기 사역에 집중합니다. 지역 교회가 대학 사역을 하다 보니 대학 내의 선교단체와 자주 마찰도 있고 좋은 시선을 받지 못하기도 합니다. 여러모로 힘든 상황 속에서 우리 교회는 기숙사 전도에 총력을 기울이고 있습니다. 새학기에 원거리의 학생들이 기숙사로 입소하게 되는 날인 2-3일 동안 우리 교회를 섬기는 대학생들 전체가 기숙사 전도에 참여합니다. 기숙사 근처에 야외 홍보 데스크를 차려 놓고 홍보지와 전도지를 나눠주고, 따뜻한 커피와 다양한 차와 과자들로 섬깁니다. 이러한 집중전도로 많은 열매를 맺으리라 생각하겠지만 결과적으로는 거의 열매가 없습니다. 그럼에도 이를 멈출 수 없는 것은 전도행사로서의 전도가 아니라 대학생들과 만남의 관계를 맺고 또한 언젠가 이렇게 뿌린 씨앗이 열매 맺을 것을 알기에 한걸음 순종하는 마음으로 나아갑니다.

하나님은 이러한 우리의 헌신을 보셨는지 2007년도에는 1명도 아니고 무려 5명이나 보내는 놀라운 기적을 나타내셨습니다. 다른 해와 같이 별다른 전도형태를 갖지 않고 그대로 했는데, 놀라운 열매를 맺게 하셨습니다.

특히나 기숙사 전도에서 만난 학부모 중에서 성결교단 교회의 권사님이 계셨습니다. 저희 부부가 쌀쌀한 날씨에 홍보하고 커피와 차로 대접하는 것을 보시고는 오셔서 수고하신다며 기숙사에 입소한 자기 아들을 소개해 주셨습니다. 같은 교단이니 교회가 어디냐며 묻고 우리 교회에 보내겠다고 하셨습니다. 하지만 권사님의 아들은 교회에 오지 않았습니다. 저희 부부는 권사님에게 아들의 연락처를 받아서 그 형제와 캠퍼스에서 만남과 교제를 나누었습니다. 형제는 대학에서는 신앙생활 하지 않고 편하게 보내고 싶다며 교회에 나갈 것을 거부하였습니다. 여러 번 교회를 통해 신앙생활 할 것을 권고하고 복음을 전하였지만 교회로는 오지 않았습니다.

그러던 어느 날, 그 형제로부터 전화가 왔습니다. 어느 분을 따라 교회에 갔는데, 하나님의 어머니라는 초상화에 절을 하라고 한다는 것입니다. 저는 직감적으로 이단인 '하나님의 교회'에 간 것으로 생각하며 그곳의 실상을 설명하며 빨리 빠져나오라고 이야기하였습니다. 그러자 이 형제는 우리 교회보다는 다른 교회에 가고자 했음을 이야기하면서 "하나님께서 이단으로부터 구해 주시는 것을 보니 목사님의 교회로 보내시는가 봅니다"라고 말하며 우리 교회로 발걸음을 돌렸습니다. 형제는 6년 동안 함께 예배하였고 졸업 후에는 서울에서 직장생활을 하면서 선교비로 함께 동역하고 있습니다.

기숙사전도로 권사님의 아드님만이 아니라 또 다른 형제를 만난 이야기입니다. 이 형제는 한의대에 합격한 친구로 서울에서 내려와 기숙사에 입소하는 날이었습니다. 기숙사 이삿짐 정리로 바쁜 형제는 우리에게 아무런 관심이 없었습니다. 그런데, 제 눈에 이 형제가 들어 온 것입니다. 처음 보는데, 정말이지 첫눈에 반한 여자처럼, 이 형제는 직감적으로 하나님께서 우리 교회에게 보내준 형제라는 확신이 들었습니다. 그래서 저는 그 형제를 뒤쫓아 가서는 간단한 인사와 교제를 나누며 연락처를 받았습니다. 그리고는 전화로 교회 초청과 교제를 요청하였습니다. 감사하게 이 형제는 그 주일에 교회에 와서 예배를 드리게 되었습니다. 너무나 하나님께 감사하며 기뻤습니다. 하지만 그다음 주일에는 나오지 않았습니다. 무슨 일인지 모르고 연락도 되지 않았습니다. 그런데 나중에 안 사실이지만 우리 교회가 이단인지 아닌지 여러모로 알아보고 있었다는 것입니다. 사실 신앙심이 있는 사람도 대학가에서 처음 보는 사람과 교회를 경계심 없이 무턱대고 나가는 청년은 없습니다. 여러 정보를 수집하고 판단한 형제는 우리 교회가 이단이 아닌 것을 알고서 다시금 교회로 출석하게 되었고 지금은 한의사가 되어서 광주에서 직장생활하면서 집사로 우리 교회를 섬기고 있습니다.

하나님의 열매

대학사역을 하면서 많은 보람과 열매를 맺는 사역도 있었지만 한편으로 너무나 힘든 과정과 시간도 있었습니다. 성도 대다수가 대학생들이기에 재정적 어려움에 직면할 수밖에 없었습니다. 또한, 성도를 열심히 수고하며 양육하고 돌보지만 졸업을 하면 직장을 얻기 위해 대도시로 모두 다 떠나 버린다는 것입니다. 모르고 이 사역에 뛰어든 것은 아니지만 그로 인해 양적인 교회성장을 이룰 수 없다는 것입니다. 대학사역은 다음세대를 세우는 매력적인 사역임은 분명하지만 또한 교회의 성장이나 외적 열매를 기대할 수 없는 사역입니다.

이러한 대학사역의 특성으로 인해서 저희 부부에게 슬럼프가 찾아왔습니다. 나이로 인한 체력 저하는 사역의 탈진을 더하였습니다. 전도된 청년들이 남아서 사역을 승계해야 하는데, 계속 떠난 자리가 생기고 이를 채우기 위해서 저희 부부의 일이 점차 가중되었습니다. 소명의식을 가지고 사역을 감당하지만 이러한 현상이 되풀이되면서 탈진과 실패의식이 조금씩 자리 잡았습니다. 또한 저희 부부가 나이가 들어서 세대 차이가 나며, 학생들의 부모님 같아서인지 사역하는 데 한계가 있다는 것입니다. 대학사역은 세대가 같은 젊은 사역자가 감당해야 하는데, 나이 먹은 어른들이 전도하려니 청년들이 피해 버리게 됩니다. 이것을 아신 하나님께서는 이제는 일반 목회사역으로 돌리시려는 마음과 상황을 저에게 조금씩 주고 계십니다.

대학사역을 하면서 일반사역을 하지 않은 것은 아닙니다. 교회이기에 주변의 아파트단지와 주거단지에 전도행사나 노방전도 등 틈틈이 일반사역을 하였습니다. 은혜로 일반 장년들도 몇 분이 왔지만 대학사역이라는 이미지와 젊은 층으로 구성된 교회를 보면서 몇 번 교회를 나오다가 떠나기 일쑤였습니다.

대학사역을 마무리하며 일반사역을 전환하는 상황 속에서, 대학사역에 대한 외적인 열매는 그리 많지 않지만 저희 부부를 통해서 전도 받고 양육 받아서 주님의 제자로 신앙생활 하는 분들을 보면 젊은 날에 수고가 헛되지 않았구나 하는 생각이 듭니다. 이분들은 대학사역의 저희 부부의 영광이며 기쁨이며 상급이었습니다.

신유의 주님을 믿으며

사역의 어려움과 더불어 저를 더 힘들고 어렵게 하는 것은 사모의 질병이었습니다. 사모는 저와 결혼하기 전에 광주의 한 선교단체에서 간사로 일하였습니다. 지인의 소개로 만난 저희는 교제한 지 1년 만에 결혼을 하였습니다. 아마 사모는 결혼으로 인해 배우자인 저와 맞추기 위해 혼자 마음 아팠던 날들이 많았던 것 같습니다. 저에 대한 실망과 교회사역에 대한 낙심, 그리고 재정적 압박으로 인한 심한 스트레스로 2007년에 자궁에 이상이 나타났습니다.

검진 결과, 난소에 혹이 있었습니다. 복강경으로 난소의 혹을 제거하였고 정기적으로 검사를 받았습니다. 2011년, 8월에 사모는 자녀를 놓고 7일간의 금식기도를 하였습니다. 그리고서 가을학기 사역을 하게 되었는데, 10월부터 사모의 한쪽 배가 불러왔습니다. 빨리 병원을 갔어야 했는데 사역을 마치고 검진하자며 차일피일 미루었습니다. 가을학기 사역이 끝나는 12월 중순에 병원에 가보니 담당 의사는 바로 수술 날짜를 잡아야 한다고 이야기하였습니다. 혹만을 떼는 것이 아니라 자궁을 적출 해야 된다고 하였습니다. 자녀를 위해서 기도하고 있었는데 깜깜한 절벽을 만나는 것 같았습니다. 2시간 정도면 수술은 마친다고 하였습니다. 하지만 시간이 지나도 나오지 않았고 잠시 후, 집도의가 나오더니 악성종양이라며 수술 시간이 더 필요하다고 말하였습니다. 그 난소암 제거 수술은 10시간이나 걸렸습니다.

꾸준하게 항암치료를 받고 관리하는 중에 2013년 암이 폐로 전이되었습니다. 분당 서울대병원에서 양쪽 폐에 두 번에 걸친 암 수술을 받았습니다. 그리고서는 나주에서 병원이 있는 성남까지 다니며 정기적인 검사를 받았습니다. 하지만 사모의 질병은 2016년에 다시금 재발하였습니다. 4번의 수술과 10번의 항암치료를 받았는데, 다시금 재발이라니 절망하고 낙심하였습니다. 이제는 어떻게 할지 대안이 나오지 않았습니다. 그럼에도 저희 부부는 의술로는 불가능한 질병이지만 하나님께서 신유로 치유하실 거라는 믿음을 가지고 맡겼습니다. 지금도 몸의 상태가 좋지 않은 상태이지만 하나님께서 치료해 주실 것을 믿고 믿음으로 나가고 있습니다.

옆에서 이 모든 것을 지켜보던 저로서는 사모가 너무나 딱하고 불쌍한 마음이 들었습니다. 가난하고 보잘것없는 저에게 시집와서 목회사역에 헌신하다가 중병에 든 것이 모두 저 때문이라는 심한 자책감도 들었습니다. 하지만 하나님께서 치유하실 거라는 기대를 가지며 사모와 함께 이 고통의 고비를 넘어가고 있습니다.

사역의 전환을 꿈꾸며

하나님께서는 이제 저희 부부와 교회를 향한 후반전을 준비하고 있습니다. 무엇보다도 이제는 일반사역으로 전환하기 위해서 교회이전을 놓고 기도 중에 있습니다. 교회가 대학가 주변이라 주거단지가 거의 없는 위치입니다. 그러니 일반 성도분들이 거의 오지 않습니다. 또한 대학사역 하는 교회라는 인식이 있기에 더 그런지 모르겠습니다. 그럼에도 몇 분 되지 않는 성도분들이지만 교회이전을 위해서 작정헌금을 하고 함께 하고 있습니다. 주님께서 우리 교회를 향한 비전을 바라보며 주님의 영광을 위해서 사명의 자리로 나가려 합니다. 부족하지만 주님이 함께하시고 복의 통로로 우리 교회를 쓰시리라 믿습니다. 지금까지 지내올 수 있었던 모든 것이 하나님의 은혜입니다. 주님께 영광!

하나님 나라 등불이 되는 교회

올리브나무교회 _ 조순미 목사

예수께서 모든 도시와 마을에 두루 다니사 그들의 회당에서 가르치시며 천국복음을 전파하시며 모든 병과 모든 약한 것을 고치시니라(마 9:35)

올리브나무의 비전

학부로 신학을 전공하고도 결혼을 하고 정신없이 아이 셋을 낳으며 양육을 하다 보니 어느새 시간이 꽤 흘렀습니다. 어린이교회 사역을 쉬지 않고 하였지만, 마음 한편에 '나도 언젠가 신학대학원을 갈 수 있을까?' 라는 생각이 늘 머물러 있었습니다. 틈틈이 그렇게 10년의 시간 동안 준비하고 기다리던 중 기적같이 대학원 입학의 길이 열렸습니다. 정말 감사하고 감사한 마음에 졸업하면 가장 약하고 아픈 곳에 가서 주의 일을 하겠다고 약속했습니다. 그렇게 해서 줄로 재어준 아름다운 구역이 바로 부개 1동에 마지막 재개발 지역이었습니다. 그러나 이곳은 '과연 꿈이 있을까?' 싶을 정도로 험한 동네로서 다른 지역보다 결손가정이 20% 이상 많았고, 다문화, 외국인노동자, 독거노인, 빈민 가정이 많은 지역이었습니다.

하나님은 주님께서 두루 다니며 가르치시고, 천국 복음을 전파하시며 모든 병과 약한 것을 고치신 것처럼 저도 이 지역을 두루 다니며 가르치고, 천국 복음을 전파하며 약한 것을 고쳐야 한다는 마음을 품게 하셨습니다. 특히 청소년들과 젊은 부부를 대상으로 사역을 기획하였는데 지역 청소년들에게 말씀과 스포츠를 접목한 스포츠바이블클럽과 청소년 제자양육, 어머니교육, 부부 양육에 초점을 맞추어 사역하고 있습니다. 또한 전도, 구제, 봉사를 기획하여 동사무소와 연계하여 지역을 섬기고 있습니다.

올리브 열매의 기름이 성전 등불 기름으로 사용될 뿐 아니라 백성들의 식용, 치료용, 비누로 사용되어 사람을 살리는 것처럼 올리브나무교회 사명은 말씀으로 "사람을 먹이고, 씻기고, 치료하여 하나님 나라의 등불이 되는 교회"가 되는 것입니다.

꿈꾸게 하십니다

저의 유년시절은 평범한 모습은 아니었습니다. 부모님의 이혼으로 세 살 때부터 병든 어머니와 살면서 하루하루 끼니를 걱정할 정도였습니다. 그러다 14살 때 이웃집 집사님이 저에게 교회에 한 번 가보지 않겠냐고 하셨습니다. 집사님의 교회로의 초대로 제 삶은 정말 새롭게 변했습니다.

교회의 성도님들은 병든 어머니 대신 저를 돌봐 주셨고 인간관계를 비롯해 음악과 문학을 익히며, 무엇보다 예수님을 만남으로 꿈이 생겨 열심히 공부도 하게 되었습니다. 비록 이 땅의 아비에게 버림받았지만 영원한 하늘 아버지를 발견함으로 작은 소녀가 인생이라는 것을 다시 꿈꾸며 살게 되었습니다.

그래서 제 안에는 받은 사랑과 은혜를 갚아야 한다는 거룩한 부담이 항상 있었습니다. 이 부담은 제가 앞으로 살아야 할 이유이며 목적이었습니다. 주님의 부르심임을 깨닫게 된 저는 신학 공부를 하였고 20년 동안 전도사로 어린이교회와 젊은 부부를 양육하며 섬기는 사역을 담당하였습니다. 그리고 때가 이르러 목사 안수를 받아, 인천동지방에서 올리브나무교회를 개척하는 이루 말할 수 없는 행복을 주셨습니다.

주님 허락하신 길

여자 목사는 많은 어려움과 한계가 있다고 합니다. 하지만 이는 약점이자 강점입니다. 여성이기에 오히려 부부 문제, 청소년 문제에 더 깊숙이 들어가 마음을 나눌 수 있다는 것을 알게 되었습니다. 개척할 당시에는 장년 성도가 남편과 저밖에 없었습니다. 그러나 남편은 직장을 다녀야 했기에 모든 시간 사역을 함께 할 수 없었습니다. 설교, 양육, 식당 봉사, 설거지, 청소, 차량운행 등 저는 목사와 사모의 역할을 동시에 해야 한다는 것이 체력과 정신적으로 참 버거웠습니다. 특히 10년 동안 떨어져 신앙생활을 했던 세 자녀들이 이제는 엄마와 함께 신앙생활을 해야 하니 부딪힘도 많았고, 교회와 가정에서 일치된 저의 모습을 보여줘야 했기에 숨을 길이 없어 견디고 인내하는 저와의 끝없는 싸움이 있었습니다.

그러나 자녀들은 전도의 가장 강력한 동역자였습니다. 세 자녀가 친구들을 전도하면서 하나님께서 저를 통해 보이신 비전대로 교회에는 청소년들이 넘치게 되었습니다. 아이들 대부분은 결손가정, 다문화가정, 이혼이나 이혼 위기 가정의 청소년이었습니다. 예수님을 처음 들어보고 교회 신앙생활을 처음으로 접하는 것이기에 가르칠 것이 한두 가지가 아니었습니다. 아이들이 가출하면 교회에서 재우고, 엄마가 우울증과 공황장애로 밥을 못 먹고 다니면 교회가 식당이 되어 매일 밥을 해먹었습니다. 다리가 부러졌는데도 부모님이 돌볼 수 없는 경우의 아이는 한 달 동안 학교 등하교를 시키며 병원에 데려다기도 했습니다. 이런 아이들은 부모님과 함께 하는 여행, 문화생활, 스포츠, 음악 공부는 꿈도 못 꾸었고 기초학습도 어려운 상황이었습니다.

하지만 엄마처럼 밥을 먹이고, 잠을 재우며 학교에 보내고 일상의 생활을 돕는 차원으로는 안 되겠다는 생각이 들었습니다. 무엇보다 따뜻한 가정, 엄마의 사랑이 필요한 아이들이지만 제가 줄 수 있는 사랑보다 더 큰 하나님의 위로와 회복, 참 생명을 전할 수 있는 방법을 찾아야겠다는 생각이 들었습니다. 아이들을 위해 전인적인 말씀 교육 방법이 없을까 생각하며 작정 기도를 하던 중 마지막 40일째 아침에 '청소년 스포츠바이블클럽'이라는 단어가 갑자기 생각이 났습니다. 매주 말씀을 암송하고 한 시간 성경공부를 하며, 두 시간 정도 스포츠와 다양한 문화체험을 체계적으로 시켜보자는 마음을 생겼습니다.

그러나 20여 명의 아이와 매주 활동을 한다는 것은 예산부터 너무 막막했습니다. 제가 구하고 아뢸 분은 오직 주님이시기에 또 지혜를 달라고 간절하게 기도하였습니다. 하나님은 제게 아이 한 명을 일대일로 후원하라는 생각을 주셨습니다. 아이 한 명에게 10만 원의 후원을 일대일로 연결하고자 주변 지인과 믿음의 친구들에게 기도하며 비전을 나누었습니다. 그리고 감사하게도 20명 아이 모두 후원자가 생겨 스포츠바이블클럽을 시작할 수 있게 되었습니다. 교사가 남편과 저밖에 없었지만 한두 명의 부모님들이 참여하더니 지금은 교회에 등록하여 교사로 봉사까지 하십니다.

20년 동안 전도사로 사역을 했을 때는 호랑이 전도사님이라는 별명이 붙을 정도로 엄했지만, 이 아이들은 그냥 받아주고 사랑해주는 길 밖에는 없었습니다. 아이들에게 도덕 선생님이 되고 싶지 않았습니다.

> 인자가 온 것은 섬김을 받으려 함이 아니라 도리어 섬기려 하고 자기 목숨을 많은 사람의 대속물로 주려 함이라 (마 20:28)

말씀을 하루에도 몇 번씩 외우고 묵상했습니다. 감사하게도 지역에 조금씩 선한 소문이 나기 시작했습니다. 그리고 부모님과 제 친구들이 교회를 섬길 동역자로 등록을 하게 되면서 그동안 꿈꿔왔고 준비시키신 어머니 교육과 부부 양육을 시작할 수 있게 되었습니다. 청소년을 잘 가르쳐도 각 가정에서 믿음의 교육을 하지 않으면 오래 갈수 없기 때문입니다. 그래서 월요일에는 어머니기도회, 화요일은 '마더와이즈'란 어머니성경공부를 진행하고 수요일 저녁은 부부양육을 하며, 토요일은 각 가정에 방문하여 온가족 기도회를 열었습니다.

이 사역으로 말미암아 성별, 연령별로 나누어진 교회가 아니라 교회의 전세대가 공감하고 교통하며 무엇보다 예배로 하나 될 수 있었습니다. 그 열매로 아빠와 청소년이 함께하는 "아빠와 딸 찬양팀"이 생기게 되었습니다.

아직도 가야 할 길

그러나 가야 할 길이 멀고 멉니다. 이 세상에 그 단 한 사람 있는 것처럼 최선을 다하여 섬기고 양육했지만 작은 돌멩이가 남긴 파도가 거세게 다가왔습니다. 각자의 작은 싸움으로 믿었던 청소년들과 어른들이 교회를 우르르 나가게 되었습니다. 그때 받은 충격은 마치 연애시절 헤어지자고 통보를 받은 것처럼 온 마음이 무너져 내리는 것 같았습니다. 식음을 전폐하고 아무것도 할 수 없을 만큼 무기력해졌습니다. 교회에 우리 가족만 남게 되는 상황이 벌어졌습니다. 어디부터 다시 시작해야 할지 모를 때 20일 작정 기도를 다시 시작했습니다.

"교회를 세우시고 이 땅 고쳐주소서"라는 찬양을 밤새 부르며 지새웠습니다. "나는 정말 아무것도 아닙니다. 아무것도 못 합니다. 아무것도 모릅니다." 울며불며 주님의 생명을 부어달라고 기도했을 때 주님은 홀로 두시지 않으셨습니다.

얼마 지나지 않아 1월부터 매주 새가족이 등록을 하며 떠났던 몇 명의 아이들이 돌아오고, 훈련된 가정들이 교회에 등록을 하게 되었습니다. 두 달 만에 다시 예전의 인원으로 채워지더니 교회 설립 1주년 감사예배 때는 30여 명의 성도가 함께 예배를 드리게 되었습니다.

예전보다 청소년들이 줄었지만, 일할 수 있는 준비된 어른들이 있어 스포츠바이블클럽이 더 안정되게 진행이 되고 있으며 지역사회를 구체적으로 섬길 수 있는 기회가 열렸습니다. 지금은 동사무소와 연계하여 독거노인, 장애노인 반찬봉사 및 배달을 하고 있으며, 어머니 교육과 부부 양육 및 가족기도회를 다시 시작하고 있습니다. 그리고 새가족팀이 차근차근 양육을 하며, 작지만 남전도회와 여전도회와 함께 교회를 세우고 있습니다.

이제 단독목회 사역을 시작한 지 갓 1년이 지난 목사가 목회 수기를 쓸 수 있는 자격이 되는가 고민하다가 지금까지의 작은 마음을 글로 남기며 나누고자 펜을 들었습니다. 저는 작고 미약하나 제 아버지 되시는 하나님은 크고 강하시기에 저를 통해 주님의 큰일을 이루어 가실 것을 믿습니다. 올리브나무의 열매처럼 저를 사용하실 것이라 믿습니다. 교회의 주인이신 주님께서 주신 사명대로 "사람을 먹이고 씻기고 치료하여 하나님 나라의 등불이 되는 교회"의 꿈이 새가족과 청소년들까지도 이어받은 평생의 사명이 되길 소원합니다.

'알레세이아'를 추억하며

우전리교회 _ 이성실 사모

"우리 교회는 하나님의 은혜로 교회 건축을 잘 마무리하고 헌당예배까지 드렸지만, 아직 한 가지 문제가 남아 있습니다. 어른들이 교회 건축에 집중하는 동안 우리의 아이들은 저 밖에 방치되어 떠돌고 있고 많이 약해진 상태입니다. 목사님은 이에 대해서 어떤 대책을 갖고 계신 지 말씀해 주십시오. 이제는 전도사님이라도 모셔야 되지 않겠습니까?"

2005년 사무총회 때에 집사님께서 교회 건축으로 관심이 부족했던 교회학교의 전도사님을 모셔야 하지 않냐고 말씀하셨습니다. 사실 교회는 오랜 건축으로 담임목사 사례비도 제대로 지출되지 못하는 형편이었습니다. 먼 섬까지 전도사님이 오신다는 보장도 없었지만, 만약 오신다면 사택을 제공할 수도, 학생 전도사님일 경우 장학금을 준비할 수도 없는 형편이기에 집사님의 제안은 없던 일이 되었습니다.

우리 교회는 육지에서 배를 타고 30분 정도 들어가야 나타나는 신안 섬에 있는 작은 교회입니다. 섬 하나가 면 소재지로 섬의 입구에 위치한 우리 교회는 저희 부부가 부임한 지 5개월 만에 정신이상자의 방화로 교회가 전소되었습니다. 저희 부부는 성도들과 힘을 모아 몇 년 만에 아름다운 교회를 건축하였습니다. 교회 건축이 끝나고 어느 정도 교회가 안정되자 그동안 신경 쓰지 못했던 다음세대 교육에 대한 제안이 나왔습니다. 당장은 예산 문제로 인해 교육전도사님을 모시는 문제는 부결되었지만 "우리의 아이들은 저 밖에 방치되어 떠돌고 있는데…"라는 집사님의 말 한마디가 제 가슴에 박혀 버렸습니다.

제가 맡으면 어떨까요?

사모인 저는 신학대학을 다녔지만 졸업과 동시에 결혼, 출산과 양육으로 사역 경험이 없었습니다. 그런 제가 어쩌자고 집사님의 말이 가슴에 남아 "목사님, 교육전도사를 들일 수 없다면 청소년교회 내가 맡아서 해 보면 어떨까요?"란 말이 나왔을까요! 결국 사모인 제가 청소년교회를 재정비하는 일에 나서게 되었고 교회를 부임한 지 수년 만에 새롭게 교회를 둘러보게 되었습니다. 당시 부모님을 따라 예배에 나오는 학생들이 두세 명 있었지만 몇 년간의 건축으로 사실상 청소년교회 예배는 없어진 상태였습니다. 저는 어디서부터 시작해야 할지 막막하기만 했습니다. 청소년교회 사역을 담당하겠다고 이야기를 꺼낸 지 4개월 동안 제가 한 일은 기도 외에 아무것도 없었습니다. 막막하니까 기도했고 그렇게 아무런 진전없는 것 같은 시간이 흐르던 어느 날, 주님의 응답이 들려왔습니다.

'너는 나의 배터리가 되어라, 시작만 하면 내가 모든 것을 가르치고 진행하겠다.'

마음 깊이 들려오는 확신과 더불어 개인적인 기도제목, 자녀들에 대한 교육문제와 가정경제 문제에 대한 기도 응답까지 받고 나서야 비로소 청소년들을 위한 첫걸음을 뗄 수 있었습니다.

알레세이아의 시작

먼저 당시 중학교 2년인 작은 딸에게 친구들에게 교회에 함께 나가자고, 전도하라고 이야기했습니다. 그 주에 딸과 딸의 두 친구와 함께 2005년 4월 처음 청소년예배가 시작되었습니다. 그 세 명의 여학생이 제가 교회에서 조직했던 '알레세이아' 라는 청소년교회의 처음 씨앗이었습니다. 정말 예배를 시작하자마자 몇 달이 못 되어 하나님이 모든 것을 진행시켜주시겠다는 말씀의 응답처럼 17명의 아이들이 예배를 드렸습니다. 그런데 아이들은 모이는데 제 자신이 문제였습니다. 기독교교육을 전공했음에도 불구하고 결혼 후 사역을 하지 않았기에 어떻게 신앙교육을 해야 할지 모든 것이 서툴고 어렵게만 느껴졌습니다. 그래서 처음 시작한 것이 목사님의 조언을 따라 성경 무작정 읽기였습니다. 정해진 예배시간에 아이들이 모이면 30분 정도 성경을 읽고 이후에는 아이들과 친해지기 위해 이야기를 20분 정도 나누다 미리 준비한 저녁을 먹이고 돌려보내곤 했습니다.

그러다 한 가지 눈에 띄는 일이 있었습니다. 아이들이 삼삼오오 모여 교회에 비치된 찬양집을 가져다 자기들끼리 노래를 불러보곤 하는 것이었습니다. '그래 이거야. 아이들에게 찬양을 가르치자!' 찬양이라면 해볼 수 있으리라 생각되었습니다. 당장 서너 주를 가르쳐 보니 아이들이 곧잘 찬양을 배우기에 그해 여름, 저는 아이들에게 찬양팀을 만들자는 제안을 하였습니다.

"우리 그냥 찬양만 배울 게 아니라 이 기회에 아예 청소년 찬양팀을 만들면 어떨까? 너희들 중 몇몇은 밴드를 조직해서 키보드, 기타, 드럼을 배우고 또 나머지 몇몇은 제대로 된 노래를 배워서 보컬이 되는 거야. 어때 해 볼래?"

아이들의 눈이 반짝였습니다. 한번 결정이 되고 나니 아이들이 더 적극적으로 나서기 시작했습니다. 밴드를 결성하기 위해 필요한 피아노와 드럼은 교회 있었지만 키보드와 베이스 기타, 어쿠스틱 기타를 사기 위해 스스로 용돈을 모았고 교회서 일부 보조해 주어서 필요한 악기를 구입할 수 있었습니다. 다음엔 악기를 배우기 위해 나섰습니다. 기타든 드럼이든 악기를 좀 다룰 줄 안다는 사람이 있는 곳은 아이들이 스스로 찾아가서 배워오고 기본을 배운 아이들이 매주 토요일마다 모여서 악기 연습이 시작되었습니다. 다행히 밴드에 대한 상식이 조금 있었던 저는 아이들에게 합주하는 것과 보컬 연습을 시킬 수 있었고 청소년밴드가 결성된 까닭에 아이들이 조금씩 더 많이 모여들었습니다.

꿈은 점점 더 커졌습니다. 청소년교회 예배만이 아니라 교회에서 발표회를 해보면 어떨까 제안을 했고 결국 그해 겨울 성탄절에 첫 번째 알레세이아 청소년교회 밴드 발표회를 하였습니다. 신안 외딴 섬에 위치한 작은 교회의 학생 아이들이 모여서 밴드를 만들고 찬양을 배워 한 시간 남짓 열 곡 정도의 찬양을 준비하여 발표하였습니다. 찬양발표회는 그동안 섬에 살면서 단 한 번도 자신들의 힘으로 뭔가를 이루어 본 적이 없었던 아이들이 몇 달간 연습하고 노력하여 이룬 처음 열매였기에 큰 성취감과 자존감을 얻게 되었으며 부모들 역시 꽃다발을 준비해서 격려해주시는 통에 교회는 감동의 도가니가 되었습니다. 청소년 학생뿐만 아니라 교회 모두가 성령의 은혜를 경험한 일이었습니다.

갈수록 더하시는 은혜

의기양양해진 저는 주님께 갑절의 부흥을 허락해 달라고 기도했습니다. 전 당연히 '예스'로 응답하실 줄 알았습니다. 그러나 제게 들려온 주님의 대답은 '있는 애들이나 잘 키워라'는 예상치 못한 응답이었습니다. 주님은 제가 학생들의 숫자를 늘리는 것보다 좀 더 영적으로 주님의 장성한 분량까지 성장할 수 있도록 양육하는 데에 더 신경 쓰기를 원하셨던 것입니다.

청소년교회 2년 차부터는 아이들의 영적 성장에 초점을 두고 가르치기로 작정했습니다. 먼저 조직을 새롭게 구성했습니다. 몇 개의 셀을 만들고 셀장이 셀원을 돌보는 형태였습니다. 덕분에 아이들은 토요일이 매우 바빠지기 시작했습니다. 토요일 오후 예배 30분 전부터 알레세이아 찬양팀 인도로 예배를 드리면 바로 셀 모임을 하였습니다. 셀장은 미리 준비해 준 주제를 가지고 셀원들과 한주간의 삶을 나누고 셀원들의 기도제목을 따라 기도모임을 갖고 끝나면 함께 저녁 식사를 했습니다.

해가 바뀔수록 예배 시간에 기도회로 뜨거워지고 찬양팀의 역할이 커지면서 연습 시간도 늘어나 어느새 전문 사역팀 못지않은 수준까지 성장하였습니다. 지역 찬양제까지 나가서 두 번이나 1등을 하는 영광을 맛보기도 하였고 교단 100주년 기념 전국 찬양제에 나가서 전문 찬양팀에 끼어 당당히 인기상을 받기도 했으며 호남지역 전도대회에 찬양 특송 발표팀으로 서기도 하였습니다. 그뿐만 아니라 있는 아이들이나 잘 키우라고 하셨던 주님께선 이듬해 제가 구하지 않았던 기도도 들어주셔서 어느새 40명의 학생이 예배를 드리기 시작했습니다. 도시에서 40명이라면 큰 숫자가 아니겠지만 섬에서 40명은 섬 전체 학생 수의 1/3에 해당하는 인원이었습니다.

학생들이 점차 늘어나면서 기존 학생들과 새로 등록한 학생들이 서로 소외되지 않고 함께 잘 어울릴 방법을 찾아야 하는 고민이 생겼습니다. 그래서 만들어진 것이 난타팀과 워십팀이었습니다. 사물놀이를 배웠던 집사님을 초빙해 난타를 배우고, 워십팀을 꾸려 춤으로 찬양하기 시작했습니다.

결국 청소년교회를 맡은 지 3년째에는 토요일 학생 예배 후 전체가 교회에서 저녁을 먹고 각자 악기팀으로 보컬팀으로 워십팀으로 난타팀으로 각자의 사역을 따라 연습하였습니다. 청소년들로 인해 교회가 갈수록 활기가 넘쳐났고 저와 아이들은 해마다 새로운 일들을 시도해 볼 수 있었습니다.

일 년에 두 번 자체수련회를 했고 방학마다 참여하는 바나바수련회에서 3회 연속 찬양인도로 섬기기도 했습니다. 전교인 수련회를 청소년교회가 주최해보기도 했고 중국과 태국에 단기 선교를 다녀오기도 했습니다. 무엇보다 프로그램을 통해 아이들은 서로서로 부딪히고 깎이고 다듬어지면서 하나하나 성장해 나가고 있었습니다.

카이로스 타임

많은 활동과 열매들이 있었지만 저에게 가장 큰 감동으로 기억되는 일은 따로 있습니다. 그것은 아이들이 영적으로 성장해갈 수 있었던 카이로스 타임이라고 할 수 있을 것입니다.

첫 번째 기억은 청소년교회가 조직된 이듬해 가진 여름 수련회였습니다. 주제가 '프레이어 캠프(Prayer camp)'였는데 이 시간을 통해 아이들이 기도를 훈련 할 수 있었습니다. 장장 6시간을 기도해 보았으니 더 무슨 말이 필요할까요. 두 번째 기억은 바나바수련회에서 있었던 8시간 설교였습니다. 저녁 7시에 시작된 설교가 다음 날 새벽 3시에 끝났는데 그 긴 시간을 아이들이 견디며 은혜를 받았던 사건은 또 하나의 은혜의 시간이었습니다. 하지만 가장 큰 감동으로 제게 각인된 사건은 우리 청소년교회 예배 자체였습니다. 그렇게 훈련받은 아이들이라 우리 예배 시간이 점점 길어지기 시작했습니다. 예배 전 찬양이 30분에서 1시간으로 늘어나고, 첫해에 무작정 성경 읽기만 했던 예배 시간이 설교만 한 시간을 해도 모자라게 되었고, 삶의 나눔과 기도제목을 나누는 셀모임도 시간이 모자라 주일 모임을 따로 만들게 되었으며 무엇보다 가장 큰 은혜의 시간인 전체 기도모임시간이 생겼는데 그 시간도 30분에서 한 시간으로 더욱 뜨겁게 기도하게 되었습니다. 결국 찬양팀 연습 시간을 주일 오후로 옮기고 토요일 저녁 이후시간에는 기도 모임을 가졌는데 성령의 역사가 강력하게 임하였습니다. 몇 학생은 예배 시간이 이렇게 좋을 줄 몰랐다고 고백하기도 하였습니다.

  은혜를 경험하면서 시간은 흘러 셀장으로 훈련받은 학생들이 대학생이 되었고 대학에 가서 또 다른 학생들을 그 섬에까지 전도해 오면서 청소년교회는 자연스럽게 중학생부터 대학생까지 어울리며 섬기는 제법 큰 공동체가 되었습니다. 그때 시도했던 것이 해외 단기선교훈련이었습니다. 저는 아이들이 무슨 일에든지 자립할 능력을 가져야 한다고 생각했기에 일인당 60여만 원 되는 훈련경비를 스스로 마련하라고 격려했고 남학생들은 양파 뽑기와 상차로 용돈을 벌었고 여학생들은 용돈을 아껴 경비를 마련했습니다. 그런 방법으로 중국과 태국에 두 번의 단기선교를 청소년교회 스스로 다녀올 수 있었고 아이들의 시야도 더 크고 넓게 열어 줄 수 있었습니다.

  청소년들이 토요일, 주일 모두 교회에서 사역과 봉사로 보냈지만 그렇다고 학업에 게을리한 것은 아닙니다. 교회에서 많은 시간을 보내는 만큼 주중의 시간은 학업에 철저하여지라고 가르쳤고 덕분에 우리 교회 학생들은 95% 이상 자신들이 원하는 대학에 진학한 것은 물론 대학생이 되어서는 대부분이 장학생이 되었습니다. 덕분에 처음에 아이들이 교회에 시간을 너무 많이 빼앗긴다고 불평하시던 학부모들도 나중엔 오히려 절 찾아와 교회로 인해 아이가 좋은 대학에 진학한 것 같다고 감사인사를 전해오기도 하였습니다.

그렇게 8년간을 청소년사역에 대해서는 기초도 없었던 저를 주님이 들어 쓰셔서 섬 교회에서는 흔치 않은 부흥을 맛보게 하셨습니다.

새 땅을 일구실 원하시는 주님

주님은 또 다른 계획으로 우리를 다른 지역으로 옮기셨습니다. 지금 머무는 교회도 섬 교회입니다. 저는 여전히 찬양을 가르치고 있습니다. 그러나 지금은 청소년이 아니라 어르신들입니다. 어르신들과 열심히 찬양을 배우고 부르며 감사한 생활을 이어가고 있습니다.

지난 사역지에서의 짧다면 짧고, 길다면 길 수 있는 저의 8년의 사역을 돌이켜보면 정말 주님의 큰 은혜의 시간이었음을 고백합니다. 저와 청소년 모두 제로에서 출발하였지만 우리는 성장하였고 주님을 기쁘시게 해드릴 만큼 부흥도 경험하였습니다. 은혜와 기쁨이 넘쳤던 예배 시간, 때론 경쟁하고 때론 격려하며 한 몸을 이루어가던 아이들이 성장해 나가던 모습, 그 많던 활동 속에 어떤 날은 힘들었어도 어떤 날은 감격에 눈물겹던 모습들이 한 장 한 장의 사진처럼 제 마음속에 켜켜이 쌓여 있습니다. 함께 훈련하며 성장했던 아이들은 지금 대부분 사회인이 되었거나 대학생이 되어 전국 아니 전세계의 교회에 흩어져서 자신에게 허락하신 사명을 이어가고 있습니다. 그리고 가끔씩 가는 길이 막힐 때면 저에게 전화를 걸어 상담하곤 합니다. 저는 여전히 그들의 길에 기도와 격려로 길동무가 되어 나란히 걸으며 주님 나라를 만들어 가고 있습니다.

저에게는 한 가지 비전이 있습니다. 그것은 예수님께 12명의 제자가 있었던 것처럼 저도 12명의 제자를 남겨 그들로 이 땅에 작은 부흥의 불꽃이 되도록 쓰임 받았으면 하는 것입니다. 주님은 저의 이 소망도 들어주셔서 오늘도 제게 남은 12명의 제자의 이름을 불러 볼 수 있게 되었습니다. 그 이름들은 주님 앞에 드려진 산 제물이며 아름다운 향기입니다. 그리고 저에겐 겨울의 추위 끝에 다가오는 싱그러운 봄바람 같은 그리운 얼굴이며 이름들입니다. 저는 평생 이 기쁨을 감사하며 또한 앞으로 드려질 찬양을 소망하며 지금 머문 이곳에서 끊이지 않을 찬양을 드릴 것입니다.

다음세대를 우리에게

은혜와평강교회 _이선영 사모

주님이 주시하시는 땅

'너는 내가 지시할 땅으로 가라'는 하나님의 명령에 갈대와 우르 땅을 떠났던 아브라함의 심정으로 아무런 연고도 없는 김해 땅에 교회를 개척한 것이 2006년 5월 27일이었습니다. 그 힘든 곳에 굳이 왜 가냐고 만류하는 분들도 있었지만 하나님은 그분의 방법으로 이끌어내셨습니다. 무임인지라 때로는 쌀이 떨어지면 두 아이는 학교에서 급식으로 끼니를 해결하고 우리 부부는 금식하며 기도하는 것이 일상이었습니다. 그리고 하나님이 허락하신 권사님 부부의 헌신으로 교회를 개척하게 되었습니다.

청년 때부터 전도의 열매가 많이 있었던 터라 부흥되는 것이 그리 오래 걸리지 않으리라 생각했는데 현실은 녹록지 않았습니다. 한 집 건너 한집에 깃대가 꽂혀 있고 새벽에 울리는 종소리는 교회가 아닌 길옆에 세워진 큰 절에서 나는 소리였으며, 거리에는 평범한 사람들이 승복을 입고 다니는 것을 곳곳에서 쉽게 볼 수 있는 복음의 불모지요 선교지였습니다.

성도들이 늘어가긴 했지만, 눈에 띄는 부흥은 되지 않고 정체되어 있을 때 초등학교 4학년 남자아이가 교회에 왔습니다. 교회 앞을 지나가다가 찬양 소리가 좋아서 무작정 교회 문을 열고 들어온 아이였습니다. 엄마와 단둘이 사는 한부모 가정의 아이였는데 알코올과 노름에 중독된 아버지로부터 가정폭력을 당해서 불안과 도벽과 대인기피, 심한 두통에 시달리고 있었습니다. 이 아이를 포함하여 6명 정도의 아이들로 어린이교회가 시작되었습니다. 여호수아와 그 세대 사람이 다 죽은 후에 일어난 다른 세대는 여호와를 알지 못하며 여호와께서 이스라엘을 위하여 행하신 일도 알지 못하였다는 사사기 말씀에 붙잡혀서 다음세대가 일어나지 않으면 우리 교회도, 한국교회도, 민족도 미래가 없다는 마음에 도전이 되어 다음세대를 세우는 일을 교회의 사명으로 알고 주력하였습니다.

우리는 품었고 하나님은 길을 여셨습니다

먼저 꿈도 없고 소망도 없는 이 아이들에게 하나님의 거룩한 꿈, 하나님이 주시는 비전을 심어주기 위해 일 년에 한 번 열방으로 나가는 일을 시작했습니다. 하나님이 보여주시는 것을 보고, 하나님이 들려주시는 것을 들을 수 있기를 기도하며 나갔습니다. 여건이 준비되어서 나간 것이 아닙니다. 오직 이 아이들이 열방을 밟으며 하나님이 하시는 일들을 눈으로 보고 귀로 듣는 하나님 나라의 용사들로 준비되기만을 바라며 믿음으로 품었습니다. 우리는 품었고 하나님은 길을 여셨습니다. 2009년 시작된 열방의 땅 밟기는 지금까지 계속되고 있습니다. 그 열매로 교회 앞을 지나다가 찬양 소리를 듣고 무작정 교회로 들어왔던 꼬마가 신학교를 가고 지금은 호주에서 전도사로 사역하고 있습니다. 교회가 너무 좋아서, 늘 교회에 머물던 이 아이가 하나님을 만나고 치유되고 회복되어 자신의 인생을 주님께 드리고 싶다고 헌신한 것입니다.

우리 아이들은 교회가 너무 좋다고 늘 고백합니다. 교회 오면 행복하다는 말을 입에 달고 삽니다. 교회가 참 좋은가 봅니다. 가정에서 방치되고 돌봄을 받지 못하는 아이들, 어린 나이에 감당하기 힘든 상처를 너무나 많이 가슴에 묻고 있는 아이들입니다. 처음에 교회에 왔을 때는 감당이 안 될 정도로 산만하고 폭력적이고 손에 잡히는 대로 집어 던지고 분노로 가득 찼던 아이들이 교회 선생님들, 교회 식구들의 사랑과 격려와 칭찬을 먹고 늘 교회 안에 머물면서 서서히 치유되고 변화되어서 학교에서 열심히 교회를 자랑하고 친구들을 전도하는 멋진 아이들로 세워지고 있습니다.

사실 6명의 어린이교회 아이들이 초등학교를 졸업하고 청소년교회로 진급하면서 한동안 어린이예배를 드릴 수 없었습니다. 후에 한 명의 아이가 왔지만 어린이예배를 시작할 엄두를 내지 못하고 있을 때 하나님은 시작하면 채우시겠다는 감동을 주셨습니다. 즉각 순종으로 집사님에게 어린이예배를 시작하자고 권유했고 그리하여 교사 한 명에 아이 한 명으로 다시 예배가 시작되었습니다. 그리고 주일 아침, 예배를 드리는데 초등학생 한 명이 교회 문을 열고 들어왔습니다. 약속에 신실하신 하나님! 두 명으로 부흥한 어린이교회에 또 하나님께서 감동을 주시기를 거리에 나가서 전도하라고 하셨습니다. '하나님이 또 일하시겠구나!' 하는 믿음으로 길거리로 나갔습니다. 아이들이 모여 있을 만한 공원이나 놀이터를 중심으로 강냉이와 전도지를 들고 나가 전도하기 시작했습니다. 어떤 날은 한 명의 아이도 만나지 못할 때도 있었지만 쉬지 않고 나갔습니다. 그러다가 공원에서 복음에 관심을 보이는 남매를 만났는데 엄마가 몽골에서 오신 다문화 가정의 아이들이었습니다. 며칠 뒤 선물을 사서 무작정 집으로 찾아가 아이들의 엄마를 만나고 아이들을 교회로 보내기로 약속을 받았는데 그 아이들이 전도의 첫 열매로 지금까지 열심히 교회에 다니고 있습니다.

열심히 노방전도를 하는 가운데 우연히 복음게임이라는 것을 알게 되었는데 다섯 가지 색깔로 게임을 통해서 복음을 전하는 것입니다. 교사들이 다섯 가지 색깔을 이용해서 다양한 게임도구를 만들어서 학교 앞 전도를 시작했습니다. 2년 전 여름에 시작된 복음전도는 하나님의 살아계심과 일하심을 보는 현장이 되었습니다. 2년 동안 태풍이 와도 비바람이 불어도 영하의 날씨에도 35도를 넘나드는 무더운 날씨에도 우리 교사들은 단 한 주도 학교 앞 전도를 쉰 적이 없습니다. 이제 우리가 전도하는 이 초등학교 학생들은 매주 금요일 한 시 반이면 은혜평강교회 선생님들이 학교 정문 앞에서 자신들을 기다리고 있다는 것을 대부분 알고 있고 어김없이 전도현장을 찾아옵니다. 어떤 학생들은 일주일에 두 번 오면 안 되냐고 요청하기도 합니다. 이제 우리의 전도현장은 아이들이 꼭 들렀다 가는 참새 방앗간 같은 곳이 되었습니다. 몇 번 온 아이들은 복음을 막힘없이 외칩니다. "노란색, 천국이 있어요. 검은색, 죄가 있으면 갈 수 없어요. 빨간색, 예수님의 십자가 피로. 흰색, 깨끗이 용서받아요. 초록색, 신나는 은혜평강교회로 오세요."

현재 교회를 나오지 않는 친구들도 매주 전도 현장에 와서 열심히 복음을 외칩니다. 지금은 비록 나오지 않더라도 이 아이들이 앞으로 살아가면서 힘든 일을 만났을 때 어렸을 적 학교 앞에서 교회 선생님을 따라 외쳤던 예수님이 생각나서 하나님께 돌아오기를 간절히 바라는 마음으로 반드시 복음을 외치게 합니다. 때로는 복음을 외치기 싫어하는 아이가 있습니다. 그런 아이에게는 "친구야, 게임 좋아하지?" 물으면 "네"라고 대답합니다. 그러면 "너희들 게임할 때 룰이 있잖아. 이 게임도 룰이 있거든, 선생님을 따라 외치면서 하는 게 이 게임의 룰이야" 하면 순순히 따라서 복음을 외칩니다. 때로는 히잡을 쓴 무슬림 아이들도 오는데 신기해하면서 선생님을 따라서 외칩니다. 무슨 뜻인지 그 아이들이 당장은 모르겠지만 입으로 시인하여 구원에 이르게 하실 줄 믿고 외치게 합니다.

길을 걷다 보면 모르는 아이들이 "안녕하세요?" 인사를 합니다. 전도 현장에 왔던 아이들입니다. 선생님들은 너무나 많은 아이들을 만나서 그 아이들 모두를 한 명씩 기억하지 못하지만 그 아이들은 선생님들을 기억하고 반갑게 인사를 합니다. 우리는 무명한자 같으나 유명한 자들입니다. 가난한 자 같으나 이렇게 많은 아이들을 가슴에 품은 부유한 자들입니다. 전도하고 나면 교회로 와서 만났던 아이들의 이름을 일일이 불러가며 기도합니다. 포기하지 않고 끝까지 기도하는 가운데 일 년 만에 나온 아이도 있습니다. 이런 가운데 풍성한 열매를 주셔서 2명으로 시작한 교회학교가 1년 반 만에 26명으로 부흥하게 되었습니다. 2018년도에는 전국교회학교연합회에서 주최하는 전도시상식에서 우리 은혜평강교회가 대상을 타는 기쁨을 주셨습니다.

하나님이 일하시는 곳에 협력의 손길이 더하여졌습니다. 세 교회의 목회자들이 뜻을 모아 12인승 승합차를 선물해주셨습니다. 13년간 낡은 9인 승합차로 운행해 왔었는데 동기 목사님이 전도현장을 방문하러 인천에서 오셨다가 창문이 망가져서 열리지 않고, 앉을 자리가 부족해서 아이들이 힘들어하는 것을 보셨습니다. 그리고 돌아가셔서 동기 목사님들에게 교회 상황을 설명하고 공감을 얻어서 세 개 교회가 힘을 합쳐 승합차를 선물한 겁니다. 다음세대를 일으키고 세우는 이 사역을 하나님이 많이 기뻐하시나 봅니다.

최근에는 여러 교회에서 우리 교회의 전도방법을 배워가려고 전도 현장에 오기도 합니다. 그러나 분명한 것은 우리가 한 것이 아니라 하나님이 하신 것입니다. 절대적인 하나님의 은혜였습니다. 요즘은 학교 앞에서의 어떤 행위도 엄격하게 제한하고 있는 것이 현실입니다. 그런데 2년 동안 하나님은 맘껏 전도할 수 있도록 보호해 주셨고 아이들의 마음을 교회로 올 수 있도록 움직여 주셨습니다. 인근에 있는 큰 교회 교사가 본인들은 학교에서 제지해서 못하는데 어떻게 계속하고 있냐고 묻습니다. 우리는 모릅니다. 아무런 방해가 없습니다. 그래서 오직 하나님의 은혜라고 고백할 수밖에 없습니다.

하나님이 우리 교회에 있어요

은혜와평강교회의 어린이 대부분은 다문화가정의 아이들입니다. 그리고 대부분 한부모 가정입니다. 나라도 다양합니다. 몽골, 우즈베키스탄, 베트남, 중국, 고려인 등. 얼마 전 4학년인 우즈베키스탄 여자아이가 제 손에 편지를 쥐여줬는데 그 내용이 참으로 감격스러웠습니다.

"사랑스러운 우리 교회 우리 은혜평강교회는 제일 좋아하는 교회입니다. 우리 교회는 하나님이 우리 교회에 있어요."

문장도, 맞춤법도 틀리지만 이 아이의 신앙고백이라 생각하니 이 아이들의 믿음이 자라고 있음에 감사했습니다.

우리 교회는 일 년에 한 번 있는 성탄발표에 정말 최선을 다합니다. 어린이부터 청소년, 청년, 장년에 이르기까지 하나가 되어 열심히 준비하는데 그 이유는 오직 하나 믿지 않는 부모님들, 특히 다문화가정의 부모님들을 초청하기 위해서입니다. 그분들이 교회에 올 수 있는 일 년 중 단 한 번의 기회, 이 기회를 놓치지 않기 위해서입니다. 이들이 교회에 오게 되고 하나님의 자녀가 되어서 그들의 동족에게 복음을 전하는 전도자가 되기를 바라는 마음으로 기도하며 준비합니다. 청년들은 교회학교 아이들이 교회에서 활동한 순간순간을 사진으로 남겼다가 성탄발표 때 영상으로 만들어서 아이들이 교회에서 얼마나 행복하게 지냈는지 영상을 보여줍니다. 지난 성탄발표 때는 열세 분의 다문화가정의 부모님들이 오셔서 너무나 큰 감동을 받고 돌아갔습니다. 그리고는 다음 겨울캠프 때 부모님들 전

원이 다 아이들을 캠프에 보내주셨습니다. 몽골 여자아이가 "우리 엄마는 절대 밖에서 자면서 하는 거는 허락하지 않는데 은혜평강교회에서 가는 캠프에 허락한 것이 처음이에요"라고 말합니다. 이러한 고백이 우리가 더 힘있게 나아갈 수 있는 동력이 됩니다.

아버지 되시는 하나님

9년 전 중학교 1학년 남학생이 주일 예배 중에 문을 조심스럽게 열고 들어왔습니다. 아들 친구였는데 늘 오고 싶어서 마음에 품고 있다가 스스로 찾아온 겁니다. 토요 청소년예배, 주일 예배를 너무 잘 나오는데 늘 불안해 보이고 힘들어 보였습니다. 토요 청소년예배에 갑자기 아이가 보이지 않아 찾다 보니 화장실에서 벌겋게 충혈된 눈으로 분노를 주체하지 못해 떨고 있었습니다. 모임을 마치고 집에 돌아갈 생각을 하니 분노가 치밀어 올라 견딜 수 없다는 겁니다. 그 아이에게 아버지는 실수하면 안 되는 사람, 용서하지 않는 사람, 얼굴을 마주 보면 안 되는 사람이었습니다. 아버지가 원하는 성적이 안 나왔다고 몽둥이로 20대를 때려서 시퍼렇게 멍이 들고, 얼굴을 마주치면 말끝마다 꼬투리를 잡아 욕하고 저주하고 야단을 쳐서 집에 들어가면 혼자 자기 방에 혼자 멍하니 앉아 있다고 합니다. 아빠와 마주할 수 없어서 저녁은 늘 거르거나 엄마가 몰래 먹을 것을 방에 갖다주는 그렇게 마음이 몹시 아픈 아이였습니다.

동생도 함께 교회에 나와 교회를 통해 감사를 배우고 교회 식구들을 통해 하나님의 사랑을 조금씩 알아가며 많이 치유되고 회복되는 은혜가 있었습니다. 그런데 얼마 전, 동생이 아빠가 오빠를 때리고 내쫓았다고 울면서 전화를 하였습니다. 시계를 보니 밤 10시가 넘은 시간이었습니다. 걱정되어서 전화를 했더니 집에 들어가면 아빠가 무슨 일낼 것 같아 집주변을 걷고 있다는 겁니다. 목사님과 함께 아이 있는 곳으로 가서 차에 태웠는데 저희를 보자마자 눈물을 줄줄 흘리면서 하는 말이 일방적으로 폭력을 가하는 아빠를 말리고 피하는 과정에 넘어져서 어깨가 빠진 것 같다고 합니다. 자세히 보니 한쪽 어깨가 처져 있었습니다. 바로 응급실로 가서 탈골된 어깨뼈를 맞추고 교회로 데려왔습니다. 2주 정도를 교회에서 생활하면서 새벽기도를 시작하더니 여동생도 새벽기도를 나오기 시작하고 이어서 청년들이 나오고 새벽에 안 나오던 장년 성도들이 나오기 시작하고 지금은 고3 학생들까지 새벽에 나와 부르짖어 기도합니다. 새벽마다 부르짖는 소리에 교회 성전이 떠나갈 듯합니다.

아이의 마음 가운데 아버지를 통해 하나님을 보았기에 실수하면 벌주시고 용서하지 않는 하나님이라고 늘 하나님을 두려워했었는데 치유하시고 회복하시는 하나님의 은혜로 지금은 오래 참으시고 기다려 주시는 하나님, 사랑으로 품어주시는 하나님, 고난을 낭비하지 않으시는 하나님이라 고백합니다. 예배 찬양을 인도하고 어린이교회 교사로 그리고 교회 구석구석을 돌보는 사역자 역할을 하며 하나님께 자신의 인생을 드리기로 결단하고 신학대학원을 준비하고 있습니다. 이뿐만이 아니라 여러 아이들이 성장하여 사역자 부르심 앞에 결단하며 공부하고 있습니다. 이 아이들은 교회가 좋아서 늘 교회 안에 있다가 하나님을 만나고 하나님이 좋아서 하나님을 위해 그 삶을 드리기 원하는 아이들입니다.

새벽마다 하나님의 뜻대로 살게 인도해달라고, 세상 가운데서 거룩하게 구별해달라고 오늘도 하나님 안에 있게 해달라고 부르짖어 기도하고 교회에서 바로 학교로 등교하는 이 아이들로 인하여 더 무릎 꿇을 수밖에 없습니다. 하나님의 은혜입니다. 어른 성도 10여 명, 어린이, 청소년과 청년이 35명 안팎인 이 작은 교회에 은혜 아니면 어찌 이런 일이 일어날 수 있을까요? 감사하고 감사할 뿐입니다.

함께 걸어가는 준비된 일꾼

대학원에서 상담을 전공하는 자매가 있습니다. 상담교사가 되어 학교에서 어린 영혼들을 주께로 인도하는 것이 오직 기도제목인 자매입니다. 4년 전 엄마와 동생이 함께 우리 교회로 왔는데 엄마가 살짝 귀띔해주기를 큰딸이 신천지에 다니다가 끊고 새로 다닐 교회를 찾다 교회 홈페이지를 보고 건강한 교회인 것 같아서 신앙생활을 잘하기로 약속하고 왔다 하였습니다.

그런데 이 자매는 예배가 시작되면 늘 작정한 사람처럼 잠을 잤습니다. 성도들, 청년들과도 마음을 닫고 교제도 하지 않았습니다. 주일 오전예배가 끝나면 서둘러서 학교가 있는 진주로 떠났는데 그러기를 1년, 엄마 집사님이 전화로 하는 말이 딸이 모두를 속이고 신천지를 계속 다녔는데 이제 신천지가 이단인 것을 알고 나왔다는 겁니다. 부랴부랴 목사님과 찾아가서 자초지종을 들어보니 신천지에서는 출석 인증을 지문으로 찍고 몇 번 결석하면 쫓겨나기 때문에 주일 오전예배 끝나면 학교 부근 신천지 처소로 인증하러 서둘러 갔던 것이고 기존의 교회들을 바벨교회, 사탄의 교회라고 가르치고 말씀을 들으면 안 된다고 가르치기 때문에 예배 시간에 말씀을 안 들으려고 일부러 잠을 잤다는 겁니다. 그곳에서는 이만희 기도 외에는 응답이 안 되기 때문에 기도하면 안 되고 신천지를 나오면 가족이 구원받지 못한다고 협박을 해서 늘 두렵고 불안했다고 합니다.

점점 더 소망이 없어지고 지쳐 가는데 우리 교회에 와서 예배를 드리면 듣지 않으려고 애를 쓰는데도 말씀이 은혜가 되고 교회 안에 아이들이 바뀌고 기적 같은 일들이 일어나는 것을 보게 되었다고 했습니다. 교회 안에 있으면 기쁘고 전도하고 싶다는 마음이 들어 인터넷을 샅샅이 뒤져서 신천지 교리의 잘못된 것을 스스로 찾기 시작했다고 합니다. 어느 정도 확신이 들자 부산에 이단에서 나온 사람들을 도와주는 곳에 찾아가게 되었고 그곳에서 신천지가 이단임을 분명히 알게 되자 신천지에 문자로 그곳은 잘못된 곳임을 알게 되었다고 그곳에서 나오겠다는 통보를 했다는 겁니다. 그리고 이제는 신천지에서 4년 동안 교육받은 것을 바탕으로 신천지의 교리가 무엇이 잘못되었고 왜 이단인지 알리는 일에 앞장서고 있으며 여러 교회에 강사로 초청되어 섬기고 있습니다.

어린이교회 부흥의 중심에는 바로 이 자매가 있습니다. 우리 교회 어린이들은 거의 모두가 부모님이 교회에 다니지 않습니다. 그래서 주일에 스스로 일어나 교회 오기가 쉽지 않습니다. 그래서 주일 아침이면 자매는 집마다 다니며 자고 있는 아이들을 깨워서 옷을 입혀서 데리고 옵니다. 이제는 아이들이 선생님이 고생한다고 스스로 길에 나와 있는 기특한 배려로 그 수고로움이 덜어졌습니다. 주중에 꼭 아이들에게 문자로, 전화로 심방하고 토요교실을 진행하고 있으며 매주 학교 앞 전도에서 아이들에게 복음을 전합니다. 대학원 수업과 임용고시 준비에 일분일초가 귀한 때인데 교회에 맡겨진 사명과 전도의 일에 우선순위를 두고 기쁘게 감당하고 있습니다. 하나님의 일꾼으로 완전히 거듭났습니다. 건강한 교회 안에 있었던 것이 자신이 그 두렵고 암울했던 신천지에서 나올 수 있었던 원동력이었다고 늘 고백합니다.

심령이 치유되고 회복되는 교회, 어린이부터 장년 성도들에 이르기까지 하나로 연합된 건강한 교회, 하나님을 알고 하나님이 하신 일을 아는 다음 세대를 길러내는 교회, 해마다 신학생을 배출하는 교회로 세워주신 하나님께 감사합니다. 이제 교회를 개척한 지 13년이 지났습니다. 계속해서 어린이들을 보내주시는 하나님은 앞으로도 우리 교회가 다음세대를 잘 키워내라고 믿고 맡겨주시는 듯합니다. 그래서 더 힘을 내서 나아가려고 합니다. 어린이부터 청년에 이르기까지, 이들 가운데 영적인 리더로 이 시대를 책임지고 한국교회를 건강하게 세워나갈 하나님의 사람들이 나올 것을 믿음의 눈으로 바라보며 주님 앞에 무릎으로 엎드리고 복음게임을 들고 또 아이들을 만나러 학교로 갑니다. 오늘도 교회 선생님을 기다리고 있을 다음세대들이 있는 그곳으로!

주님의 파도에 몸을 맡기며

한사랑교회 _ 허재만 목사

바다 수영

제가 태어나고 자라난 곳은 충청남도 서산의 작은 시골마을입니다. 어린 시절부터 아버지의 농사일을 거들며 모든 일에 최선을 다하시는 아버지의 모습을 보며 성장했습니다. 추운 겨울에도 쉬지 않고 봄 농사를 준비하셨고, 여름내 뜨거운 볕 아래서 일하시며 구슬땀을 흘리는 수고를 아끼지 아니하셨습니다. 매년 그런 것은 아니었지만, 가을이 되면 자연은 정직하게 흘린 땀만큼 수확하는 기쁨을 맛보게 해주었습니다.

나름 어린 나이라고 생각하는 나이에 개척은 아니었지만, 개척과 같은 상황을 마주하며 생각하길 열심히만 하면 반드시 열매가 있을 것이라는 확신이 있었습니다. 그러나 사역의 시간이 흐르면 흐를수록 인간의 열심만으로는 부족함을 느끼게 됩니다.

바다 수영을 해보셨나요?

아무리 열심히 팔을 움직이고, 다리를 움직여도 1m 앞으로 가기도 힘든 것이 바다 수영일 것입니다. 개척된 지 27년이 된 교회에 3대 목사로 부임하게 되면서 시작된 목회는 마치 바다 수영과 같았습니다. 부임 직후 27차 사무총회를 준비하며 참 마음이 아팠습니다. 아니 어떻게 이렇게 오래된 교회에 권사님, 장로님이 없을 수 있지? 27년이나 되었는데 건물이 없을 수 있지? 이런 아픔과 동시에 가지게 되었던 질문은 '왜 하나님은 나를 이 교회로 인도하셨을까?' 하는 것이었습니다. 그러나 주님이 가장 합당한 길로 인도해 주신 줄 믿으며 열심을 다했습니다.

추수감사주일에 취임예식이 끝난 후 부교역자 시절부터 해왔던 방식대로 사무총회 자료를 준비했습니다. 이듬해 청년수련회와 학생수련회를 따로 진행했습니다. 정신없이 바쁜 1월과 2월이었지만 함께하는 이들이 있어 행복했습니다. 새벽예배 후 아내와 함께한 전도, 수요 지역전도, 초등학교 앞 전도, 토요음악교실, 수요예배, 금요기도회, 주일예배까지 열심히 했습니다. 청년들이 몇 명 더 모이기 시작했고, 6월 대전중앙지방 남전도연합회에서 주관했던 지방회 볼링대회에서는 교회가 일등을 하기도 하였습니다. 주일 예배 인원이 20명을 넘기 시작하며 정말 행복했습니다.

교회에 등록하지 않았지만 열심히 참여하며 함께 하던 한 성도가 있었습니다. 가끔 한국교회가 가지고 있는 문제에 대해 고민하며 현재 교회에 보이는 문제들을 가지고 면담을 요청했습니다. 4시간이 넘는 시간을 대화했던 몇 번의 시간이 힘들었지만 참 감사했습니다. 무엇보다 사업을 하면서 마음을 담아 주님께 적지 않은 예물을 드리기도 하였습니다. 또한 지인 중 가나안 성도를 교회로 인도하기도 했습니다. 그렇게 교회를 세워가는 일에 힘쓰는 형제였기에 우리 교회에 잘 정착하길 원하는 인간적인 마음도 있었습니다. 하지만, 하나님은 그 마음을 아셨는지 결혼과 개인적인 문제로 인해 교회를 떠나게 하면서, 전도해 왔던 청년들도 떠났습니다. 또한 기존에 있던 청년과 여 집사님 한 분이 함께 나가게 되었습니다. 열심히 함께했던 학생도 엄마(목사)가 개척을 하시며 이사를 하게 되면서 교회를 떠나게 되었습니다. 구심점이 되어주던 학생이 나가며 나머지 친구들 또한 교회에 나오지 않기 시작했습니다.

2017년의 마지막 날 남아있는 청년 두 명과 집사님 부부 가정 그리고 저희 가정이 함께 송구영신예배를 드리는데 가슴이 찢겨질 듯이 아팠습니다. 그 밤에 기도하며 '하나님 제가 교회를 망치고 있는 것은 아닐까요? 제가 떠나야 하는 것은 아닐까요? 이렇게 열심히 팔을 휘졌는데 제 자리도 아니고 오히려 뒤로 밀려나다니요' 아무리 기도해도 응답해 주시지 않는 하나님이 원망스럽기도 하고, 그런 저의 모습을 보면서 너무 속상했습니다.

시작하게 하신 것 멈추게 하지 않으시는 하나님

사람이 떠나고 휑한 본당에서 예배하면서 힘 빠져 있는 성도들을 보는 것이 너무 힘들었습니다. 뭐라도 하지 않으면 견딜 수 없어서 또 열심히 달리기 시작했습니다. 사순절 특별 부흥회도 만들고, 부활절 이후 5월에는 부활기념 수요세미나도 만들어서 적은 인원이었지만 함께하던 성도들에게 열심을 다해 성경을 가르치고 또한 함께 배웠습니다. 전년도 성탄절에 이벤트로 버스킹 전도예배를 드렸었는데, 성도들에게 부활을 기념하며 다시 한번 버스킹 전도예배를 드려보자고 권면했고, 이는 찬양에 은사가 있고 사모함이 있는 이들에게 새로운 도전이 되었습니다. 그리고 다시 온 교회가 꿈꾸기 시작하며 새롭게 열어주신 그 길로 달려가기 시작했습니다.

버스킹 전도예배를 드리기 위해서는 이동용 스피커와 믹시 등 여러 물품이 필요합니다. 그러던 중 3월 교단 국내선교회원회 주관으로 작은 교회 목회자 부부 세미나가 진행되었고, 참석하게 되었습니다. 사실 스타렉스를 준다는 소문을 듣고, 무조건 참석해야겠다고 생각하고 아내와 돌이 지나지 않은 아이를 대동해서 참석했습니다. 그렇게 동기가 불순하게 참석했던 세미나는 시간이 지나며 많은 도전과 위로가 되었습니다. 그리고 둘째 날 저녁세미나를 찬양과 기도로 준비하는데 하나님께서 참 많은 위로를 주셨습니다. 이어진 경품추첨 시간에 하나님은 갤럭시 탭을 선물로 주셨습니다. 그리고 바로 중고로 팔아서 30만 원을 만들었고 전도용 스피커를 마련하는 데 마중물로 사용하였습니다.

"하나님, 한사랑교회가 길거리로 나가서 예배하는 것이 기쁘신가요?"
"하나님, 한사랑교회를 응원해 주시는 거죠?"

기도하며 교회 앞에서 예배하기 시작했습니다. 그리고 하나님은 마치 응원하시는 것처럼 도움의 손길들을 붙여주기 시작했습니다. 교회가 세 들어있는 건물 1층에는 동물병원이 있습니다. 다른 교회에 다니는 권사님 내외분이셨습니다. 하루는 지나가던 저를 붙드시고는 할 말이 있다며 병원 안으로 인도했습니다. 하나님이 마음을 주셔서 버스킹 전도예배를 돕고 싶다는 것이었습니다. 자기 집에 있는 여러 가지 물품들을 병원 앞에서 팔아 그 돈을 헌금하고 싶다고 하셨습니다. 그리고 다음날부터 여 권사님은 매일 아침 장터를 여셨고 물건을 팔았습니다. 버스킹 전도예배가 있는 셋째 주 금요일에는 늘 교회로 올라오셔서 미안해하시며 그 마음을 전해 주셨습니다. 이뿐만 아니라 교회 앞에서 버스킹 전도예배 하는 모습 보면서, 어떤 분들은 도마동 지역에서 30년을 살았는데 이렇게 거리에서 찬양이 울려 퍼지며 예배하는 것을 처음 보았노라며 감사를 표하기도 하셨습니다.

이런 위로와 도움의 손길을 통해 성도들과 저는 큰 힘을 얻었고 시작하게 하신 것을 절대로 멈추게 하지 않으시는 하나님의 신실하심을 경험할 수 있었습니다. 물론, 아직도 버스킹 전도예배 때면 경찰이 나와 집회를 빨리 끝내라고 말합니다. 그래서 마음이 참 어려웠습니다. 소리를 줄여서 하기도 하고, 악기가 아닌 녹음을 해 나와서 예배하기도 했습니다. 그래도 계속 오는 경찰을 보며 모든 지체가 힘들었습니다. 그런 와중에 하나님이 묵상하게 하셨던 말씀이 있었습니다.

내가 네게 명령한 것이 아니냐 강하고 담대하라 두려워하지 말며 놀라지 말라 네가 어디로 가든지 네 하나님 여호와가 너와 함께 하느니라 하시니라(수 1:9)

이제는 지체들과 함께 거리에서 버스킹 전도예배를 할 때 경찰이 오면 우리를 지켜 주기 위해 오늘도 나온 분들이라고 말하며, 저분들이 이곳에 있으므로 복음을 들을 수 있음에 감사하자고 고백하고 있습니다. 이렇게 버스킹 전도예배는 침체되어 있던 교회 공동체 안에 새 힘이 되었고, 하나님을 찬양하고 주님의 말씀을 선포하면서, 이것이 교회의 본질이며, 하나님 기뻐하시는 일임을 다시 한번 확신할 수 있었습니다.

한 달에 한 번, 매주 금요일 저녁 7시에 교회 앞과 교회가 위치한 근처에 있는 공원으로 나가 버스킹 전도예배를 드립니다. 버스킹 전도예배를 드리지 않는 금요일에는 8시에 모여 함께 기도하며 예배를 준비하며 11시가 훌쩍 넘는 시간까지 함께 기도하고 예배합니다. 어느새 교회 근처에 위치한 배재대학생들이 모여들기 시작했고, 금요일에는 주일보다 많은 인원이 함께 모여 하나님의 살아계심을 높이며 경배함으로 예배하고 있습니다. 그렇게 함께 교제하던 청년 한 명이 올해가 시작되며 교회에 처음 등록했고, 이후 하나님은 또 다른 청년을 보내주셨습니다. 그 한 생명이 얼마나 귀한지 말로 표현할 수 없을 만큼 기뻤고 어떻게 잘 돌볼 수 있을까 고민하며 나아갑니다.

물꼬를 터 주신 곳으로

작년 여름부터 올해 사역을 준비하며 하나님이 품게 하셨던 생각 중 하나는 마을 모임이었습니다. 사람들이 교회로 오지 않는다면 우린 이제 어떻게 해야 할까 고민하던 중 삶의 자리로 교회가 움직이기로 했습니다. 두 분의 집사님과 올해 사역을 논의하며 내년에는 마을 모임을 진행하겠다고 말하며 그 사역을 함께 하자고 권면했습니다. 마을 모임과 관련된 세미나를 진행하며 질문했습니다.

"하나님이 여러분에게 한 생명을 맡겨 주신다면 여러분은 어떻게 그 생명을 대하시겠습니까?"

여러 의견이 나왔습니다. 그리고 교회는 반드시 회심이 일어나야 하는 공동체임을 강조하며, 그러기 위해서는 여러분 각자가 그 맡겨진 한 사람에게 교회를 자랑하고 교회의 그 어떤 것을 자랑할 것이 아니라, 예수님을 소개하고 전할 수 있어야 한다고 가르쳤습니다. 그리고 맡겨진 그 한 생명에게 복음을 전하고 양육할 수 있는 성도가 되어야 함을 강조하며, 진행되어왔던 신약의 파노라마를 통해 복음을 전할 수 있도록 가이드를 제시해 주었습니다. 또한 올 한해 계획되어 있는 직원세미나를 통해 양육할 준비를 하고 있습니다.

저는 요즘 하나님께서 물꼬를 터주시는 곳에 집중하며 한 걸음 한 걸음 걸어가고 있습니다. 물론, 매월 너무 빠르게 다가오는 월세 날과 예기치 못한 가정의 어려움, 또 물질의 어려움은 때로 시험에 들게 하지만 그럴수록 더 묵상하게 되는 것은 계속해서 믿음을 사용하길 원하시는 하나님의 마음이었습니다. 한 번 믿음을 크게 사용하면 조금이라도 보이는 결과물이 있을 것처럼 생각했던 저에게 하나님은 계속해서 믿음 가운데 거하며 믿음을 사용하며 걸어가길 원하셨습니다.

하루는 어떤 목사님께서 저에게 말씀하셨습니다. "목사님. 많이 피곤해 보이시고, 목소리가 좋지 않으시네요. 목회는 단거리가 아니라 장거리라고 하더라고요. 그러니까 관리를 좀 하면서 사역하세요." 저는 그 목사님에게 "목사님. 지금 밭을 열심히 갈아놓지 않으면 정말 씨를 뿌려야 할 때 씨를 뿌리지 못해서 열매를 거두지 못할 것 같아요. 그래서 지금 밭을 일구는 일을 쉴 수가 없네요."라고 대답했습니다.

사역을 하면 할수록 부족함을 더 느끼게 되고 자신감이 떨어집니다. '언제까지 열심을 다해야 하는 걸까?' 이런 질문을 가져보기도 합니다. 그러나 저는 오늘도 최선을 다할 것입니다. 믿지 않는 가정에서 태어난 저를 먼저 구원해 주셨고, 저를 통해 제 가정을 구원해 주신 그 은혜가 너무 크기 때문입니다. 시작하게 하신 것 절대로 중간에 멈추게 하지 않는 하나님을 만났기 때문입니다. 제 열심과 가능성이 아닌 하나님을 신뢰하며 이 길을 걸어가다 보면 그 길 끝에서 주님과 기쁨으로 만날 수 있지 않을까요?

정거장 교회

강동수정교회 _ 안효창 목사

이제 그만 포기할까?

2013년 1월 22일, 서울강동지방회에서 개척자를 모집한다는 공고가 성결신문에 실렸습니다. 그리고 같은 해 3월 10일, 저는 강동지방회 개척자로 강동수정교회를 개척하게 되었습니다. 강동수정교회가 터를 잡은 곳은 이미 타교단의 교회가 3번이나 개척을 실패한 곳이었습니다. 더하여 같은 건물 7층에는 이단인 '하나님의 교회'가 500평가량 되는 한 층 전체를 매입하여 사용하고 있어서 압박감이 이루 말할 수 없었습니다.

초기 개척 구성원은 온전히 우리 가족 네 명뿐이었습니다. 밤낮을 가리지 않고 열심히 성도를 찾아 나섰지만 7개월이 지나도록 교회 문을 두드리는 사람은 단 한 명도 없었습니다. 주일 아침 텅 비어 있는 교회에 홀로 앉아 예배드리는 아픔은 개척자가 아니면 이해할 수 없을 것입니다.

7개월 만에 등록한 한 명의 성도는 제게 사막의 오아시스와도 같은 소중한 존재였습니다. 하나님은 이를 통해 한 영혼의 가치가 얼마나 소중한지를 알려주셨습니다. 성도의 부재에서 오는 고통과 함께 견디기 힘든 또 하나의 고통은 교회를 운영하는 데에 필요한 재정적인 궁핍함이었습니다. 어느 날 저도 모르게 "아! 너무 힘들다"라는 말이 입 밖으로 나왔습니다. 일순간 패배감이 물밀 듯 밀려왔습니다. '할 만큼 했다. 이제 그만 포기할까?'

낙담하고 좌절한 저를 붙들어 주신 분은 바로 성령님의 따뜻한 섭리의 손길이었습니다. 당시 저희 강동수정교회는 107년차 총회 중점사업이었던 2·3·4부흥 운동에 참여하게 되었습니다. 중점사업의 하나로 개최한 참가자 수련회에서 강사님을 통해 사도행전 1장 8절의 말씀을 주셨습니다.

> 오직 성령이 너희에게 임하시면 너희가 권능을 받고 예루살렘과 온 유대와 사마리아와 땅 끝까지 이르러 내 증인이 되리라 하시니라(행 1:8)

"네가 성령의 능력을 받으면 개척이 되리라!" 저를 향한 강력한 말씀의 선포였습니다. 그리고 하루에 4시간씩 쉬지 않고 하나님께서 허락하신 사람을 만나기 위해 길가로 나가기 시작했습니다. 어떤 사람은 "이제는 노방전도로는 안 된다"고 했습니다. 그러나 저는 노방전도를 고집했습니다. 우선은 하나님께서 아는 사람이 한 명도 없는 이곳 남양주시 평내동에 개척을 시키셨기에 노방전도 외에는 사람을 만날 방법이 없었습니다. 또한 저는 예수님께서 제자들을 부르실 때 쓰신 방법이 노방전도이며 개척이라고 생각합니다. 예수님께서 된다는 모범을 이미 보이셨기에 성령님이 함께하시면 사람들이 불가능하다고 하는 것도 가능하다고 믿었습니다.

너는 누구를 전하고 있느냐?

저는 전도폭발 훈련이나 그 어떤 전도에 대한 교육을 받아보지 않은 전도 초보자였습니다. 그러나 전도해서 열매를 맺어 교회의 빈자리를 채워야겠다는 일념으로 거리로 나서고 또 나섰습니다. 처음에는 전도지만 가지고 나갔습니다. 개척 선배들이 그렇게 전도지만으로는 안 된다고, 물휴지라도 함께 나눠주면서 해야 한다고 알려주어 전도시와 함께 물휴지를 나눠주었습니다. 물휴지를 나눠주니 잘 받았지만, 물휴지에 있는 교회 소개를 통해서 교회에 나오는 사람은 한 사람도 없었습니다. 이번에는 전도지 속에 양말을 접어서 나눠주었습니다. 순식간에 전도지가 모두 나갔습니다. 전도지만을 나눠줄 때는 받지 않던 사람들도 양말이 끼워져 있는 것을 보고 너무나 잘 받아갔습니다.

그런데 그 사람 중 몇몇은 양말만 받고 전도지는 멀리가지 않아 버리고 갔습니다. 외면당해 버려져 있는 전도지를 주워서 펴며 마음속으로 '이 구겨진 전도지가 저들의 마음을 펴는 데 사용되게 하옵소서' 눈물로 기도하고 또다시 나눠주었습니다. 이렇게 열심히 전도하였지만, 성과는 없었습니다. 그래도 점점 교회가 홍보되고 있다고 스스로 위로하였습니다. 강력한 말씀의 선포로 믿음으로 전도의 현장으로 나왔지만, 열매는 쉽게 맺히지 않았습니다. 왜 전도가 안 되는지 이유를 찾던 중 성령님께서 마음속에 깨달음을 주셨습니다. "전도 도구만을 의지하지 말고 성령 하나님을 의지하라!" 지금껏 저는 전도하면서 "강동수정교회 담임목사입니다. 우리 교회에 나와 주세요"라는 말을 하면서 전도지를 나누었는데 주님께서 이 점을 깊이 책망하셨습니다.

"너는 누구를 전하고 있느냐?"

"예수 믿으세요! 하나님은 당신을 사랑하십니다!" 전도 메시지를 바꿔서 전도지를 나눠주기 시작하였는데 오히려 잘 받던 사람들도 '예수님'의 이름이 들리니 멀리서부터 외면하기 시작하였습니다. 그런데 제가 증거할 분은 오직 예수님이시라는 사실에, 예수 이름 자체에 능력이 있음을 믿고 전하니 변화가 나타나기 시작하였습니다. 100명에게 예수님을 증거하며 나아가니 한두 명은 주님께서 예비하신 영혼을 만나게 하셨습니다. 어떤 경우에는 전도 중에 성령님께서 제게 '저 사람을 전도해 보아라' 고 말씀하시기도 하셨습니다. 이전까지 경험하지 못한 것들을 전도하면서 체험하였습니다.

처음에는 예수 이름을 말하는 것이 얼마나 부끄럽기도 하고 어색해서 힘이 들던지! 그러나 예수님께서 나를 위해 부끄러움을 참고 모욕을 감당하시던 것이 생각났습니다. 순간 예수의 고난에 동참하는 자는 그의 영광이 나타날 때에 함께 기뻐 뛰며 즐거워하게 될 것이라는 말씀이 생각났습니다(벧전 4:13).

한 번은 놀이터에서 전도하는데 놀이터 농구장에서 40대로 보이는 분이 홀로 농구를 하고 계셨습니다. 방해하고 싶지 않아 다른 분에게 전도지를 나눠주고 있는데 성령님께서 갑자기 저의 마음속에 저 사람과 농구를 같이하라는 마음을 주셨습니다. 그러나 생각 깊은 곳에서 또 다른 불평이 나왔습니다. '하나님 전도가 중요하지 전도하다 말고 농구라니요?' 그러나 성령님께 주신 마음에 순종하여 30분간 농구공을 던지며 농구장에서 그분과 대화를 나누며 교제하는 시간을 가졌습니다. 대화 중 그분이 갑자기 "요즘 왜 사는지 모르겠습니다. 삶의 진정한 의미를 찾고 싶습니다"라고 자신의 어려움을 토로하기 시작하셨습니다. 순간 저는 하나님께서 이 분을 사랑하셔서 저를 통해 복음을 전하시려고 보내셨음을 알게 되었습니다. 농구경기를 마치면서 연락처를 교환하고 다음에 다시 만나 농구하기로 약속하였습니다. 이후 약 3개월 동안 카톡으로 대화를 이어가게 되었습니다. 그리고 마침내 농구장에서 만난 이 분이 개척 첫해, 2013년 10월 마지막 주에 가족이 함께 강동수정교회의 등록 성도가 되었습니다. 더욱 감사한 것은 태어나서 처음으로 교회에 와봤다고 했습니다. 추석에 선물을 들고 집으로 찾아오셨습니다. 선물 포장지를 열어보고 더욱 놀랐습니다. 선물이 다름 아닌 와인이었습니다. 자기 생각에는 목사님께 드린다고 최상의 와인을 준비했다고 합니다. 교회를 한 번도 다녀보지 않은 성도에게 받은 귀한 선물입니다. 아직 기독교 문화를 잘 몰라 목사에게 와인을 선물했지만, 저희 부부는 이 값진 와인 한 병을 붙들고 눈물을 흘렸습니다. 잘 양육하여 그리스도의 참 제자로 세우려고 노력합니다. 지금도 잊지 못할 추석 선물입니다.

단편적으로 하던 전도가 본격적으로 힘을 발휘하게 된 것은 우리 주님께서 혼자서 전도하는 저를 불쌍히 여기셔서 전도 동역자들을 붙여주신 때부터입니다. 조영진 목사님께서 시무하시는 본교회와 연합으로 전도 아웃리치를 시작하게 하셨습니다. 큰 교회와 작은 교회가 연합하는 아웃리치는 한국교회 전도활동의 모범적인 사례라고 생각합니다. 큰 교회인 본교회는 전도 물품과 전도할 인원을 파견해 주었습니다. 작은 교회인 강동수정교회는 지역을 선정하고 본교회의 전도 인력과 연합하여 함께 전도했습니다. 전도한 후에는 모여서 전도 결과를 함께 나누고 격려하며 새롭게 계획을 수립했습니다. 이렇게 10여 차례 함께 전도하여 큰 성과를 거두었습니다. 우리 교회와 본교회는 노방전도에만 그치지 않고 함께 교회 부근에 있는 요양원에서 찬양과 워십 공연, 마술 공연, 태권도 시범단 공연, 난타 공연, 색소폰 공연 등을 통해 가족과 떨어져 소외된 어르신들을 위로하는 문화전도를 병행하였습니다.

개척은 하나님께서 하시는 일

개척은 하나님께서 하시는 일입니다. 이렇게 노방전도와 문화전도를 병행한 결과 저희 강동수정교회는 107년차 조일래 총회장 집중사업이었던 2·3·4부흥 운동에 참여하여 110명을 전도하고, 77명을 정착게 하여 전도

부분에서 전국 1등을 하였고 저는 총회에서 최우수상을 수상하였습니다.

지속적으로 아웃리치를 수행한 결과 강동수정교회의 근처 요양원에서 생활하시는 분 중 주일 예배를 우리 교회에서 드리겠다는 분들이 생겨나기 시작했습니다. 이렇게 해서 요양원에 계신 분 중에 우리 교회에 오셔서 주일 예배를 드리시는 성도님들이 대략 50분 정도 되십니다.

그분들 중에 대소변의 조절 기능을 상실한 어르신이 있으셨습니다. 저희 성도들이 예배드리기 전에 항상 신경을 써야 하는 일이 있는데 그것은 예배 전에 어르신을 화장실에 모셔갔다가 교회로 오는 것입니다. 그런데 하루는 어르신들을 돕는 섬김의 손이 부족해 예배 시간에 쫓기다 보니 화장실을 들러 오지 못하셨습니다. 예배 중에 우려하던 일이 터지고 말았습니다. 어르신이 소변을 못 참고 의자 위에서 실례하고 만 것입니다.

설교를 막 시작한 시간이었습니다. 어르신 옆에서 예배를 드리던 여고생 2명이 갑자기 앞자리로 옮겼습니다. 얼마 전 세례를 받은 어린 학생들이 앞자리로 옮겨서 예배를 드리는 장면을 보면서 저는 여학생들이 설교를 더 가까이서 듣고 싶어서 자리를 옮긴다 생각하며, 감동이 되고 흐뭇한 마음마저 들었습니다. 저는 모든 예배를 마치고 나면 장애를 가진 성도들에게는 특별히 안수 기도를 해드립니다. 예배를 마치고 이 어르신에게 안수기도를 하려고 다가서다가 그제서야 여고생들이 자리를 옮긴 이유를 알았습니다. 어르신은 당황해하고 미안해하며 속히 자리를 떠나려 했지만 다른 사람의 도움 없이는 일어날 수 없는 처지이기에 의자에 앉아서 서글픈 눈으로 저를 올려 보셨습니다.

저는 어르신을 휠체어에 앉게 해드리려고 무릎을 낮춰서 어르신의 다리를 잡았습니다. 제 손에는 소변으로 인해 완전히 젖은 다리와 운동화의 젖은 촉감이 전달되었습니다. 그런데 평소라면 불쾌하게 느껴졌을 텐데 그 순간은 어르신의 젖은 다리와 신발 위에 십자가를 지신 예수님의 모습이 겹쳐 보이며 소변이 예수님의 보혈의 촉촉함으로 느껴지는 것입니다. 순간 내 안에 십자가에서 죄를 속죄하기 위해 흘리신 주님의 보혈의 은혜로 영적인 부흥이 일어났습니다. 제 눈에는 감동의 눈물이, 제 입에서는 감사가 흘러나왔습니다.

"주님! 어르신의 소변으로 젖은 다리와 발등을 통해 주님의 피가 묻은 손과 발을 잡아 보게 하시고 저로 하여 십자가에 동참하는 순간을 허락하시니 감사합니다."

그 순간은 날아가는 화살처럼 빠른 찰나와도 같은 순간이었지만 제 입에서 어떤 때보다도 진솔한 영적 고백이 나왔습니다.

"주님! 오늘 천사를 보내셔서 이렇게 새롭게 회복시켜 주시니 감사합니다. 노인과 장애를 입은 어른들을 더 열심히 섬기겠습니다. 아멘!"

현재 우리 강동수정교회는 교회 이웃에 있는 6개의 요양원을 섬깁니다. 매주 6개 요양원을 찾아다니며 그곳에 계신 모든 어르신 한 분 한 분께 기도해드립니다. 어느 날, 요양원에 입원해 계신 분들을 위해 기도하고 나오는데 요양원 원장님께서 저를 붙잡으시며 요양원에서 주일 오후 예배를 드려주었으면 좋겠다고 부탁을 했습니다. 그 순간 우리 교회 주일 오후 예배를 요양원에서 드려야겠다고 마음먹었습니다. 다음 주일부터 교회에서 주일 오후예배를 드리는 대신 요양원에 가서 매주 오후 2시에 예배를 드리게 되었습니다. 지금은 요양원에서 드리는 예배가 풍성합니다. 매주 참석인원이 늘어나서 직원까지 70명 이상이 드립니다. 또 이웃에 있는 다른 주간보호센터에서는 매주 수요일마다 성도들을 교회로 보내주어서 15명 이상이 함께 예배를 드립니다. 매월 셋째 주 금요일마다 예배를 드리는 요양원도 있습니다. 오후 3시에 방문하여 예배를 드는데 직원까지 합하여 30명 정도가 됩니다.

우리 교회는 정거장 교회

우리 강동수정교회 성도들은 스스로 일컬어 '우리 교회는 정거장 교회'라고 합니다. 성도들은 천국에서 오는 열차를 타기 전 정거장에서 순서를 기다리는 분들이 편안히 쉬고 가시도록 섬겨드리는 역할을 잘 감당하자고 했습니다. 저와 우리 교회 성도들은 천국 열차 정거장에서 열차운행을 돕는 차장입니다. 6년간 목회하면서 요양원에서 오시는 성도님들 중에 하늘나라에 60명 정도 되시는 분들을 파송하여 보내드렸습니다.

지금까지 우리 교회에서 예배를 드리시다가 하나님의 부르심을 받은 사람 중에 기억나는 분들이 계십니다. 83세의 할머니 한 분은 말기 암으로 고생하시다가 임종 하루 전에 복음을 듣고 신앙고백 하시며 병상 세례를 받았습니다. 잠시 후에 자녀들이 저에게 와서 인사를 했습니다. 어머니께서 목사님께 가서 인사를 드리라고 하시며 '내가 이렇게 좋은 하나님을 왜 믿지 않았는지 모르겠다'고 하시고, 앞으로 꼭 교회에 나가라는 유언을 남기셨답니다. 부부는 젊은 시절에 집사 직분을 받았는데 할머니께서 반대를 하셔서 오랫동안 숨어다니며 교회를 다녔다고 했습니다. 가족의 구원을 위해 기도하였는데 참으로 감사하다고 했습니다. 할머니께서는 다음날 하나님께 부르심을 받았습니다.

한번은 97세 할아버지를 전도했는데 지금은 100세가 되셨습니다. 노환으로 거의 듣지 못하시는 할아버지께 우리를 구원하시는 주님의 기쁜 소식을 어떻게든 전하고 싶은 마음으로 대화를 시작했지만, 의사소통이 어렵다 보니 할아버지께서는 제가 전하는 말씀을 거의 이해하지 못하셨습니다. 다행히 글로 쓴 것은 보고 말씀하는 것은 가능하셨습니다. 제가 할아버지를 위해 노트 위에 글씨를 써서 말씀을 전하면, 할아버지께서는 제가 쓴 글씨를 보시며 말씀을 하시는 방법으로 대화를 나누었습니다. 할아버지와 1시간 이상 대화하던 중에 갑자기 고개를 저으며 이렇게 말씀하시는 것이 아닙니까? "내가 듣지도 못하는데 교회에 나가 앉아 있어 봤자 무엇을 하겠소? 목사 양반 헛수고하지 마세요." 그래서 이렇게 말씀드렸습니다. "할아버지! 하나님께서는 교회에 앉아계신 모습을 보시기만 하셔도 매우 기뻐하십니다." 잠시 침묵의 시간이 흐른 후, 할아버지께서 큰 소리로 허허! 웃으시며 "목사 양반이 내가 앉아 있기만 해도 하나님께서 좋아하신다고 분명히 그랬소! 그렇다면 내가 그 말을 믿고 다음 주부터 강동수정교회에 나가리다!"

할아버지께서는 교회에 출석하시며 직접 그린 그림을 선물로 주셨습니다. 알고 보니 할아버지께서는 국제 서예 초대 작가셨습니다. 할아버지는 6남매를 두셨는데 장남은 스님이었고, 다섯째 아들은 목사였습니다. 그동안 큰아들과 다섯째 아들을 생각하며 무엇을 믿을지 믿음에 관한 결정을 미뤄오셨는데 저의 전도로 교회에 나오기 시작하신 것입니다. 등록 초기에는 듣지 못하는 할아버지가 교회에 왔다가 그냥 돌아가셨습니다. 안타깝게 생각했는데 기도 중에 '너의 원고를 할아버지께 나눠드리라' 는 음성을 들었습니다. 100세 할아버지께서는 매주 설교 원고를 보시며 은혜를 받고 돌아가십니다. 우리 교회가 천국으로 환송해 드린 어르신 중에 100세가 넘는 분도 여러 분이고, 최고령 환송성도는 107세이십니다. 이렇게 우리는 정거장교회의 사명을 감당하고 있습니다. 하나님께 영광을 돌립니다.

저는 성경에서 주님이 건강한 분들만이 아니라 외롭고, 약하고, 소외된 분들을 부르셔서 오병이어의 기적을 베푸시며 차별 없이 먹이시고 은혜를 베푸시는 것을 보았습니다. 바로 그 모습이 건강한 교회의 모델이라고 생각하기에 우리 강동수정교회가 그 모습을 조금이라도 닮기를 소망하고 있습니다. 강동수정교회는 건강한 사람과 더불어 노약자와 장애인, 모든 사람이 차별받지 않고 함께 모여 주님을 찬양하며 영적 교제를 나누는 초대교회와 같은 건강하고 힘찬 교회가 되기를 소망합니다.

목사님 바보세요?

아름다운교회 _ 신동철 목사

네 양을 찾으라

가끔 친구를 만나러 갔던 부천의 정명고등학교에서는 붉은색으로 넘실거리는 부천 시내가 한눈에 보였습니다. 손님을 받으려는 술집들과 잠자리를 제공하는 숙박업소들, 그리고 교회 십자가의 불빛까지 함께 어우러져 불꽃 축제처럼 보일 정도였습니다. 수많은 십자가를 보면서 저는 이 땅의 교회는 더는 필요하지 않다고 되새겼습니다. 사실 이 마음은 계속해서 저를 부르시는 하나님을 향한 십대의 치기 어린 반항이었는데, 그럼에도 하나님은 도망가려는 제 손을 놓지 않으셨습니다.

"양마다 필요한 목자가 있다."

반항하던 제 마음에 하나님은 세상에는 다양한 사람들이 있고, 다양한 사람들에게 각양 필요한 목자가 있다고 말씀하셨습니다.

"제가 목양해야 할 양을 찾겠습니다."

주님의 부르심에 순종하며 목회의 길이 시작되었습니다.

지시할 땅으로 가라

29살, 이른 나이에 목사 안수를 받아서인지 '목사님'이라는 호칭이 어색했습니다. 안수를 받은 이후에도 별다르지 않게 이전과 같은 부교역자 사역을 하고 있었습니다. 그러던 어느 날 감찰 목사님께서 전화를 주셨습니다. 그리고 대뜸 "교회개척을 할 마음이 있느냐?"라고 물으셨습니다. 저는 다른 것은 묻지도 않고 "기회가 주어진다면 하겠습니다"라고 대답했습니다. 처음 목회자의 길을 시작할 때부터 언제라도 제가 목양해야 할 양이 있으면 가겠다는 마음을 가지고 있었기 때문입니다.

그렇게 해서 14년 전(2005년 9월)에 오게 된 곳이 바로 양양입니다. 하나님이 지시한 땅으로 떠났던 아브라함처럼 낯선 지역명이 두렵기도 했지만, 오히려 믿음의 순종에서 오는 행복이 더 컸습니다. 100일이 되지 않은 막내아들을 아내의 품에 안기고, 갓 2살 된 쌍둥이 아들과 딸의 손을 잡고 양양으로 발걸음을 내딛었습니다.

태풍의 흔적을 품은 창고에서 시작

제가 양양으로 왔을 때, 함께 교회개척을 준비하시던 성도님들이 예배할 장소를 미리 알아보셨습니다. 오래된 창고 같은 건물이었는데, 태풍 루사(2002년)와 매미(2003년)로 건물이 망가져 폐허가 되었습니다. 바닥에는 수해의 흔적으로 진흙이 남아 있었고, 지붕은 강풍의 흔적으로 이곳저곳에서 빗물이 새고 있었습니다.

그래도 내 자식이 귀해 보이는 것일까요? 우리 예배당이 생긴다는 마음에 성도들 모두가 기쁜 마음으로 청소하며 페인트를 칠하고 예배를 드리기 시작하였습니다. 그렇게 월세 50만 원의 창고 같은 곳에서 시작한 아름다운교회는 2006년 4월 27일 교회설립예배를 드리며 기독교대한성결교회

강원동지방회의 소속의 교회로 세워졌습니다.

마중물로 시작한 교회건축

곱게 옷을 차려입은 중년의 여성분이 주일 예배에 오셨습니다. 그러나 예배만 드리시고 점심 교제는 하지 않고 집으로 가셨습니다. 그분의 삶이 궁금하여 집을 물어 찾아갔고 지나온 삶의 이야기를 들을 수 있었습니다. 그분은 과거 부잣집 며느리로 고생 없이 지내시다 자녀도 없이 남편을 일찍 떠내 보낸 뒤에는 사람들에게 상처 입고 재산마저 모두 잃어버린 분이셨습니다. 그분의 지난 이야기를 들으니 "하나님은 믿어도 사람은 믿지 못한다"라고 말씀하시는 말과 행동이 이해되었습니다. 그러나 시간은 단단하게 막힌 담도 헐게 만드는 것일까요! 몇 년간 지속하여 만남을 가졌고, 우리 둘의 관계는 목회자와 성도이기보다 가족이 되었습니다. 자녀가 없던 그분은 자신의 집을 저에게 물려주고 싶다 하셨습니다. 그러나 저는 그분에게 "저는 물려받을 수 없으니 교회에 헌물하십시오"라고 말씀드렸고, 그분이 헌물하신 집은 교회건축의 마중물이 되었습니다.

그때가 창고 같던 교회 건물을 새단장하였더니 건물주가 임대료를 월 50만 원에서 80만 원으로 올려달라 하던 때였습니다. 그래서 저는 임대료를 올려 주느니 헌물하신 집을 마중물 삼고, 임대료를 대출이자로 삼아서 건축할 것을 성도들에게 제안했습니다. 그리고 온 성도의 동의로 교회설립 8주년이 되던 해에는 새로 건축한 예배당에서 예배를 드릴 수 있게 되었습니다.

뒤돌아보면 하나님의 은혜이며 기적이었습니다. 예배당 건축을 위한 '건축헌금 작정'도 없었는데 필요한 만큼 재정준비가 되었고, 건축에 필요한 사람들도 때마다 만나게 하셨습니다. 그래서 온 성도들이 기쁜 마음으로 건축의 일을 돕고 함께 예배당을 지었습니다.

이웃축제예배

일 년에 두 번은 아름다운교회 2층 대예배실이 북적북적합니다. 아름다운교회가 개척된 서문리의 주민들과 함께 예배를 드리기 때문입니다. 서문리의 주민들은 본인들의 종교와 상관없이 봄에는 부활주일 예배로 가을에는 추수감사예배로 함께 예배합니다.

저 또한 그분들에게 "절에는 일 년에 한 번 가시지만, 교회는 두 번을 오시니 이제는 여러분도 기독교인이십니다"라고 농담하듯 이야기합니다. 이웃축제예배를 위해서 성도들은 이른 아침에 1부 예배를 드리고 11시 2부 예배는 온전히 봉사합니다. 이웃들을 대접할 점심과 선물을 준비하는 것입니다. 그리고 2부 예배 후 점심시간에는 정성으로 준비한 것들을 함께 나누며 섬깁니다. 이웃축제예배를 위한 특별한 초청장은 없습니다. 화려한 무대도 만들지 않습니다. 그래도 이웃들은 이날을 먼저 기다리고 있습니다. 그래서 봄과 가을이 되면 이웃축제예배의 날짜를 저에게 먼저 물어보십니다. 지난 추수감사예배에도 교인 수보다 많은 91분의 이웃들이 오셔서 예배를 드리셨습니다. 더 많은 이웃을 초청해도 되겠지만, 현재 아름다운교회의 예배실의 공간이 부족하여 초청지역을 아름다운교회가 세워진 서문리로만 한정하고 있습니다.

예배를 드릴 수 있도록 돕자

한국교회의 신앙 성장에 중요한 역할을 했던 것 중 하나는 '주일성수'입니다. 그러나 시대가 변하여 주일도 바쁜 시대가 되었고 주일 성수하기 어려운 여건들이 많아졌습니다. 특별히 양양에는 숙박시설이 많이 있는데 대부분 숙박시설의 체크아웃 시간이 오전 11시로 교회의 예배시간과 같습니다. 이 문제를 숙박업을 하는 성도 개인의 문제로 떠넘겨서는 안 된다는 생각이 들었습니다. 그래서 아름다운교회는 1부 예배를 오전 5시 30분에 드립니다. '주일성수를 못 한다고 정죄할 것이 아니라, 교회가 주일성수 할 수 있게 하여 주자' 라는 취지에서 시간을 앞당긴 것입니다. 그래서 주일에 부득이하게 봉사나 일을 하셔야 하는 분들은 1부 예배를 기쁨과 감사로 드립니다.

그리고 양양의 유명한 리조트인 쏠비치에서 주일 오전 8시에 예배를 드립니다. 먼 곳에 여행을 와서 교회를 찾다가 예배를 드리지 못해 종일 불편한 마음을 가지지 않도록 아름다운교회에서 돕겠다는 것입니다. 쏠비치에서도 교회의 의견에 적극적으로 동의하여 세미나실을 주일마다 무료로 대여해 줍니다. '안식일이 사람을 위하여 있는 것이요 사람이 안식일을 위하여 있는 것이 아니니(막 2:27)' 라고 말씀하신 예수님의 말씀처럼 성도가 예배를 드릴 수 있도록 돕는 것이 교회의 예배사역 중 하나입니다.

엘로드 목요찬양예배

제가 양양에 왔을 때 놀랐던 것은 교회의 수에 비하여 성도의 수가 너무나 적다는 것이었습니다. 그리고 지역의 교회들이 연합하지 못하는 것이었습니다. 그래서 처음부터 양양기독교연합회에 열심히 참여했고 여러 연합행사를 주관하기도 했습니다. 그뿐만 아니라 영동지역의 연합을 위해서 열심히 기도하였습니다. 그러던 중에 하나님의 허락하심으로 만들어진 것이 '엘로드 목요찬양예배' 입니다.

농촌 지역에는 여러 은사를 가진 목회자와 사모님이 많지만 함께할 성도가 없어서 그 은사를 소멸시키는 경우가 많습니다. 그래서 찬양의 은사가 있으신 분들을 수소문하여 2016년 '엘로드찬양단'을 만들었고, 매월 마지막 주 목요일 저녁에 아름다운교회에서 목요찬양예배를 드립니다. 강릉 소금강장로교회의 박종민 목사님(일렉 기타), 현남제일교회의 남기훈 목사님(베이스 기타), 낙산감리교회 김주영 사모님(키보드), 양양중앙장로교회의 최유경 사모님(싱어), 열방의교회 임채식 목사님(드럼) 등으로 시작하여 지금은 더 많은 교회의 목회자와 사모님이 참여하고 있습니다.

강릉, 속초, 양양지역의 장로교회, 감리교회, 성결교회가 모여서 지역과 교단을 뛰어넘는 연합으로 매월 마지막 주 목요일에 찬양예배를 드립니다. "엘(하나님)-로드(길)"라는 찬양단의 이름처럼 찬양예배가 없는 영동 지역에 하나님을 찬양하는 길을 열기 위해서 지금도 많은 분이 기도하며 헌신하고 있습니다.

지역에 흩어진 양 돌보기

반기독교인들이 많아진 이 사회에서 교회에 다닌다고 떳떳하게 말하는 것이 점점 어려워진다고 합니다. 그러나 양양에서는 저에게 먼저 "목사님 안녕하세요"라고 인사를 건네는 분들이 많으십니다. 복음화율이 8%밖에 되지 않는 양양지역에서 어떻게 많은 사람이 저에게 반갑게 인사를 하는 것일까요?

저는 7년 동안 요양원 4곳(디모데오, 현산, 행복-복지, 낙산)에 가서 연주 봉사를 했습니다. 처음에는 아름다운교회 성도 몇 분과 시작하였지만, 후에는 교회에 다니지 않고 봉사차원으로 함께하고 싶다는 분들과 연주 봉사를 했습니다. 그런데 시작이 중요하다는 말처럼 요양원에서는 봉사하러 오는 모든 분이 아름다운교회 성도인 줄 압니다. 그리고 오랜 시간 봉사를 하다 보니 다른 요양원과 많은 지역행사에 초청을 받게 되었고 주변에 선한 영향력을 끼치게 되었습니다.

더하여 2018년 겨울 양양에 화상경마장을 유치하는 문제에 적극적으로 나서 반대 운동에 동참했습니다. 도박문화가 양양지역에 미칠 부정적인 영향을 교회가 함께 나서서 막은 것입니다. 어떤 기자는 영동지역에서 목사님을 종교면이 아닌 사회면으로 인터뷰한 것이 처음이라고 했습니다. 목회란 교회 안으로 들어온 양뿐만 아니라 지역에 흩어진 양들도 돌보는 것으로 생각했습니다.

이웃사촌이 되는 지역목회

교회는 계속해서 지역으로 나아갈 방법을 모색했습니다. 가족들이 지역 축제를 즐기러 왔다가 장사꾼들 때문에 눈살을 찌푸리게 되는 경우가 많았습니다. 그래서 아름다운교회에서는 축제 부스를 얻어 무료행사를 열었습니다. 아이클레이 점토로 연어축제에 놀러 온 아이들이 무료로 연어 모양의 물고기를 만드는 체험을 하였습니다. 반응은 저희가 예상한 것보다 좋았습니다. 다른 행사장에는 사람이 적어도 아름다운교회 행사장에는 아이들이 줄을 서서 기다렸기 때문입니다. 연어축제를 마치고 양양군에서는 매년 이 행사를 담당해달라고 부탁할 정도였습니다.

그리고 얼마 전, 지역 어린이집인 '서문어린이집'의 바닥공사가 일주일가량 진행되었습니다. 갑작스러운 바닥공사로 인해 어린이집도 학부모들도 난감해할 때 아름다운교회에서 교회 건물을 빌려주기로 했습니다. 어린이집의 사용시간이 교회의 모임 시간과 겹치지 않기 때문에 서로에게 불편함이 없었습니다. 이 일로 어린이집 선생님들이나 학부모들이 교회에 매우 고마워합니다.

또한 양양중학교를 앞에 둔 아름다운교회는 매주 금요일 학생들의 하교

시간에 간식을 나눕니다. 간식을 나누며 "일주일 동안 공부하느라 많이 힘들었지? 이것 먹고 힘내라!"라고 이야기합니다. 이제는 먼저 학생들이 줄을 서서 간식을 받습니다.

아름다운교회는 양양의 이웃사촌이 되었습니다. 갑자기 멀리 이사를 한다면 섭섭할 그러한 이웃 말입니다.

목사님 바보세요?

4년 전 한 남자가 아름다운교회 1층 무료카페로 들어왔습니다. 양양의 지역축제 중 하나인 송이축제에 왔다가 교회가 눈에 들어와서 들렸다고 합니다. 한 손에 하모니카를 들고 있는 것을 보니 아마도 축제 동안 하모니카 연주로 벌이를 했던 것 같았습니다. 그분은 제가 내려준 커피를 마시며 자신의 지난 신앙의 이야기를 풀어 놓았습니다. 그리고 한참의 이야기가 끝난 후에 저에게 혹시 돈을 빌려줄 수 있는지 물었습니다. 자신이 집으로 돌아가기 전 계획하지 않았던 지역축제 한 곳을 더 들렸다 가려는데 여비 30만 원이 부족하다는 것이었습니다. 집에 도착하면 돌려줄 것이니 빌려달라는 그분에게 저는 돈을 빌려주겠다고 대답했습니다.

교회에서 은행까지 같이 걸어가다가 그분은 "목사님 바보세요? 제가 돈을 갚지 않으면 어떻게 하려고 빌려주세요?"라고 물었습니다. 그래서 저는 "사실 제 통장에 지금 딱 32만 원이 있습니다. 제가 돈이 있으면서 없다고 거짓말하고 평생 속앓이 하는 것보다는 바보같이 보여도 돈을 빌려주고 속은 편해지고 싶습니다"라고 대답했습니다.

안요셉, 가명일지 모르는 그분에게 그렇게 돈을 빌려주고는 아직 받지 못했습니다. 혹시 평생 돌려받지 못해도 괜찮습니다. 선한 사마리아인처럼 저는 그분의 딱한 사정을 듣고 사심이 없이 도와주었을 뿐이니까요. 그리고 하나님께서는 이미 다른 분들을 통해서 저에게 더 많은 것으로 갚아 주셨기 때문입니다. 또한 안요셉씨는 양양을, 그리고 아름다운교회를 아름답게 기억할 것이기 때문입니다.

돌아오는 연어처럼

10월이 되면 알래스카까지 갔던 연어들이 고향인 양양으로 돌아옵니다. 집을 떠났던 탕자가 집에 돌아오듯이 말입니다. 양양에는 아직 예수님을 주님으로 영접하지 않은 불신자들이 많이 있습니다. 그러나 함께 예배를 드리고 복음을 들었던 그들이 언젠가는 예수님의 품으로 돌아올 것을 기대하며 기쁨으로 14년 동안 목회하고 있습니다. 그리고 최근 더 많은 이들에게 복음을 전하기 위해 유튜브에 '묵상하는 삶'이라는 제목의 칼럼을 매주 연재하고 있습니다. 작은 만남과 섬김으로 바보같이 보이지만 주님의 길을 열어가며 또한 앞으로도 계속 열어갈 것입니다.

은혜의 밥상

양촌비전교회 _ 장영석 목사

다양한 색깔의 교회

교회를 개척한 지 6년이 지나 어느새 7년 째에 접어듭니다. 그동안 많은 고난과 고통이 있었지만 모든 순간 함께하시며 여기까지 인도하여 주신 에벤에셀의 하나님께 먼저 감사드립니다.

저는 요즘 미자립교회도 큰 교회 못지않게 하나님께 더 큰 영광을 나타낼 수 있다고 자부하며 목회하고 있습니다. 그리고 우리 성도들에게 양촌비전교회는 비록 작은 교회지만 또한 큰 교회임을 강조합니다. 우리 교회의 성도는 기초생활수급자, 탈북민, 캄보디아인, 미얀마인, 러시아인, 조선족, 알코올 중독자, 지적장애인, 시각장애인, 생활능력이 없는 독거노인 등으로 구성되어 있습니다. 그래서 정상적인 가정들은 교회에 서너 번 나오다 적응하지 못하고 다른 교회로 가십니다. 그러나 저는 불신자를 전도해서 보내는 것도 사역이라 생각하며 열심히 전도합니다. 우리 교회에 다녀간 인원만 해도 6년 동안 한국인과 외국인 포함해서 400명이 넘습니다.

멋모르고 시작된 믿음

저는 중학교를 미션스쿨로 입학하면서 자연스럽게 성경을 배우게 되었고 채플 시간에 목사님께서 "예수님을 믿습니까?" 질문하면 멋모르고 "아멘! 아멘!" 외쳤던 기억이 있습니다. 이러한 신앙이 쌓여 성령 받고 은혜 가운데 살았습니다. 당시 한 번은 어머니가 집안 깊숙이 고이 모시던 신줏단지를 태워버리기도 하였습니다. 어머니는 "저놈이 집안 망하게 할 놈이다"라며 고래고래 야단치셨습니다. 그러나 학교를 졸업하고 사회생활을 하면서 술과 유흥을 접하게 되고 교회와 하나님과는 먼 생활을 하게 되었습니다.

하지만 다행히도 결혼 후, 방탕한 생활을 청산하지 않으면 이혼하겠다는 아내의 엄포로 서울 중구 장충단교회에서 다시 신앙생활을 하게 되었습니다. 하지만 그 후에도 생활이 변하지 않자 하나님께서는 꿈으로 천국과 지옥을 보여주시며 결단할 것을 요청하셨습니다. 하나님은 꿈속에서 "너는 천국에 갈 자격이 없으니 지옥에서 살라" 하면서 목을 잡고 지옥불로 끌고 가셨습니다. 저는 지옥의 참혹한 모습에 무서워 하나님께 엎드려 한 번만 살려주시면 하나님의 일을 열심히 하겠다고 서원하였습니다.

그 후 신앙생활을 하면서 세례도 받고 열심히 성경공부도 하면서 성경통독과 성경필사도 하였습니다. 새가족 교사로 5년간 섬기기도 하였고 남전도회 부회장으로 섬기다 하나님께 서원한 것을 이행하기 위하여 서울중앙신학교에 들어가 2009년도에 졸업하였습니다. 이후 전도사로 사역하며 목신원을 졸업하고 2013년도 4월 20일 목사안수를 받았습니다.

일산 행복한교회 전도사로(2009년 1월 ~ 2012년 7월) 사역하다가 2012년 10월 7일 동기 전도사인 박광표 전도사와 함께 양촌비전교회를 개척하여 현재에 이르고 있습니다. 2012년 총회 개척훈련원 제8기로 졸업했으며 한국교회연합 바른신앙교육원에서 4학기 동안 이단사이비 예방 강사과정을 수료하고 이단사이비 강사로 활동하던 중 장로회 합동개혁 김포총회 신학교 교수로 발탁되어 강사비는 장학금으로 헌금하며 현재까지 강의로 섬기고 있습니다.

고난을 믿음으로 이겨내다

양촌비전교회의 첫 번째 성도는 33세 된 알코올 중독자였습니다. 이 청년은 자신도 저처럼 술을 끊고 열심히 살아보겠다고 교회 나왔습니다. "목사님! 이제 제가 술을 끊고 열심히 일해서 십일조도 내겠습니다"라고 열심히 일하며 교회를 섬겼는데 하나님께서는 세 달 만에 청년을 데려가셨습니다. 저는 그의 주검을 안고 한없이 통곡했습니다.

"하나님! 우리 교회 첫 성도입니다. 하나밖에 없는 성도를 데려가시면 어떻게 합니까? 이제 술을 끊고 열심히 살아보겠다는데 왜 데려가셨습니까?"

하나님께 하소연하며 기도하였는데 하나님은 그 가운데 하나님의 뜻을 보이셨습니다. 그 청년으로 인하여 뿔뿔이 흩어졌던 가족이 모이게 하시고 형제의 가족 모두가 예수님을 영접하게 된 것입니다. 그리고 점차 교회의 성도들도 10명, 20명, 30명 계속 늘어나기 시작하였습니다. 교회학교도 생겼습니다.

하지만 저희 가정과 교회에 고난이 닥쳐왔습니다. 같이 동역하던 박 전도사님도 다른 사역지로 떠나가고 건강했던 딸이 난소암이라는 청천벽력 같은 일이 벌어졌습니다. 저는 하나님께 엎드려 기도할 수밖에 없었습니다. 기도 외에는 제가 할 수 있는 일이 하나도 없었습니다. "하나님 제 딸을 고쳐주옵소서!" 금식하며 하나님께 매달리듯 기도했습니다. 하나님께서는 우리 가족의 기도를 들으시고 딸을 고쳐주셨습니다. 그런데 또 얼마 지나지 않아 이번에는 아들이 기흉으로 한양대 병원에서 6시간의 대수술을 받았습니다. 이 일로 인하여 교회학교 학생들은 다른 교회로 떠나고 장년 성도들 역시 하나둘 다 떠나갔습니다.

다시 우리 가족만 남게 되었습니다. 저는 하나님께 항변하며 기도했습니다. "하나님, 제가 하나님 나라 확장을 위하여 개척하고 열심히 기도하고 전도하고 하나님의 일을 열심히 하는데 왜 저에게 이런 고통을 주십니까? 왜! 제 딸과 아들에게 이 아픔을 주십니까?" 하나님께서는 "야! 이놈아! 그래야 내 심정을 알 것이 아니냐! 나는 내 아들을 너 때문에 십자가에 못 박았다! 그리고 네가 목회하려면 아픈 사람들의 심정을 헤아려야 할 것이 아니냐!"고 말씀하셨습니다.

어느 때에는 교회 재정이 없어 노동판과 공장에 일주일에 3~4일씩 나가 일하기도 하였습니다. "왜 제가 하나님 일을 하는데 노동판에서 공장에서 이렇게 힘든 일을 해야 합니까?" 공사장의 일을 하면서 하나님께 항변하듯이 기도했습니다. 하나님께서는 "야! 이놈아! 그래야 노동판이나 공장에서 힘들게 일하는 사람들의 심정을 알 것이 아니냐!"라고 음성을 들려주셨습니다. 그 음성 앞에 엎드릴 수밖에 없었습니다.

"하나님! 제가 주님께 죽도록 충성한다고 하면서 충성하지 못했습니다. 하나님이 주신 은혜에 감사해야 하는데 감사하지 못했습니다. 하나님 감사합니다."

하나님께서 저에게 고난을 주신 이유를 조금이나마 깨닫게 되었습니다. 그리고 하나님께서는 고난을 축복으로 바꾸어 주셨습니다. 전화위복이 된 것입니다. 우리 가정이 한마음 한뜻이 되었습니다. 제 아내인 이정란 사모는 찬양인도와 주방일로 딸은 피아노 반주와 행정 간사로 아들은 영상을 맡아 헌신하게 되었습니다.

쓰레기 줍는 목사님

성락성결교회에서 한 달 한 번씩 10여 명의 성도가 와서 같이 예배로 동역해 주었습니다. 그리고 저는 교단에서 실시하는 2·3·4부흥운동에도 참여하였습니다. 2·3·4부흥운동을 하면서 전도 4시간 중 2시간 이상을 노방전도를 하는데 양촌 읍내를 다니면서 쓰레기를 주우며 전도를 했습니다.

"이 읍내를 밟고 다니는 자마다 성령의 능력으로 변화시켜 주옵소서. 술과 향락 속에 빠져있는 어둠의 세력을 물리쳐주옵소서. 이 읍내에 하나님 나라가 임하게 하옵소서." 쓰레기를 주워 담으며 '쓰레기 같은 한 영혼 보내주옵소서!' 라고 기도했습니다. 또 하나 담으며 '한 영혼 보내주시옵소서!' 더 간절히 기도하며 전도했습니다.

길가 상점 주인과 사람들은 "쓰레기 줍는 목사님 나오셨어요?"라고 먼저 인사를 나눠주었습니다. 교회는 안 다니지만 잠깐 들어와서 커피 한 잔 마시고 가라고 커피를 건네는 쌀집 아저씨, 이발소 부부, 옷가게 여주인, 동네 할머니들의 사랑방인 그릇가게 할머니 사장님, 과일가게 사장님, 컴퓨터수리점 부부 등 수많은 비신자와 친해지고 동네 유명인사가 되었습니다. 그리고 자기 가게 앞에 쓰레기를 줍는 주인들이 늘어나고 동네와 상가 주변이 깨끗해졌습니다. 저는 이제 그들의 심령도 깨끗해져 예수님을 믿고 구원받을 것이라고 확신합니다.

노방전도 하면서 만난 사람 중 알코올 중독자의 만남, 무릎 아픈 사람과 만남, 뇌전증 환자의 만남, 이단과 만남, 목회자한테 상처 입은 사람 등 상처받은 이들이 많았습니다. 이들이 비록 교회에 서너 번만 출석하였지만, 언젠가 정착하리라 믿습니다. 노방전도를 통하여 양촌비전교회가 그동안 소홀했고 제가 부족했던 모든 것을 보게 하시며 하나씩 채우셔서 하나님께 칭찬받는 목회자로 거듭나기를 원하며 전도합니다.

비 오는 날과 눈이 오는 날은 관내에 있는 병원을 돌며 병원 전도를 하였습니다. 병원 전도한 지 5개월 만에 한 분이 교회로 나오셨습니다. 이분은 아파트 공사를 하다가 5층에서 떨어진 분입니다. 여러 번 수술 후에 다리 한쪽은 장애를 얻었지만, 우리 교회에 나오셔서 예수님을 영접하고 정착하셨습니다. 한쪽 다리의 장애는 있지만, 영원한 생명을 얻고 기쁜 마음으로 사시며 지금은 병원에 다니면서 복음을 전하고 계십니다. 하나님께서 귀한 성도를 보내주셨습니다. 하나님 감사합니다.

2·3·4부흥운동을 하면서 한 사람, 한 사람 성도가 늘어나는 것을 보니 이 운동에 잘 동참했다는 생각이 들고 저의 영적 능력도 하나님께서 더욱더 베풀어 주시는 것 같습니다. 한번은 귀신들린 자를 교회에 데리고 와서 축사하였더니 거품을 물고 성전바닥에 뒹굴면서 못 나간다고 소리소리 지르다가 귀신이 나갔습니다. 또 자궁암으로 투병하시던 권사님이 와서 암이 치유되셨고 다시 찾아오셔서 고맙다고 하셨습니다. 하나님께서 고쳐주신 것입니다. 하나님께서 저희가 열심히 하는 것을 보고 귀하게 여겨 주시는 것 같습니다.

이 작은 교회가 없었다면

교회 개척한 지 1년 6개월 벌써 세 분이 하나님 품에 안기었습니다. 예수님을 모르던 32세 된 젊은 새댁이 말기암으로 와서 평안하게 하나님 품에 안기고, 33세 밖에 안 된 꽃다운 청년이지만 알코올 중독이 되어서 우리 교회 와서 예수님을 영접하고 하나님 품에 안겼으며, 68세 된 여자 성도님이 예수님을 영접하고 열심히 식당 봉사를 하시다가 소천하셨습니다.

비록 우리 교회가 작은 교회지만 이 작은 교회가 없었다면 이분들은 영원한 지옥 불에서 고통을 받았을 것입니다. 한 영혼의 귀중함을 새기며 전도를 통하여 더 많은 영혼을 하나님 앞으로 인도하기를 원합니다. 우리 식구 4명 밖에 없던 교회가 한 사람씩 늘어가는 것을 보며 전도에 힘써서 작은 교회들이 자립했으면 합니다. 특히 우리 교회와 같이 임대로 있는 교회들이 임대료 걱정에서 벗어나서 목회자들이 목회에만 전념할 수 있기를 기도합니다.

양촌비전교회는 이주민선교회를 통하여 김포지역에 있는 이주노동자들을 전도해서 양육하고 평신도 선교사로 파송하는 일을 하고 있습니다. 우리나라에 들어온 이주민은 지금 250만 명이나 됩니다. 이들을 전도해서 잘 양육하고 훈련해서 평신도 선교사로 파송해서 현지에 있는 선교사님과 연결해주면 선교에 더 큰 효과를 얻을 수 있다는 생각으로 이주민 노동자 선교를 시작했습니다. 개척 6년 동안 300여 명이 넘는 외국인 근로자가 거쳐 갔는데 세례받고 양육 받은 사람이 30여 명이 넘습니다. 지난 부활주일에도 4명이 세례를 받았습니다.

파키스탄, 방글라데시, 키르기스스탄, 우즈베키스탄, 카자흐스탄, 몽골, 중국 한족, 조선족, 미얀마, 스리랑카, 캄보디아, 러시아인 등 많은 사람이 양촌비전교회를 거쳐 갔습니다. 그들이 고국으로 돌아가서 그곳 교회를 섬기면서 가족들을 전도하고 이웃을 전도해서 열매를 맺는 소식을 들을 때마다 가슴이 벅차오르기도 합니다. 또한, 캄보디아 청년들과 미얀마 청년들이 저희 부부를 보고 부모님 같다고 하면서 교회에 열심히 출석해서 찬양대도 서고 찬양을 인도하는 것을 보면 뿌듯한 마음이 듭니다. SNS을 통해 매일 문자를 보내고 가끔 통화하면서 소통하고 그들의 신앙을 점검하고 있습니다.

캄보디아 청년인 헹챈디는 우리 교회에서 4년 8개월 동안 훈련받고 캄보디아로 돌아가 가족에게 예수님을 전했습니다. 온가족이 예수님을 믿고 캄보디아 교회에서 열심히 신앙생활을 합니다. 행챈디는 재취업으로 한국에 정착하여 우리 교회 출석하며 캄보디아인들에게 한국어를 가르치며 전도하고 있습니다.

또 미얀마 청년 소툰과 모툰 형제는 강도를 만나 지갑도 다 빼앗기고 돈 한 푼 없이 교회를 찾아왔습니다. 교회 근처에 있는 마트 사장님이 양촌비전교회로 가면 도와줄 것이라고 했기에 찾아왔다고 했습니다. 이들은 불법체류자인데 강도를 만나 돈도 다 빼앗기고 막막한 형편이었습니다. 저는 지갑에 있던 5만 원을 주면서 저녁을 먹이고 여관에서 잘 수 있도록 했습니다. 그리고 인력소개소에 나가 돈을 벌어 갚으라고 소개해 주었습니다. 그런데 다음날 일이 없어 나가지 못하였다고 다시 교회로 찾아왔습니다. 나눠줄 돈도 없고 교회에서 당분간 숙식을 하면서 일자리를 구하라고 유아실을 내주었습니다. 그리고 그들에게 한국어와 새가족교재를 통해 성경을 가르쳤습니다. 그렇게 1년 6개월 소툰과 모툰 형제는 새벽예배를 비롯해서 모든 예배에 참석하며 성경통독도 하고 신앙을 키우고 있습니다.

중국 동포분이 계십니다. 이분은 당뇨가 심해 몸도 아프고 돈도 없어 쌀도 떨어져 앞으로 살아갈 날이 막막한 분이셨습니다. 앞날이 캄캄하기에 번개탄을 사서 이제 세상과 마지막 인사를 하려는데 양촌비전교회에 가면 점심을 공짜로 준다는 말에 이왕 죽는 것 밥 한끼 배불리 먹고 죽자는 마음으로 교회에 오셨습니다. 생전 처음 교회에 오셨는데 교회의 사랑이 감사하고 기뻐서 자살하려던 마음을 되돌리게 되었습니다. 그리고 새가족 성경공부를 8주 동안 받으시고 세례를 받아 양촌비전교회의 성도가 되었습니다. 봉사도 열심히 하시며 하루하루를 기쁨으로 살아가고 있습니다.

또한, 노인복지, 장애인복지에도 관심을 가지고 독거노인과 장애인들 그리고 아침에 인력에 나가는 일용직 근로자들을 위하여 아침저녁으로 음식 대접을 하고 있습니다. 전도는 일주일에 주 5회를 하다가 요즘은 일주일에 2-3회 읍내 쓰레기 줍기와 강냉이로 전도하고 있습니다.

은혜의 밥상

하나님께 받은 은혜가 너무 커서 2018년 4월 첫째 주부터 매주 수요일 12시 지역주민들을 위한 '은혜의 밥상' 이란 타이틀로 무료급식을 합니다. 정성을 들여서 오시는 분들이 감동하게 최고의 귀빈을 모시듯이 대접을 합니다. 무료급식을 통하여 매주 적게는 25명 많게는 50명이 넘는 인원이 식사합니다. 우리 교회가 엘리베이터 없는 3층이라 올라오기 힘든 환경임에도 오시는 분들이 많습니다. 제 소망은 무료급식을 통하여 교회 문턱을 낮추고 한분 두분 하나님의 은혜와 예수님의 사랑을 몸소 체험하길 바랍니다. 이분들이 밥만 먹는 것이 아니라 하나님의 은혜를 먹고 하나님의 사랑을 먹길 소망합니다.

교회 출석하는 어르신들에게 어버이날과 추석, 구정 명절에는 적지만 용돈도 드립니다. 작은 섬김에 눈물을 글썽이며 "목사님, 고맙습니다. 내 평생 처음 용돈을 받아보았습니다", "정말 내가 이 교회 나오기를 잘했어!, 하나님은 참 좋은 분이야!"라고 고백을 하는 분도 계십니다. 복지 사각지대에 있어서 의료혜택을 받지 못하고 죽어가는 이들을 병원에 데려가고, 시각장애인이 넘어져 다리가 부러진 때에는 병원에 입원시키며 그의 눈이 되어 보살펴 준 일 등 남들이 알아주지는 않지만, 하나님만 아시면 된다는 마음으로 우리 가족은 몸은 힘들어도 기쁘고 감사하는 마음으로 오직 하나님만 바라보며 달려가고 있습니다.

많은 사람이 우리 교회같은 작은 미자립교회가 어떻게 무료급식과 불우한 이웃을 위하여 봉사할 수 있냐고 말하지만, 이 모든 일은 제가 하는 것이 아니라 하나님이 하시는 것이기 때문에 할 수 있는 것입니다. 양촌비전 교회가 '은혜의 밥상'이라는 타이틀로 무료급식을 하게 된 계기가 있습니다. 전적으로 하나님의 은혜입니다.

2017년 12월 초, 저는 CTS 방송을 보지도 않고 아는 분도 없는데 CTS 작가로부터 우리 교회를 방송하겠다고 연락이 왔습니다. 그래서 저는 처음에는 거절했습니다. 목사가 공사장에서 일하는 것이 다른 목회자들에게 누를 끼치는 것은 아닌가 하는 생각이 들었기 때문입니다. 그러나 이것이 하나님의 뜻이라면 제가 거절하면 안 된다는 생각이 들어 CTS "7000 미라클 땅끝으로"라는 프로에 출연하게 되었습니다. 방송 이후 많은 사랑과 은혜와 감동을 받았습니다. 방송을 통하여 이름도 모르고 얼굴도 모르는 많은 분이 사랑과 기도, 격려와 후원을 해주셨습니다.

양촌비전교회 비전은 양촌비전행복센터를 건립해서 외국인복지, 노인복지, 장애인복지를 하는 것이었는데 작은 교회로서 알코올 중독자와 장애인, 버림받은 노인과 이주민사역하는 것이 힘이 들었습니다. 제가 일용직으로 건축 일을 하고 제 아내가 성경티셔츠를 인터넷으로 판매해서 사역을 감당했는데 어깨 통증으로 일을 제대로 못 하던 중 CTS 방송 출연을 통해서 힘을 얻었습니다. 방송을 보고 후원하시는 분이 생긴 것입니다.

CTS 방송의 나눔과 섬김을 통해서 이주노동자뿐만 아니라 비록 점심 한 끼지만 동네 어르신들에게 점심을 맛있게 대접하게 되었습니다. 그리고 점심 대접을 통해서 교회에 대한 부정적인 이미지를 제거하게 되고 2018년 4월 17일부터 현재까지 57차례 대접했는데 여섯 분이 예수님을 영접하고 이번 부활주일에 세례도 받았습니다. 또한, 정부의 혜택을 받지 못하는 복지 사각지대에 있던 가정과 아파도 돈이 없어서 병원에 못 가는 분들을 병원에 모시고 가게 되었습니다.

알코올 중독으로 가족과 사회로부터 냉대를 받던 우리 성도들의 자존감이 높아지고 열심히 봉사하는 하나님의 사람으로 변화된 것이 가장 기쁩니다. 이것은 우리 교회를 위하여 기도로 때로는 물질로 봉사로 섬겨주시는 동역자들이 있기에 가능한 일입니다. 또한, 아내와 신학대학을 졸업하고 전도사로 동역하는 딸과 아들이 헌신적으로 저를 돕고 있기에 가능한 일입니다. 이 자리를 통해서 정말 감사하다는 말을 전하고 싶습니다.

나의 사랑하는 아내 이정란 사모 고맙습니다! 매일 잔소리를 들으면서도 전도사 사역을 잘 감당하는 나의 딸 장지희 전도사, 또 묵묵히 영상을 담당하며 물질로 동역하는 나의 아들 장지혁 정말로 고맙다. 아빠는 너희들이 자랑스럽다!

그리고 우리 교회를 위하여 기도해주시고 물질로 동역해 주신 모든 분께 감사드립니다. 이제 우리 교회가 더욱더 건강한 교회로 성장해서 수많은 사람에게 예수님의 사랑을 전하고 절망과 실의 빠진 분들이 소망을 가지고 다시 일어나게 하는 교회, 또 그들에게 실질적인 도움을 주는 찾아가는 교회로서 서길 소망합니다. 주님이 다시 오시는 그 날까지 계속해서 복음을 전하고 섬김과 나눔을 통해서 하나님의 영광을 나타내고 하나님께 칭찬받는 건강한 교회, 건강한 가정, 건강한 목회자가 되기를 소망하며 기도합니다.

농사짓는 목사

옥토비전교회 _ 최인석 목사

진안으로 귀농을 결정

두 개의 산봉우리가 말의 귀와 흡사하다고 마이산이라 부르는 곳, 제가 사는 진안은 대한민국에서는 유일한 남한의 고원입니다. 이곳 진안으로 2010년 10월 귀농하였습니다. 진안읍 오천리 평촌 마을은 제 인생의 새로운 시작이 되었고 이제 저의 마지막 선교지이자, 땅끝이 되었습니다.

진안으로 오기 전 터키에서 교단선교사로 10년의 선교사역과 서울에서 청년과 기관사역, 당진의 양로원에서 원목으로 사역하다가 치매로 고생하고 계시는 어머니를 모시려고 진안으로 귀농을 결정하였습니다. 목사이고 선교사로 사역하다가 귀농한다는 것은 쉬운 결정은 아니었지만, 부모님에게 진 빚을 조금이라도 갚기 위해서는 더 늦출 수 없는 현실이었습니다.

제가 귀농지로 진안을 결정한 가장 큰 이유는 제가 나고 자란 고향 삼례와 가까운 곳으로 그리 낯설지 않은 곳이었고 당시에 귀농 일번지라는 모토로 젊은 귀농인들에게 저렴한 농지와 토지들을 임대하였기 때문입니다. 진안으로 귀농을 결정하기 전 몇 차례 진안을 방문할 때마다 청정 진안에 대한 좋은 이미지가 새록새록 스며들었으며, 와병 중인 어머니를 편히 모실 수 있는 확신도 들었습니다. 지금 생각해 보면 진안으로 귀농하기로 한 결정은 제 인생에서 의미 있고, 가장 큰 하나님의 섭리와 축복의 현장입니다. 그렇게 진안은 우리 가정에 축복의 땅이 되었습니다.

마을 간사 생활을 시작

진안에는 귀농이나 귀촌한 사람 중 진안에 정착하기 전까지 마을을 위해 일하면서 그 마을에 소속감을 느끼고 섬길 수 있는 제도가 있습니다. 마을 만들기 사업이 있는 마을에서 마을을 배우며 마을 위원장이나 이장들의 행정을 돕고 매월 마을신문을 만들어 주민들에게 나누는 활동으로 마을 간사 제도가 전국지지체에서 2006년부터 시작되었습니다. 마을 간사로 일하면서 마을을 이해하고, 마을에 사는 사람들 속에 들어갈 수 있었던 계기가 되었습니다.

유난히도 추웠던 2011년 진안의 겨울은 제 인생에서 평생 잊을 수 없을 것입니다. 그해 겨울은 폭설과 강추위로 영하 20도가 넘는 날씨가 거의 한 달 정도 지속 되었습니다. 당시 진안읍에 건축한 지 30년이 넘은 5층 아파트에 살았는데 혹한의 추위에 뇌졸중으로 혈액순환이 안 되었던 어머니의 손이 동상에 걸려버릴 정도였습니다. 그나마 5층 아파트라도 겨우 구하고 나니, 통장 잔액은 텅텅 비었고, 집을 따뜻하게 난방할 수도 없었던 제 형편을 원망할 수밖에 없었습니다.

그렇게 첫해 겨울을 보내며 참 많은 생각이 들었습니다. 제가 귀농을 너무 쉽게 결정한 것은 아닌지 자문하며 다시 도시로 돌아가야 하는 것은 아닌지 많은 망설임과 회의의 시간이었습니다. 하지만 망설임을 뒤로하고 지금의 마을에서 2011년 3월부터 마을 간사 생활을 시작하며 마을주민들과 정을 쌓아가면서 즐겁게 간사 일을 감당하게 되었습니다.

간사 생활을 하면서 시간이 날 때마다 마을의 빈농지에 농사도 지으면서 본격적인 귀농생활을 시작하였습니다. 농사와 함께 마을 간사 생활을 하면서 겨울농한기에는 한글을 모르시는 어르신들을 위해 '할매배움터 겨울학교'란 이름으로 한글 교실과 요가, 한지공예 등의 프로그램을 문화관

광부 문화이모작 사업으로 지원받아 진행하기도 하였습니다. 이 프로그램을 통하여 여든이 넘은 어르신이 한글을 배워 신발 밑바닥에 당신 이름을 삐뚤빼뚤 써 놓은 걸 보고 아들이 감격하여서, 마을 어르신들께 맛있는 자장면을 대접해 주시기도 하였습니다. 할매배움터 겨울학교 프로그램을 통하여 마을주민들에게 평생 배우지 못한 한을 조금이나마 풀어드릴 수 있었습니다.

창조의 집 그룹홈 시작

진안에 와서 어느 정도 자리 잡고 정착하면 작게라도 시작해 보려고 마음으로 준비했던 사역이 양로원 사역이었습니다. 처음부터 양로원을 건축할 수 있는 재정과 형편은 안 되었기에 양로원을 시작하기 전에 복지 분야에서 제가 할 수 있는 일이 무엇인가 고민하던 중 아이들과 함께 거주하는 아동복지시설인 그룹홈을 알게 되었습니다.

가정과 같은 환경에서 아이들을 돌보는 일이라 '창조의 집'이라는 이름으로 그룹홈을 시작하게 되었습니다. 그룹홈은 학대, 방임으로 소외된 아이들과 한 가족 되어 가정에서 부모의 역할을 대신해 주며 7명까지 함께 생활하는 시설입니다. 귀농해서 바로 그해 2010년 12월에 '창조의 집' 그룹홈을 시작하게 되었고, 지금까지 23명의 아이가 창조의 집을 거쳐 갔으며, 현재는 6명의 아이가 저를 큰아빠라 부르며 가족처럼 생활하고 있습니다.

무엇보다 아이들과 생활하면서 상처받은 아이들의 마음이 그리스도 예수 안에서 회복되고 창조되어 당당한 하나님의 자녀로 살아가길 바라며 창조의 집이라 이름 지었습니다. 아이들이 신앙 안에서 안정을 찾아가기를 기도하며 믿음 안에서 사는 따뜻한 공동체를 꿈꾸며 아이들과 즐겁고 행복한 진안에서의 삶을 더불어 시작하게 되었습니다. 창조의 집 아이들의 다양한 사연과 아픔은 진안에 오기까지의 제 삶의 어려움과 선교지에서의 상처와 아픔이 비교할 수 없는 감사의 조건임을 깨닫게 하셨습니다.

축복받고 사랑받으며 세상에 태어나야 하는 아이들이 엄마에 대한 기억이 전혀 없거나 마음껏 부르고 싶어도 엄마, 아빠가 곁에 없어서 울다가 지쳐버린 경우, 가장 가까운 부모의 학대와 폭행에 못 이겨 집을 나온 아이들, 어린 나이에 감당하기 어려운 사연들을 가지고 우리 가정으로 들어온 아이들이 지금은 조금씩 마음의 문을 열고 자신의 삶을 개척해 나가고 있습니다. 취업해서 자신의 집을 짓겠다며 열심히 직장 생활 하는 아이, 대학에 가서 밤낮없이 공부해서 대학 3년 내내 전체 A 성적표를 보내는 아이, 퇴소했지만 아직도 주말마다 찾아오는 맑은 초등학생 남매, 이 아이들을 보는 것이 제 인생에서 그리고 새롭게 출발한 진안에서 제가 누리는 가장 큰 보람이자 기쁨이고 행복이 되었습니다.

옥토교회의 설립

창조의 집 아이들의 신앙과 믿음 성장을 위하여 집 거실에서 시작된 예배가 지금 옥토교회 시작이 되었습니다. 가까운 교회에 아이들을 데리고 출석하다가 2015년 11월 첫 주부터 아이들과 집 거실에서 예배를 드렸습니다. 7개월을 거실에서 예배하다가 중고 컨테이너를 구입하여 그곳에서 예배를 드리던 중 지방회 목사님들의 권유로 2016년 11월 27일 전북중앙지방회 옥토교회 설립예배를 드리게 되었습니다.

하지만 컨테이너에서 드리는 예배는 진안의 추운 겨울과 무더운 여름을 견디기에 너무 힘들었습니다. 그리고 가까운 마을 분들을 교회로 초청하고 싶어도 컨테이너 교회로는 한계가 많다는 것을 알게 되었습니다. 2017

년 5월 28부터 아이들과 교회건축을 위해 100일을 작정하고 기도하였습니다. 기도를 시작할 때 우리에게는 정말 아무것도 가진 것이 없었습니다. 다만 우리에게는 하나님이 도와주셔야 가능하다는 믿음과 간절하고 절박한 기도밖에 없었습니다.

기도하는 가운데 집 앞 양지천 하천공사가 시작되었고 양지천 하천 모래흙이 지금의 옥토교회 터가 된 300평 부지의 기초공사에 사용되었습니다. 15톤 트럭 200대 분량이 무료로 메워지게 된 것입니다. 마침 이 부지를 현장사무실로 당분간 사용하는 조건과 현장 소장님의 적극적인 도움으로 모래흙 굴착 작업까지 마무리해주셨고 교회를 건축하는 과정에서도 크고 작은 도움을 많이 받을 수 있었습니다. 모든 것이 하나님의 은혜였습니다. 무엇보다 건축비가 전혀 없었는데 기도하는 가운데 하나님께서 많은 기적을 베푸셔서 모교회인 삼례교회와 장인 어르신의 소 판 돈, 다양한 분들의 섬김과 지원으로 2017년 12월 두 번째 주일부터 새 성전에서 예배를 드리게 되었습니다.

2010년 귀농해서 2011년 3월부터 3년간 마을 간사 생활을 하였고 2013년에는 마을 입구 한편에 창조의 집 아이들과 함께 생활하는 집을 마을 분들의 다양한 도움으로 건축하게 되었습니다. 건축하는 과정에서 건축비가 부족하여 장마 기간 전에 입주가 어려운 상황에서 마을 어르신이 적금 든 목돈 1,600만 원을 계약서 한 장 없이 빌려주셔서 장마 전 건축을 마무리하고 입주할 수 있었습니다. 신뢰를 바탕으로 얻은 감사와 고마움이란 생각이 가득했습니다.

지금은 이 성전이 마을 아이들 공부방과 놀이터가 되기도 합니다. 아이들은 100일 기도를 시작으로 성전이 지어지기까지 하나님이 채워 주신 은혜의 선물을 아직도 기억하고 있습니다.

섬김의 마을 이장

2016년 마을 대동회에서 마을 이장으로 선출되어 마을을 섬기고 있습니다. 고마운 분들이 많은 마을에서 언제가 한번은 이장으로 마을을 섬겨야 했기에 기꺼이 이장의 역할을 감당하게 되었고 간사 때부터 마을주민들과 쌓아온 신뢰로 그동안 진행해 왔던 마을 만들기의 지속적인 발전과 복지마을을 꿈꾸며 기쁨으로 섬기고 있습니다.

우리 동네는 80세가 넘는 연로하신 어르신들이 많습니다. 어르신들을 섬기기 위해 다양한 문화, 복지 프로그램들을 진행하고 있습니다. 1년에 2-3회 전주성결교회와 함께 이.미용 봉사활동, 의료선교단의 마을 봉사를 합니다. 진안군 청소년수련관의 매달 토요일 두 번의 마을 봉사, 점심 생일파티, 진안군 마을축제, 농번기 공동급식, 매주 트로트 건강 체조교실, 마을꽃길경관사업 등 주민들을 위해 봉사하며 마을이 조금이나마 활력을 찾을 수 있도록 노력하고 있습니다.

저의 작은 섬김과 수고를 늘 고마워 해주시는 마을 어르신들이 계셔서 더불어 사는 보람과 행복이 무엇인지도 몸으로 경험하고 있으며, 무엇보다 마을 어르신 중 현재 몇 분은 교회에 매주 출석하고 있습니다. 이장이 수고하면 많은 일과 마을의 다양한 변화를 가져올 수 있는 곳이 진안입니다. 이곳은 주민들 스스로가 마을을 가꾸며 마을공동체를 유지해 가는 마을 만들기의 기초가 잘 다져 있는 곳이기 때문입니다.

농사짓는 농부로 사는 재미

귀농해서 제가 꼭 하고 싶었던 일은 직접 땀 흘려 농사를 지어보고 싶었습니다. 땅의 소중함, 노동의 가치와 보람, 땀의 귀중함을 몸으로 경험하고 싶었습니다. 마을 간사 생활을 시작하면서부터 당시 마을 이장님의 도움으로 마을의 빈농지에서 농사를 배우며 주민들과 소통하며 농부로서의 삶도 시작되었습니다. 실제로 농사를 지으며 농촌의 실정과 어려움, 농민들의 아픔을 경험하게 되었습니다. 농사만 잘 지었다고 모든 것이 좋은 것이 아니라 농사를 잘 지어도 팔지 못하면 소용없고, 가격이 폭락하고 하락하면 1년을 고생만 하고 시간조차 되돌릴 수 없는 안타까운 현장이 농촌의 현실인 것도 알게 되었습니다.

귀농해서 다양한 농사기술과 교육을 받았는데 수료증을 포함하여 자격증도 10개나 취득하였습니다. 2010년 귀농해서 후계농업경영인으로 선발되었을 때 소를 키워보고 싶어서 2011년 인공수정사 면허까지 취득하였지만 소값 하락과 많은 자본이 필요함을 알고 포기하였습니다. 이후에 마을에서 가장 많이 하는 고추 농사를 2013년부터 짓기 시작하면서 전북 농업마이스터대학 고추과정에 입학하여 2년간 고추재배와 작물재배학, 토양학, 병충해방제 비료와 농약사용법 등 농사에 필요한 다양한 지식을 배우기도 하였습니다. 이를 통해 농사도 제대로 알아야 잘 지을 수 있다는 사실도 새롭게 깨닫게 되었습니다.

농사를 지으면서 무엇보다 땀 흘려 고생한 결과가 열매로 나타난다는 땅의 정직함을 배웠는데 혼자 일하는 들녘에서 때로는 기도하고 찬양하는 목사 농부의 간절함이 노동의 영성이 되었고 저를 주님께 복종하는 시간이 되기도 하였습니다. 날씨가 갈수록 더워져서 농사가 힘이 들었지만, 창조의 집 아이들의 먹을거리도 해결할 수 있었고, 무엇보다 생각이나 마음이 복잡할 때 저를 뒤돌아보는 감사의 시간이 되기도 하였습니다.

옥토의 꿈이고 미래인 개복숭아 농장과 무료양로원

매년 경작하는 농사보다는 힘이나 시간을 절약하고 장기적으로 가능한 농사를 고민하던 중 지역에서 잘 크고 병충해도 강하고 무엇보다 잘 자라는 개복숭아를 알게 되었습니다. 2015년부터 개복숭아를 심기 시작해서 지금은 1,000평의 임야에 개복숭아 농장을 합니다. 2018년에는 개복숭아를 즙으로 가공해서 파우치를 만들어서 판매할 수 있는 진안고원 개복숭아 가공공장을 진안군으로 농촌자원활용 기술사업비 4,000만 원을 보조받아 짓게 되었습니다.

2018년 11월부터는 '꽃피는 산골 개복숭아'란 상품명으로 제품을 만들어서 판매하고 있습니다. 개복숭아즙 판매를 통해서 옥토교회의 자립과 창조의 집 아이들의 꿈과 미래를 지원하고, 교회에 나오시는 어르신들과 지역의 어르신들을 섬기기 위해 무료양로원을 건축하고 운영하는 데 사용하고자 합니다.

지금 사는 마을은 하나의 작은 양로원입니다. 80세가 넘는 독거노인이 15명 이상으로 몸이 아프면 지역에 크고, 작은 요양원으로 가는 것이 마지막 순서처럼 되어버렸습니다. 이분들의 소망은 집이 바라다보이는 양로원에서 평생을 이웃하던 지기(知己)들과 지내다가 돌아가는 것입니다. 언제부턴가 이 소망이 우리 교회의 기도제목이 되었습니다. 아이들과 다시 양로원건축 100일 기도를 시작하였습니다. 이 모든 것들을 이루기 위한 발걸음은 개복숭아 농장부터 시작되고 있으며 개복숭아 농장은 옥토교회의 꿈이고 아이들의 미래로 성장하고 있습니다.

농촌목회도 소망이 있다

올해로 옥토교회 설립 3주년이 됩니다. 설립한 지 1년 만에 하나님의 은혜로 교회를 건축할 수 있었습니다. 이제는 옥토교회가 지역의 어르신들을 섬기기 위해 꼭 필요한 무료양로원 건축을 위하여 '2019년 주의 이름으로 기도하게 하소서'란 표어로 기도에 집중하고 있다.

　현재 옥토교회는 아이들과 어르신들을 포함 매주 15명 정도가 예배하고 있습니다. 농촌교회의 어려움은 있지만 그럼에도 조금씩 성장하고 있으며 지역에서 필요한 교회가 되기 위하여 몸부림치고 있습니다. 현재의 농촌교회는 모두가 위기라고 말합니다. 젊은이들이 떠나가고 아이들의 울음소리가 사라지고 부임해서 장례예배만 드렸다며 출생한 아이 축복기도 한 번 해 보는 것이 소원이라는 동기 목사의 하소연이 현실이 되었습니다. 옥토교회가 있는 지역의 상황도 별다르지 않습니다. 급격한 고령화로 마을이 없어질 위기에 처하기도 합니다. 그럼에도 농촌교회는 소망이 있다고 말하고 싶습니다.

　성도 중 옆 마을에서 열여덟 살에 시집와 어렵고 힘든 시절 보내며 자녀를 낳아 키우고 살만하니 벌써 90세가 되어버렸다고 말하시는 어르신이 계십니다. 매주 교회에 나와 말씀은 듣지만, 귀는 어둡고 이해력도 더딘 어르신들, 그럼에도 복음을 들어야 하고 천국으로 인도해야 할 사명이 있기에 더 늦기 전에 분명한 복음을 전해야 합니다. 다행스럽게 귀농 귀촌인들이 농촌으로 내려오고 있습니다. 교회가 교회다워지고 잘 준비되어진다면 더 부흥될 것을 믿고 확신합니다. 농촌 목회는 진심을 가지고 먼저 찾아가고, 쉼 없이 나누고 섬겨야 우리의 곳간도 채워지는 것이라는 걸 알게 되었습니다. 교회 성도 숫자에 연연하기보다는 작은 무리 속에서 큰 소망을 발견하고, 세상 속에서 영원히 변하지 않는 복음을 전해야만 하는 교회의 사명이 있기에 오늘도 주어진 목회현장에서 주님께 감사와 소망의 기도를 드립니다.

작지만 큰 사랑, 하나님 나라 가치로

큰사랑교회 _ 박상철 목사

저는 2001년 2월 11일에 인천 남동구 만수4동 12번지에서 큰사랑교회를 자비량으로 개척하였습니다. 개척 초기에 비전은 '작은 교회 큰사랑'으로 교회건축을 통한 사역보다는 작은 공간을 활용하여 사람을 세우는 작은 교회의 가치를 중요하게 여겼습니다. 그리고 작은 공간에서 하나님의 큰 사랑을 실천하는 사역에 중점을 두기로 하였습니다.

개척 초기에는 많은 사람이 교회를 찾았지만, 상가 교회라는 이유로 정착하는 성도는 많지 않았습니다. 또한, 기신자들이 교회를 찾을 때는 기성 교회의 모습을 기대하고 목회 방향에 대해 이러쿵저러쿵 언쟁을 벌이기도 하였습니다. '먼저 있던 교회는 통성으로 기도를 했다. 기도원을 다녔다. 구제를 했다. 노방전도를 했다' 등 다양한 의견을 내었지만 자신들이 주체가 되는 것이 아니었습니다. 불만과 불평으로 변질되어 교회 공동체의 화합을 깨는 이유가 되었습니다. 개척 초기에는 함께 일할 동역자가 없어 기성 교회의 모든 것을 감당하기에도 부족한 점이 너무 많았습니다.

가치중심의 교회

개척교회의 매뉴얼이 부족했었기 때문에 목회컨설팅을 찾아 매뉴얼을 만들었습니다. "큰 교회는 몸집이 크기 때문에 큰일을 할 수 있지만, 목표를 바꾸거나 정책 전환이 어렵습니다. 그러나 작은 교회는 몸집이 작아도 집중을 할 수 있는 정책 전환이 가능한 장점이 있습니다. 목사님께서 집중할 수 있는 방향을 정하시고 매진하세요"라는 조언에 힘을 얻고 제가 나아가야 할 방향을 알게 되었습니다. 마침 저는 '노인의 사회역할 상실에 따른 대안적 교육목회' 논문을 준비하고 있었고, 사모는 도원교회에서 선교원을 한 경력이 있기에 우리 교회는 어르신들과 아이들을 중점으로 하는 복지 목회를 계획할 수 있었습니다. 그리고 저희 부부는 대학에서 사회복지사 공부를 하기 시작하며 사회복지사 자격 및 문헌정보사 자격을 취득했습니다.

큰사랑교회 사역 방향성을 중간에 변경하는 경우를 막기 위해서 가치선언을 하고 목적 선언문을 만들었습니다. 특별히 큰사랑교회의 가치에는 9가지가 있는데 내용은 다음과 같습니다.

첫째, 예배와 기도를 통해서 성도들에게 하나님의 임재와 말씀을 체험하는 예배자를 세운다.

둘째, 성도들을 양육하고 훈련하여 평신도 사역자를 세운다.

셋째, 지역의 소외된 노인과 청소년들에게 복음과 더불어 사랑을 나눈다.

넷째, 지역의 영혼들에게 복음을 전하여 영혼을 구원한다.

다섯째, 모든 삶에서 그리스도의 마음으로 자원봉사를 하여 주님이 드러나게 한다.

여섯째, 중보기도 사역으로 주님의 몸을 이룬다.

일곱째, 독서 나누기를 통한 제자훈련으로 리더자를 세운다.

여덟째, 섬김과 예배와 간증이 있는 가정이 천국 되는 교회를 세운다.

마지막으로, 땅끝까지 복음의 빛을 비추는 증인을 세운다.

큰사랑교회의 가치선언문은 다음과 같습니다.

'우리는 오직 전도와 사람 세우기를 통하여 하나님의 영광을 위하여 살고, 성령의 능력으로 자라나고, 우리의 주님인 예수 그리스도를 증거하여, 이 땅에 하나님의 나라를 세우는 것을 절대가치로 여긴다.'

어른을 섬기고 아이들을 사랑하는 교회

우리 교회는 '어른을 섬기고 아이들을 사랑' 하는 교회 가치를 갖고 교회 건물에 큰사랑복지센터를 설립하였습니다. 2004년 3월 8일에는 큰사랑실버라이프를 개강하여 지역의 어르신들에게 건강한 노년에 대한 정보를 제공하고 있으며, 2005년 11월 25일에 큰사랑행복한홈스쿨(지역아동센터) 개설을 인가받았고, 2006년 2월 2일에 전국에서 35번째로 개소식을 하였습니다. 2015년부터는 지역사회와 함께 하는 작은도서관을 운영하고 있습니다.

이와 같은 복지 사역의 비전을 주보에 운영매뉴얼로 만들어 동역자들과 함께 나누고 있습니다. 매월 첫째 주엔 목회협력 위원회를 개최하여 그달의 목양계획을 함께 나누고 행사 및 사역을 의논하고 결의한 후에 매주 오후엔 권사기도회, 어머니 기도회 등 기도로 동역하게 했고 매주 예배 시엔 말씀 큐티를 고백하며 큰 은혜를 나누고 있습니다.

기아대책 행복한홈스쿨은 5일 동안 닫혀 있는 교회의 문을 열기 위한 운동으로 시작된 사업입니다. 인천에는 3천여 개의 교회들이 있는데 지역교회들이 인천 지역사회를 향해 주중에도 문을 개방하고 떡과 복음을 전하는 것이 바람직하다고 생각하였기에 큰사랑교회는 주중에도 교회 문을 여는 모델이 되었습니다. 큰사랑행복한홈스쿨에는 현재 시설장과 간사가 상근으로 근무하고 있으며, 15여 명의 비상근 자원봉사자들이 팀을 이루어 봉사하고 있습니다. 큰사랑행복한홈스쿨 사역은 요보호 아동(기초생활수급자, 차상위 아동, 한부모가정 아동, 조손가정아동, 외탁가정 아동, 방임 아동 등)을 대상으로 주 5일 일일 8시간 아이들을 돌보는 것입니다. 특히 아동의 보호자와의 면담 때는 큰사랑행복한홈스쿨과 교회를 소개하고 복음을 증거 하는 도구임을 이해시킴으로 행복한홈스쿨 아이들에게 떡과 복음을 전하는 통로로 역할을 감당하고 있습니다.

교회가 속하고 있는 인천 남동구 만수4동은 임대 아파트가 밀집된 지역입니다. 아동들이 방과 후 가정에서 적절한 보호를 받지 못하고 방임, 방치된 환경에서 신체적, 정서적 안정을 누리지 못하고 있는 경우가 많습니다. 이렇게 아동들을 내버려 둔다면 나중엔 사회에 악영향을 주는 시한폭탄이 될 수도 있기에 아동들을 보호, 관리하는 것이 사회안전망으로 절대적으로 필요합니다. 큰사랑행복한홈스쿨은 정상적인 양육 보호와 영양 제공, 교육적 지지를 제공받지 못하는 빈곤결손가정 아동, 기초수급가정과 한부모가정, 조손가정, 차상위층, 저소득 맞벌이 가정 등의 아동들에게 학습지원, 특기적성교육, 급식, 문화체험활동 등의 기회를 제공함으로써 아동들이 신체적, 심리적, 정신적으로 균형을 이루어 성장하는 데 도움을 주기 위해 설립되었습니다.

큰사랑행복한홈스쿨의 프로그램의 필요성은 특히 지역사회 보호가 필요한 아동의 문제를 해결해주고, 통합적 사회복지 서비스의 제공을 합니다. 통합적 사회복지 서비스로는 첫째, 교육면에서는 학습, 숙제, 위생, 생활지도체험, 견학, 캠프, 특별활동 등을 지원하고 있으며 둘째, 정서지원에서는 집단지도, 사회성 향상지도, 미술치료, 음악치료, 상담 등을 통해서 정서지원을 합니다. 셋째, 건강지원은 중식 및 석식 급식지원과 예방

접종, 스포츠 활동 등을 지원하며 넷째, 가정지원은 아동보호는 물론 가족기능을 강화합니다. 상담과 사례관리, 가족 상담을 통함으로 실제 가정보다도 더 따뜻한 환경을 유지함으로 오고 싶은 시설로 자리매김 하고 있습니다. 큰사랑행복한홈스쿨이 지향하는 가치는 가정 같은 평안함과 학교 같은 전인적 교육을 해주는 종합적인 아동보호시설을 만드는 것입니다.

동역자를 세우는 일

개척 교회는 사역하기엔 재정적, 인적 자원이 턱없이 부족합니다. 소수의 성도가 전도하는 것도 한계가 있고, 사역의 일군을 세우는 것도 아득하기만 했습니다. 하루는 둘째 딸이 이런 말을 제게 했습니다. "아빠, 사람이 없는 것을 너무 그렇게 크게 생각하고 고민하지 마세요. 지금은 인터넷 시대이니까 정보공유도 쉽고, 얼마든지 훌륭하고 좋은 교회를 세울 수 있어요. 좋은 사역을 하고 가치가 훌륭하면 소문이 나고 일군도 찾아올 거예요." 이 말이 목사에겐 큰 위로와 힘이 되어 주었습니다. 우선 딸이 아빠의 사역과 가치를 인정해준다는 것이 천군만마를 얻은 기분이 들었습니다. 딸이 인정하고 있다면 그것 자체가 진실하고 선한 열매라 생각되었습니다. 그리고 지금은 적은 성도들이라도 한 사람 한 사람들이 세워지면 반드시 큰일을 해낼 수 있다는 믿음도 생겼습니다.

큰사랑교회는 개척을 할 당시에 기아대책과 함께 동역자를 세움으로 팀을 이루는 사역에 중점을 두었습니다. 큰사랑교회는 장소 및 급식을 지원하고, 지역사회와 연계하여 봉사자 등 인적 자원을 지원하였으며 기아대책은 행정 및 운영지원과 프로그램 기획 및 교육, 세미나를 지원하며, 정부와 기업의 후원으로 운영비와 운영 활동 물품을 지원하는 팀워크 사역을 기획하였습니다.

중보기도에 대한 일화도 있습니다. 큰사랑교회는 농촌교회와 함께 격월로 금요기도회를 연합으로 개최하고 있습니다. 저와 동기 목사님 한 분이 인천 영종도에서 목회하고 있는데 우리 교회와는 차량으로 한 시간 거리에 있습니다. 저는 작은 교회끼리 연합으로 매달 모여 함께 기도하면 어떠냐고 했더니 동기 목사도 흔쾌히 응해주었고 지금까지 12년째 연합으로 중보기도하고 있습니다. 동기 목사님과 우리 부부는 닮은 점이 많습니다. 둘 다 사회생활을 하다가 늦은 나이에 늦깎이 목사가 되었고, 그리고 부부 모두 목사입니다. 그런 점이 서로에게 위로가 되며 힘도 되었습니다. 연합으로 기도할 때에 사모 목사들도 설교를 하게 하자고 했습니다. 한 번은 동기 목사 부인인 백 목사님이 우리 교회에 와서 설교하면서 감동을 전했습니다. "큰사랑교회는 성도들이 기도할 때에 항상 교회 사역과 가치를 위해 기도하는 것이 인상적이고 감동받았어요." 저는 당연하다고 생각했는데 그런 이야기를 들으니 우리 성도들이 너무도 고맙고 귀중하다고 생각이 들었습니다.

지금까지의 걸음과 앞으로의 길

큰사랑복지센터 사역을 진행하면서 구체적인 성과와 단계적 목표는 다음과 같습니다.

무엇보다 떡과 복음 실현을 우선으로 합니다. 큰사랑행복한홈스쿨 프로그램 운영에도 전인적 통합서비스를 통하여 아동들의 변화를 끌어냄으로 홈스쿨 시설 아동들에게 육적, 영적, 지적, 사회적 전인사역을 돌보고 있습니다. 일반 아이들은 보통 시간 대부분을 동급의 학생들과 어울리며 경쟁적으로 자란 다음에는 청년이 되어서야 군대라는 집단 공동체에서 사회성을 배워나가는 경험을 시작한 데 비하여, 홈스쿨 아이들은 1학년부터 6

학년, 심지어 중학교 1학년부터 3학년 학생들까지 시설 안에서 공동체 생활을 함으로써 사회성과 전인적으로 자라는 경험적 삶을 체험하고 있습니다. 실제로는 지적인 면뿐 아니라 삶의 체험을 통해서 관계를 맺는 삶을 체험한다는 것이 소중한 경험으로 쌓이게 될 것입니다. 또한, 전문적인 영양식을 공급받음으로 건강하게 자랄 수 있으며, 복음을 가까이할 수 있어 건강한 마음을 심어주고 가정환경으로 인한 사회적인 불씨를 사전에 해소하는 사회건강기능을 수행하고 있습니다.

노인대학운영에도 어르신들에게 떡(선물, 식사, 간식 등 제공)을 전하면서 성심껏 진심을 전하기 때문에 복음에 순기능으로 사역하고 있으며 프로그램 운영 시작과 끝은 기도로 시작하고 '할렐루야' 하면 어르신들은 '아멘' 하고 대답하시는 모습이 낯설지 않게 되었습니다.

도서관 사역은 지역에 열린 공간을 제공하면서도 책읽기를 통한 사람과 책을 잇는다는 소통을 통하여 모임공동체를 만들어 복음을 증거하는 통로로 사용되고 있습니다.

선교사역에서도 2018년도에는 몽골에 게르집짓기 선교를 통해서 가난한 몽골 주민에게 게르집을 지어 주기도 했습니다.

큰사랑행복한홈스쿨은 자원봉사자 육성 및 역량 강화에 중점을 두고 있습니다. 저는 학생시절 자원봉사단체로부터 장학금을 받으며 공부를 한 경험이 있습니다. 학생 시절 받은 장학금이 자원봉사단체에서 후원된 장학금이라는 것을 알게 된 후 어려운 사람들을 도와야겠다는 다짐을 하였습니다. 그 마음이 싹튼 것이 목회자가 되어 큰사랑교회를 개척한 후, 제일 먼저 큰사랑행복한홈스쿨을 개소하게 된 이유였습니다. 개소식을 할 때에도 인사말에서 큰사랑행복한홈스쿨 아이들이 지금은 도움을 받고 자라지만, 어른이 되어서는 어려운 사람들을 돕는 자원봉사자들이 되라고 권면을 하였습니다.

2010년 6월 7일에 큰사랑교회는 사회복지 자원봉사 관리지정센터인 큰사랑복지센터로 지정받았으며, 큰사랑행복한홈스쿨 이외에도 노인들의 여가지원을 위한 큰사랑실버라이프와 지역주민들을 위한 큰사랑작은도서관을 개설하여 지역사회를 섬기며 열린 교회로서 많은 자원봉사자를 배출함으로써 역량을 강화시키고 있습니다.

열방으로 나아가는 큰 사랑

네트워크는 서울신대 등 외연이 확장되고, 심지어 국내를 넘어 캄보디아의 해피홈스쿨까지 확대되고 있습니다. 지난 2009년도에는 캄보디아의 핑 폴라 교사를 한국에 초청하였습니다. 한 달간 함께 우리 집에서 머물면서, 폴라 교사에게 한국의 행복한홈스쿨 사역을 소개하였습니다. 단순히 프로그램을 전수하는 것이 아니라 함께 참여하게 하고, 한국문화도 경험하게 함으로써 캄보디아 현지에서 훌륭한 교사로 역할을 잘 감당할 수 있는 계기가 되었습니다. 현지 선교사는 또 다른 교사를 초청해 달라고 요청하였습니다.

우리 교회는 2년 전에 한 번 경험했기 때문에 온 성도가 함께 기도로 준비하였습니다. 서울신대(백혜리 교수)도 협력하여 시라이 노 교사에게 서울신대 보육연구소 주관으로 단기 교사연수 프로그램을 이수하게 함으로써 교사로서 역량을 키울 수 있도록 협력을 해주기도 하였습니다. 한 달 교육을 끝나고 마지막 저녁식사 후에 시라이 노는 울면서 고맙다는 말을 한국말로 하겠다고 하였습니다. "목사님, 고마워요"라고 말을 하려다가 끝내 시라이 노는 눈시울을 적시고 말았습니다. "그래 안다. 알어" 하면서 시라이 노를 다독거리며 "내일 캄보디아에 가지만, 그곳에서 아이들에게 떡과 복음을 전해주고 있다면 우리는 함께 있는 거야. 그러니 슬퍼하지 말아요. 그리고 우리도 언제든지 캄보디아에 방문할 수 있으니까 그때 또 만나자"라며 위로해 주었습니다. 시라이 노 교사가 울면서 하는 말은 저희 부부에게 큰 선물이었습니다.

먼 타국의 교사를 통해서 떡과 복음을 함께 나누는 기쁨은 큰 감동이 되었고, 함께 협력하는 네트워크야말로 사역을 더욱 행복하게 하는 것임을 느끼게 하였습니다. 2018년도 11월에는 큰사랑교회에서 캄보디아 해피홈스쿨에 작은 도서관을 설립을 지원하여 운영하고 있습니다.

큰사랑실버라이프 사역을 통해서 지역의 어르신들을 섬기는 사역을 15년째 이어오고 있습니다. 이동이 힘든 어르신들은 지역의 노인정에서 소일하는 경우가 많은데 행복한홈스쿨 아이들이 찾아가서 간식을 드리며 안마 및 노래, 악기 연주 등으로 예수님의 사랑을 전하고 있습니다. 올해에는 이들에게 식사, 카네이션 전달, 선물 등을 제공하여 섬기기도 하였습니다.

하나님 나라는 겉으로 보기엔 아무것도 없는 소출이 없는 빈 밭과 같이 보입니다. 하지만 그 밭에 감춘 보화가 있는 것을 발견한 사람은 자기 소유를 다 팔아 그 밭을 산다고 했습니다(마 13:44). 값진 진주 하나를 만나면 자기 소유를 다 팔아 그 진주를 산다고도 기록되어 있습니다(마 13:46). 작은 교회는 아무것도 소출 되지 않는 빈 밭처럼 보일 수 있습니다. 하지만 작은 교회를 큰사랑의 가치를 갖고 목양한다면, 그 안에 세상이 볼 수 없는 보물을 얻을 수 있을 것으로 생각합니다. 작은 교회지만 큰사랑 하나님의 나라 가치를 세우는 이 길에 참 생명이 있음을 고백하며 작은 교회 동역자에게 하나님의 신실하신 은혜가 있기를 기대합니다.

행복한 장수식당

거진제일교회 _ 이기환 목사

> 여호와가 너를 항상 인도하여 메마른 곳에서도 네 영혼을 만족하게 하며 네 뼈를 견고하게 하리니 너는 물 댄 동산 같겠고 물이 끊어지지 아니하는 샘 같을 것이라(사 58:11)

작지만 은혜와 믿음과 비전이 큰 거진제일교회를 저희 부부에게 맡겨주시고 이끌어 주시는 하나님을 찬양합니다. 보랏빛 수국 활짝 피는 5월이면 이 제단에 불러주시고 더함 없는 은혜로 든든히 세워 사명 감당케 하신 지 9년이 됩니다. 대한민국 최북단인 강원도 고성, 전혀 알지도 못했던 이 낯선 땅에서 하나님은 저희 가정을 통하여 그려가실 큰 그림이 있으셨나 봅니다.

평신도로서의 신앙생활에 만족해하는 저희 부부를 알 수도, 감당할 수도 없는 힘든 상황과 사건 속에서 사명자로 불러주셨습니다. 하나님께서 보내셨던 여러 교회들을 섬기며 다양한 영적 훈련과 경험들을 쌓게 하신 후 세상이 말하는 늦은 나이 47, 43세에 첫 담임목회지로 보내주신 곳, 거진제일교회이었습니다. 이곳에서 주님이 저희를 통해 일하시는 사역들과 감동의 시간을 미약하지만 전하려고 합니다.

행복하고 좋은 곳: 장수식당

강원도 고성군 거진이란 곳은 명태로 유명세를 얻었던 곳으로 지금은 노령의 인구에 비해 젊은 세대는 현저하게 부족한 지역입니다. 저희가 이곳에 처음 부임하여 복음전파의 통로로 계획한 중점 사역은 지역 어르신 섬김인 행복한 장수식당입니다. 적은 인원이었지만 온 성도가 한마음으로 장수식당 후원을 도왔기에 교회 재정에 의존하지 않고 어르신들을 섬길 수 있었습니다. 매주 화요일 지역의 어르신들을 모시고 웃음 치료와 레크리에이션 활동으로 마음을 열어 드리고 따뜻하고 행복한 밥상으로 섬기며 하나님 나라 복음을 전하였고, 봄, 가을 나들이와 목욕 봉사, 염색 등으로 섬겨 드렸습니다.

하나님께서는 장수식당이라는 작은 섬김으로 해안지역의 특성상 우상숭배와 미신, 그리고 타종교에 오래 노출되어 쉽게 찾거나 발 들여 놓지 않던 교회를 '행복하고 좋은 곳', '뭐든지 풍성하게 나누어 주는 곳', '좋은 사람들이 있는 곳', '아들, 딸 보다 잘 해줘! 라는 말이 절로 나오는 곳'으로 바꿔주었습니다. 하나님께서 이 땅을 만지셨고, 어르신들 위주였던 사역이 지역주민에게도 좋은 영향력을 끼쳤기에 저희 부부와 성도들이 현재까지 이 사역을 9년간 쉼 없이 계속할 수 있었습니다.

어르신들이 글을 배우지 못한 것이 안타까워 한글과 미술공부를 시작하였는데 연필 한번 못 잡아 보고 이름 석 자 못 써보신 어르신들이 연필을 잡고 이름을 쓰시며 스스로에게 감동하셨고, 1년이 되지 않아 불신자 11명 중 10분의 어르신들께서 교회에 등록하시고 스스로 감사헌금 봉투에 이름을 적으시며 매 주일 헌금하시는 기적도 일어났습니다. '우리가 글을 몰랐지 인생을 모르지 않았다'는 책의 내용처럼 인생의 희로애락 가운데 인생 끝자락에 글도 알았고 최고의 선물인 하나님을 알고 믿게 되었으며 예수님을 구주로 시인하고 세례도 받고 명예 집사까지 되셨습니다. 기억력 좋을 때 예수 안 믿은 것을 후회하시기도 하셨습니다. 한글 공부와 함께 지역주민의 재능기부로 그림 그리기를 시작하며 더 밝아지셨고 자존감 낮고 아무것도 할 수 없다 하시던 어르신들께서 그림을 그리며 명태축제라는 지역 축제장에서 7~9학년 그림 전시회를 열어 어르신들의 이름과 거진제일교회를 거진이라는 세상에 드러낼 수 있었습니다.

올해부터는 비영리단체 인가를 통해 행복한 장수대학이란 이름으로 자원봉사자 봉사 시간 등록 수요처가 되었습니다. 이를 통해 봉사자들에게 복음을 제시할 수 있으리라 생각합니다. 여전히 저희 성도들은 물심양면으로 이 사역에 동참하며 후원하고 있습니다. 더하여 석학출신의 실력과 믿음을 겸비한 훌륭한 집사님 부부도 보내주셔서 심리 미술수업을 통하여 어르신들의 마음도 만져드리며 복음의 통로로 더 확실히 사용되고 있습니다.

거진의 다음 세대가 자라는 곳

두 번째 중점 사역으로는 다음 세대를 세우기 위한 교회학교와 청소년 사역으로 2012년 1월부터 사랑의교회 협력 대학1부 국내선교팀과 연합하여 해마다 여름과 겨울에 3박 4일간의 성경캠프와 노방전도, 봉사활동, 장수학교 캠프를 진행하고 있습니다. 여름이면 40여 명의 대학생들과 어린이, 청소년들이 함께 거진의 어판장, 전통시장, 해변가와 민박집, 주택가를 돌며 생명의 말씀과 생수를 전하며 예수님과 교회를 알립니다. 겨울이면 핫팩과 양말, 파스 등을 가지고 홀로 계신 어르신들을 찾아다니며 청소와 봉사를 하며 말벗을 해드리며 복음을 전하고 있습니다.

지역 특성상 조부모, 한부모 밑에서 자라며 늘 사랑에 목말라하는 우리 아이들을 안아주고 업어도 주고 놀아주고 맛난 것 만들어 먹여주며 영의 말씀을 전하니 아이들이 예배 생활 가운데 쑥쑥 자라갑니다. 그리고 6개월 뒤에 있을 캠프를 손꼽아 기다리고 있습니다.

　청소년들에게는 좋은 상담가가 되어주기도 하고 계속적 소통으로 예배 중심의 삶을 살아가도록 돕는 살아있는 프로그램으로 자리잡았습니다. 그리고 첫 씨앗인 6학년 아이들이 이젠 어엿한 대학교 2학년으로 신학대학교에 2명의 학생이 입학하여 장학생으로 공부하는 열매도 주셨습니다. 15회 차를 지나오며 선교를 통하여 사랑의교회 대학1부도 살아나고 저희 거진제일교회와 거진의 다음 세대, 거진 땅이 살아나는 역사를 이루어주셨습니다.

생명을 전하는 일들 가운데

　세 번째 중점 사역으로는 우리 성도들과 함께 하는 부침개 전도입니다. 주일 오후예배 후, 미리 반죽해 놓은 김치 오징어 부침개 반죽을 가지고 공터로 나가 천막을 치고 부지런히 부침개를 부치며 행인, 경로당, 주택가, 상가 등에 전하고 있습니다. 부침개를 나누며 이 부침개를 먹는 모든 이들이 예수님께 찰싹 부쳐지기를 기도하며 전도에 힘쓰고 있습니다. 참으로 신기한 것은 부침개를 드시지 않은 분들이 우리 교회를 찾아오고 계시며 무엇보다 거진제일 공동체가 한마음으로 뭉칠 수 있음에 더 큰 감사와 감격이 있습니다.

　네 번째 중점 사역으로 선교하는 교회입니다. 거진제일교회는 창립 28년 동안 여섯 분의 목회자가 거쳐 갔던 작고 힘든 교회였지만, 그리고 지금도 여전히 작은 교회이지만 하나님은 생명을 살리는 일에 힘쓰라고 분명하게 말씀하셨습니다. 5개 교회와 3개 단체를 위한 선교와 후원으로 생명 살리는 일에 힘쓰며 주님 말씀하시는 곳에 선교 교회와 목회자를 세울

선교 헌금을 준비하고 세우실 선교지를 놓고 기도하고 있습니다.

울며 씨를 뿌리는 자는 기쁨으로 단을 거두리로다

9년의 세월을 돌아보니 그냥 웃지 못할 많은 일도 떠오릅니다. 부임 예배를 준비하던 주일, 비가 줄줄 새다 못해 폭포수처럼 바닥까지 흘러내려 울며 양동이에 빗물을 퍼담던 기억, 좁디좁은 식당 주방과 계단 천정에 머리를 박아 혹을 움켜쥐고 울어야 했던 기억, 쥐의 들랑날랑 동고동락으로 소스라치게 놀라며 울던 기억, 낮에도 전등불 밑에 살며 햇빛 못 봐 우울해 울던 기억, 이 모든 울음의 기억들이 지난 추억 되어 감사가 되고 기도의 거름이 되게 하셨습니다.

새롭게 리모델링 한 성전과 사택 입구를 보면서 지난 시간 좋았던 장소였지만 더 좋게 하실 주님을 바라봅니다. 이보다 더 큰 감사와 감동은 주일마다 40여 명의 공동체가 한마음으로 주님의 임재를 경험하며 예배자로 세워지는 것입니다. 예배시간마다 '행복하다'고 고백하며 말씀대로 살려고 애쓰는 모습이 감동이며 주님께서 책임져 주심으로 가정과 교회, 기업과 직장이 복을 받아 부흥케 되어 날마다 좋은 소식이 전해지는 것입니다.

기독교대한성결교회 교단 통계 중 세례교인 대비 경상비가 높은 교회로 전국에서 9위를 하는 영광도 주셨습니다. 물질의 주인이 하나님이심을 온 성도가 고백하며 드림이 기쁨의 삶으로 바꾸셨습니다.

'울며 씨를 뿌리는 자는 기쁨으로 단을 거두리로다' 라고 말씀하신 것처럼 흐르는 시간 속에서 열매 없는 것 같았지만 지나고 보니 기쁨의 귀한 열매들을 주렁주렁 거두게 하셨습니다. 물질이 필요하여 눈물 흘리며 간절히 구할 때 주님은 들으시고 보내시며 채우셔서 주님을 위해 하고자 하는 일 이루게 하셨습니다.

시골의 작은 농어촌 마을에서 교회학교, 청소년, 청년, 장년부에 이르기까지 골고루 예배하게 하셨습니다. 교회 앞·뒷집에서 교회 땅을 가지고 힘들게 할 때도 지적도(地籍圖) 가지고 따지며 싸우지 않고 기도하며 져주었더니 결국은 이기게 하셔서 더 큰 땅도 허락해 주셨고, 어려움 겪던 교회 사택 공사도 진척케 하셨습니다.

내 귀에 들린 대로 행하리라

올해 표어인 '내 귀에 들린 대로 내가 행하리라(민 14:28)' 말씀처럼 우리 부부와 성도들의 쉼 없는 기도와 간구가 주님 귀에 올려져 꼭 필요한 것으로 필요한 때에 행하심을 경험하고 있습니다. 아낌없이 사랑 베풀어 주시는 예수님을 찬양합니다.

우리의 삶의 아픔을 아시고 부르시고 고치신 주님께서 은혜가 필요한 이들의 아픔도 아시고 공기 좋고 치유와 은혜 누릴 곳으로 만들어 가심을 찬양합니다. 마음이 상한 자들을 거진제일교회로 보내주시고 서로를 위해 중보하며 우리의 사역들을 돕게 하시는 주님을 찬양합니다. 교회와 주의 종을 사랑하고 이해하며 늘 화목하게 서로 도우려는 사랑스러운 성도들로 인하여 기뻐하며 찬양합니다.

155마일 휴전선과 90마일 해상을 지켜주시는 주님께서 남고성과 북고성이 하나 되는 그날에 분명 거진제일교회와 성도들을 사용하실 것입니다. 우리 거진제일교회는 작지만 큰 교회입니다. 주님께서 그려가실 큰 그림을 기대하며 기도하며 기다립니다. 이곳에 심으셨고 이곳에서 꽃피워 열매 맺게 하실 그 날까지 주님 찬양받으소서.

적게 주셨다고 적은 달란트라고 묻어두지 않고 지금도 영혼 구원을 위해 열방에 흩어져 수고하고 애쓰시는 모든 목사님과 사모님, 선교사님들 심어진 그곳에서 선하고 아름다운 복음 꽃 피우시고 열매 맺게 하실 주님께 영광 높이 올려 드리며 감사드립니다.

교회는 마을의 부분이다

샬롬교회 _ 양형철 목사

동네 교회 vs. 마을 교회

사역지에 처음 부임했을 때 교회는 3무(無)의 상황이었습니다. 예배자도, 봉사자도, 재정도 없었습니다. 문득 선배 목사님들의 말씀이 생각났습니다. "건물보다 중요한 것은 사람이다." 오랜 현장목회의 경험에서 나온 귀한 교훈입니다. 하지만 예배자도 없고, 봉사자도 없기에 그리고 재정이 없다고 사역을 중단할 수는 없었습니다. 사방이 막혀 돌파구가 보이지 않을 때, 머리 위로 열린 하늘을 향해 하늘 아버지께 기도하였습니다. 주님의 은혜는 차고도 넘쳤습니다. 주님은 예배당에만 갇힌 저의 생각을 바꾸셨습니다. 저의 시선을 교회 밖으로 향하게 하셨습니다.

교회는 본래가 세상에 보내진 하나님 나라의 표지(a sign)입니다.

기도 응답을 받은 이후에 놀라운 일이 벌어졌습니다. 전에는 교회 앞을 지나가는 주민들을 보면, '어떻게 하면 예배당으로 끌어모을까(being attractional)?' 하고 생각했었습니다. 전략을 세워 주민들을 예배당으로 끌어오는 데에만 집중했습니다. 계획대로 되지 않았습니다. 전도행사를 마친 후 목표한 인원이 채워지지 않으면 실망하고 절망하였습니다. 하지만, 기도 응답 후 마을이 다르게 보였습니다. 주님께서는 사람들을 교회 안으로 끌어모으기(being attractional) 전에 매력적인(being attractive) 목회자와 교회가 되도록 이끄셨습니다. '매력적이다' 라는 말은 진정한 마을주민이 되라는 말씀으로 저는 받아들였습니다. 마을의 주민이 되지 않은 채, 주민들을 예배당 안으로 끌어들이려고만 하니 전도 열매를 맺을 수 없었습니다.

마을주민이 되는 과정은 흥미로웠습니다. 우선은 주민들을 있는 모습 그대로 보게 되었습니다. 교회 앞을 지나가는 할아버지와 할머니들, 그리고 자전거를 타고 지나가는 아이들, 이야기를 주고받으면서 활짝 웃는 중학생들이 보였습니다. 그 전에 한 번도 주목해 보지 않았던 주민들의 주택이 보였습니다. 주변 주택들의 지붕 색깔이 눈에 들어왔습니다. 주변 주택들의 협소한 진입로가 눈에 들어왔습니다. 전에는 전혀 시선이 가지 않던 것들입니다. 수해를 입은 동네 할머니 집을 방문했습니다. 할머니와 함께 방과 살림살이를 치우기도 했습니다. 비가 오면 출입구 문턱이 낮아 물이 방으로 들어올까 염려하시는 마을 할머니의 한숨과 한탄의 소리가 마음에 들립니다. 이제야 마을 주민으로 자리 잡아가는 것 같습니다.

교회는 마을의 중심이 아니라 마을의 한 부분이다

마을 교회는 두 가지 신학적 기둥이 있습니다. 하나는 복음의 보편성이고, 다른 하나는 상황의 특수성입니다. 마을 교회는 복음의 보편성이라는 한 기둥을 든든히 붙잡되, 동시에 상황의 특수성(particularity)을 절대로 간과해서는 안됩니다. 예언자들과 신앙의 선배들이 중단 없이 외쳤던 온 인류를 위한 복음(복음의 보편성)을 계승하고, '지금' 그리고 '여기서' 신앙공동체가 자리 잡은 주민들의 삶에 녹는 것입니다. 제가 생각하는 마을 교회의 특징은 아래와 같습니다.

첫째, 마을 교회는 지역성(locality)에 강조점이 있습니다. 마을 교회는 지역사회에 녹고(melt), 젖어 드는(permeated) 하나님 나라의 표지(a sign)입니다. 하나님 나라의 한 퍼즐이 이곳 강원도 한 귀퉁이에서 만들어져 가며, 동시에 저 어디선가에서 또한 진행되고 있을 또 다른 우주적 하나님 나라의 온전한 퍼즐이 짝을 맞추어 가기를 소원합니다.

둘째, 마을 교회는 마을의 중심이 아니라 마을의 한 부분입니다. 마을 교회는 마을의 한 구성원으로서 주민과 더불어 살아갑니다. 복음은 선포를 통해서도 전달되지만, 이웃들과의 우정을 통해서, 손대접을 통해서도 가능합니다.

셋째, 마을 교회는 차별된 공동체가 아니라 구별된 공동체입니다. 마을 교회가 마을을 바라보는 시각이 '차별성'이라는 기준으로 접근하는 것은 온당하지 않습니다. 마을 교회는 하나님 나라의 표지(sign)로서 '구별성'을 주민에게 보여줘야 합니다.

마지막으로, 마을 교회는 원료를 넣으면 정해진 시간에, 계획된 결과물을 얻을 수 있는 공산품 생산방식의 전도는 지양해야 합니다. 이와는 달리 오랜 숙성을 통해 깊은 장맛을 내는 된장이 만들어지는 방식의 전도를 지향합니다.

하지만, 동네 교회는 마을 교회와 다른 특징이 있습니다. 동네 교회는 상황의 특수성에 민감하지 못하기 때문에, 주민들에게 낯선 조직이요, '외로운 섬'으로 인식됩니다. 더욱 심각한 것은 '책임 없는 외침'의 구호가 남발된다는 것입니다. 더 나아가 복음의 보편성이라는 기독교 진리의 방향키를 상실했기에, 사람과 상황을 선별적으로 접촉합니다. 즉, 교회에 얼마나 이바지할 수 있는 사람인지, 타인에게 얼마나 영향력을 줄 수 있는 사람인지 말입니다. 교회는 소용 있는 사람과 소용없는 사람의 구분이 없는 곳입니다. 교회는 영향력을 줄 수 있는 사람과 영향력을 줄 수 없는 사람의 차별이 없는 곳입니다.

낯선 사람들과 어울리는 도서관

샬롬교회의 정체성과 방향성을 '마을 교회'로 새롭게 정리한 후에 들꽃향기 작은도서관이 세상에 빛을 보게 되었습니다. 들꽃향기 작은도서관은 '낯선 이들'과 함께 삶을 공유하고 섬기는 공공의 장소입니다. '낯선 이들'은 처음 대면하는 사람을 일컫는 말이기도 하지만, 저는 광의적인 의미를 부여했습니다. '낯선 이들'이란 사회적 약자와 소외된 자들을 의미합니다. 사회적 약자와 소외자들인 '낯선 이들'은 주님께서 늘 관심을 가졌던 사람들이었습니다. 낯선 이들과 어울리는 들꽃향기 작은도서관을 아래와 같이 소개합니다.

하나는, 낯선 이들과 함께 하는 공간입니다. 저도 현 사역지로 옮겨왔을 때 낯설었습니다. 날씨도, 지역도, 사람도 낯설었습니다. 이사를 오던 날 이웃이 도루묵이 들어간 김치 한 뭉치를 주셨습니다. 그 이웃과는 낯선 관계에서 이웃사촌이 되었습니다. 점점 가까워지니 참 좋았습니다. 어떤 이들은 '그래서, 만났던 그 낯선 사람들이 몇 명이나 교회에 등록했어?'라고 묻고 싶기도 할 것입니다. 하지만 '저를 통해 낯선 이들에게 주님의 사랑이 흘러가서, 무르익으면 주님께서 그 열매를 맺게 해 주십니다'라고 이야기하고 싶습니다. 성도님과 이런 대화를 나누었습니다. "씨 뿌리면서 추수하려고 허리춤에 낫을 차고 가는 것은 순리를 역행하는 것이다."

다른 하나는, 낯선 이들이 가져다주는 좋은 소식입니다. 좋은 소식은 거북할 수도, 기쁠 수도 있는 소식입니다. 저에게는 둘 다 좋은 소식입니다. 우선, 듣기에 거북하다는 말은, 뒤집어 생각하면 아직 그분과 나와의 차이가 있다는 말입니다. 거북한 느낌과 생각은 어쩌면 내가 배울 수 있는 부분이 여전히 상대방에게 남아 있다는 말입니다. 다음으로 듣기에 기쁘다는 말은, 제 생각과 느낌을 공유할 수 있기에 정서적 연대가 가능하다는 뜻일 것입니다. 정서적 연대의 확장은 그 지역을 새롭게 할 수 있는 지역 공동체의 정서적 자산입니다.

마지막으로, 일찍이 예수님의 공생애가 이와 다르지 않다는 것입니다. 예수님의 가르침의 요체는 하나님의 나라입니다. 사도행전의 시작과 마지막도 하나님의 나라입니다. 예수 그리스도의 사랑으로 낯선 이들과 함께 어울리면서 복음의 삶을 사는 것이 하나님 나라의 실체라고 믿습니다. 다양한 연령대가 함께 하는 다양한 활동들은 삶의 의미와 삶의 궁극성에 대해 함께 나누는 과정 가운데 필요한 것이었습니다.

보이는 것을 공유하는 경계선 사역

도서관은 세상과 교회의 사이에서 쌍방을 중재합니다. 도서관은 두 실체의 경계선이 자신의 정체성을 규정합니다. 도서관은 복음이 육화되어 주민들에게 흘러나가는 통로이며, 역으로 주민들의 희로애락이 교회로 들어오는 입구입니다. 이런 이유로 도서관에서 이루어지는 다양한 활동들이 '경계선 사역'이라고 불립니다.

▶ 지역 주민을 위한 생활영어 강좌

지역 대학교 국제학부에서 공부하고 있는 임마누엘이 주민들에게 영어를 가르칩니다. 카메룬 유학생입니다. 평균 일곱 분의 다양한 연령대가 함께 공부합니다. 문법은 거의 언급하지 않습니다. 큰 소리 내어 말할 수 있도록 독려합니다. 다양한 일상적 주제들과 사회적 이슈들을 다루고 있습니다. 두 가지 경험을 나누고자 합니다. 우선은, 임마누엘의 눈에 비추어진 우리의 모습입니다. 우리가 미처 주목하지 못했던 좋은 문화들을 주목하도록 해 주었습니다. 이와는 달리, 듣기에 참 민망하여 숨기고 싶은 모습들을 개선하도록 알려주기도 했습니다.

다른 하나는, 임마누엘이 전해 준 아프리카의 풍경이었습니다. 아프리카는 가난한 이들이 사는 곳이 아니었습니다. 몇몇 비영리 단체들이 더 많은 기부를 얻기 위해 묘사하는 것처럼 빈곤과 폭력이 점철된 황량한 땅만은 아니었습니다. 이 강좌는 서로에게 낯설었던 주민들이 영어라는 언어를 통해 우정과 환대를 경험하는 모임입니다.

▶ 지역 주민을 위한 일본어 강좌

주로 청소년들이 참여하는 수업입니다. 선생님은 대학에서 일본어를 가르치시는 집사님이십니다. 집사님이 성실하게 아이들을 잘 가르쳐 주셔서 때문에 참여자들이 매우 만족합니다. 더 나아가, 참여자들에게 일본어와 성경적 세계관을 함께 가르쳐 주십니다. 성경적 가치관을 언어 공부와 연계하여 전달할 때 매우 효과적입니다. 벌써 4년이라는 기간 동안 수고해 주셨습니다. 올겨울에는 단기 일본여행을 기획해서 그동안 배운 일본어를 현지에서 도전해 보도록 합니다.

▶ 재능기부 디딤돌 프로젝트

교육은 지식을 머리에 저장하는 것이 아니라 각자가 본래 가지고 있는 재능을 끌어내 준다는 의미입니다. 하지만 학교 교육은 교육의 본래 의미와는 매우 다른 방향으로 진행되는 듯해서 안타깝습니다. 공부가 외부의 정보를 기억했다가 다시 답안지에 옮기는 것으로 전락해 버린 지 오래되었습니다. 심지어 봉사활동조차도 타인을 위한 사회적 감수성 향상이라는 본래 목적은 사라지고 대학입시의 수단으로 전락해 버렸습니다. 이러한 안타까운 교육 현실에 대한 조그마한 방향 전환을 위한 몸부림이 이 프로그램입니다. 지역에 있는 청소년, 대학생, 그리고 성인들이 각자의 다양한 재능들을 발현하여 자신뿐만 아니라 다른 지역 주민들에게 유익한 활동이 되었습니다.

프로젝트의 운영은 다음과 같습니다. 모집을 통해 지원자를 선출하고 교육합니다. 그리고 다양한 형태의 프로그램들(독서 디베이트, 동화 놀이터, 영어책 읽어주기, 토탈 공예, 종이접기 등)을 진행합니다. 재능기부 봉사자들이 직접 수여대상자를 선택하고 수업을 계획하고 가르치도록 지도하고 있습니다. 재능 기부자들이 이 프로젝트를 통해 자기만의 소중한 달란트를 더욱 많이 발견하기를 기대합니다.

▶ 책소리 모임

이 모임은 이기적인 동기에 의해 시작했습니다. 제가 읽었던 책들을 함께 나누고 싶었습니다. 그래서 시작은 제가 선택한 책을 읽고 나눔을 가졌습니다. 이제는, 참여자들이 제안하는 책들을 공동으로 검토해서 선정합니다. 책소리 모임의 진행은 간단합니다. 약속한 분량의 책을 읽고 오시면, 읽으면서 느낀 생각과 질문들을 함께 나눕니다. 이 모임에 참여하면서 엉뚱한 생각을 하게 되었습니다. 이 모임은 주체는 참여자가 아니라, 책입니다. 우리 때문에 책들이 한 공간에서 만난 것이 아니라, 책들이 저와 참여자들을 한 자리로 불러 모은다는 생각이 들었습니다. 서로를 위로하고,

서로를 격려해 주려고 말입니다.

함께 웃고 함께 우는 마을 교회

3無의 교회가 지금은 주님이 행하신 놀라운 사역의 현장으로 변화되었습니다. 교회가 세상 가운데 소망입니다. 교회는 하나님 나라의 표지로 영광 올려 드려야 합니다. 그렇기에 작고 미약하지만 우리의 힘이 아닌 주님 주신 지혜와 능력으로 이 복된 일을 기쁨으로 감당할 것입니다. 우는 자들과 함께 울고, 웃는 자들과 함께 웃으며 복음의 기쁨을 온전히 누리며 전하는 마을 교회로 자라나갈 것입니다.

성공이 아니라 섬김입니다

시온성교회 _ 김명숙 목사

할렐루야 내 영혼아 여호와를 찬양하라 … 귀인들을 의지하지 말며 도울 힘이 없는 인생도 의지하지 말지니 … 억눌린 사람들 …. 주린 자들… 갇힌 자… 맹인들… 나그네, 고아와 과부를 붙드시고… 시온아 여호와는 영원히 다스리시고 네 하나님은 대대로 통치하시리로다 할렐루야(시 146편)

화단이 예쁜 교회

전도사로 15년 이상 교회를 섬기다가 교회개척을 놓고 기도할 때 시편 146편의 말씀을 주셨습니다. 2013년 4월에 시온성교회라고 이름을 정하고 삼양동에서 개척을 시작했습니다. 작은 방들이 다닥다닥 붙어있어 개미집을 연상시키는, 개미처럼 부지런한 이웃들이 사는 지역입니다. 시장으로 통하는 길가의 작은 집을 임대하여 교회를 시작했습니다. 문 앞에 조그만 화분들을 내다 놓았는데 지금은 화단이 예쁜 교회라고 소문이 났습니다. 몇 년 전에는 화단에 참외가 열려서 동네 사람들의 발걸음을 멈추게 했습니다. 설거지 물속에 있던 참외 씨가 화단에서 쑥쑥 자라 교회 벽을 온통 덮고 꽃이 피더니 열매가 맺혀 어른 주먹크기의 노란 참외가 잔뜩 달려서 교회의 열매를 보는 듯 기뻤습니다. 올해도 교회 화단에는 장미, 개나리, 국화, 상추, 대파, 오가피나무에 핑크빛 야생화가 흐드러져서 지나가는 사람들의 발걸음을 멈추게 합니다.

하나님의 시간에 대한 내 생각

개척 당시의 마음은 한 해가 지나면 20여 명 정도의 성도가 모여 예배드릴 수 있을 것이라 생각했습니다. 하지만 예상과는 달리 개척 여섯 달이 지나도 한 사람도 모이지 않았습니다. 뜨거운 열정과 기도로 시작했는데 현실은 달랐습니다. 가장 먼저 해결해야 할 일은 생활비였습니다. 여성도 안수를 받을 수 있는 길이 열렸지만 목신원에 진학해서 3년 과정을 마쳐야만 했습니다. 열정은 여전한데 분요한 마음으로 기도와 말씀에 집중할 수가 없었습니다. 가지고 있는 자격증으로 요양보호사, 사회복지사로 아르바이트를 할 수 있는지 심지어 양말 공장, 은행알 까는 부업까지 알아보고 다니는 중에 하나님의 말씀이 강력하게 들려 왔습니다.

"너는 염려하지 말고 기도의 자리에 머물라."

그 이후로 선교비가 조금씩 들어오고, 목신원에서는 장학금으로 학업을 감사하게 마칠 수 있었습니다.

발걸음을 떼며

교회는 개척했는데 실질적으로 성도는 한명도 없었습니다. 수요예배를 낮에 드리면 올 수 있는 사람들이 몇 있겠다는 생각으로 수요 예배를 낮 11시로 바꾸었습니다. 정성껏 준비한 점심 식사를 함께 나누는 시간도 마련했습니다. 동기 전도사님 한 분과 4-5명의 성도들이 오게 되어서 수요예배는 함께 드렸지만, 주일예배는 여전히 혼자서 예배를 드렸습니다.

일주일에 4일 정도는 여러 전도 용품을 준비해 주변 상가를 방문하면서 교회를 소개하고 인사를 나누었습니다. 길에서 만나는 사람마다 인사를 하고 상가에도 주저없이 들어갔습니다. 그러다 보니 지역에 대한 서먹함과 두려움이 사라지고 관심과 애정이 생기기 시작했습니다. 매일 전도하며 만난 사람들과 지역에 관한 정보를 메모하는 노트를 마련하여서 지속해서 자료를 모으기도 했습니다.

그러던 중 한 사람을 만나게 되었습니다. 슈퍼마켓 앞 의자에서 서너 명의 남자들이 술을 마시고 있었습니다. 전도지와 작은 선물을 주고 간략하게 복음 제시를 했더니 그중에 한 분이 장난기 섞인 반문을 했습니다. 그 자리에서 오랫동안 설명할 수 없어서 우리 교회에 오면 자세히 알려 드리겠다고 했더니 전화번호를 알려 주셨습니다. 그리고 그분이 시온성교회의 1호 성도가 되었습니다. 그때부터 지금까지 거의 빠짐없이 예배에 나오고, 여러 사람을 전도해 오기도 했습니다. 교회에 성도가 오니 기쁘지만, 긴장도 되었습니다. 남자분이라 여자 목사와 단둘이 예배드리기 좀 난감했는데 가족 중 한 명이 출석하면서 어려움이 해결되었습니다. 그 이후에 이 분을 마중물처럼 한 분, 두 분 전도가 되었는데 대부분 처음 교회에 오신 분들입니다. 매일 전도지 들고 나선 결과라 마음이 뿌듯했습니다.

복음을 처음 접하는 사람들

시온성교회의 성도들은 대부분 복음을 처음 접한 분들입니다. 주일 예배도 복음을 제시하고 구원의 확신에 대해 말씀을 선포합니다. 시간이 지나면서 성도들이 변화되기 시작했습니다. 양 집사님은 매일 막걸리 2병을 마셔야 잠을 자는 분인데 교회에 나왔으니 술을 끊어야 한다며 스스로 술을 끊었습니다. 가족 모임에서도 "나 이제 교회 다녀서 술 안 먹는다"라고 선포하고 지금까지 술을 입에 대지 않습니다.

변 집사님은 대형 교회에 잠시 출석하다가 명절에 제사를 못 지내게 한다고 그만둔 분입니다. 명절이 다가오니 저도 긴장이 되었으나 담대하게 출애굽기 20:2-17, 신명기 5:6-21을 근거로 말씀을 선포했습니다. 그 날 변 집사님이 제게 말했습니다. "목사님 저도 이제는 제사를 지내지 않겠습니다." 명절에 제사 대신 추도예배를 드리도록 순서지와 말씀, 기도문을 준비해 드렸습니다. 30년 가까이 눈치만 보면서 제사를 드리던 맏며느리 권사가 사회를 보고 변 집사님이 자손들을 축복하며 믿음의 가정 주심을 감사 기도드리는데 은혜가 넘쳤다고 합니다. 그 후 변 집사님은 말씀을 사모하며 기도 생활을 하다가 20년 가까이 앓아 온 폐질환으로 하늘나라에 가셨습니다. 가족 모두에게 변 집사님은 믿음의 조상으로 기억되고 있습니다.

시온성교회의 성도는 거의 모두가 초신자인지라 예배, 교제, 절기, 성례전, 삶의 적용, 헌신을 일일이 가르쳐야 합니다. 때로는 문화가 다른 선교지에서 사역하는 기분이 들기도 합니다. 영상 매체나 예배를 돕는 사람이 없어 난감했지만, 지혜를 주셔서 파일을 만들어 한 장씩 넘기면서 예배드리게 하니 주의력이 분산되지 않고 모든 예배를 드릴 수 있었습니다.

대형 교회처럼 안정된 예배 환경이나 다양한 교육을 제공하는 것은 역부족이지만 나름대로 새신자교육을 철저하게 하고 있습니다. 복음과 영접, 삶의 적용에 관한 내용입니다. 그 후에 세례 교육을 받게 하고는 세례를 받고 또 과정을 거치면서 집사로 세움받도록 하였습니다. 예배 후의 식탁 교제도 빼놓을 수 없는 기쁨입니다. 말씀도 준비하고 식사도 준비하는 것이 버거웠는데 주방 섬김을 자청한 집사님 덕분에 요즘은 한결 수월해졌습니다.

회복을 맛보아 갑니다

시온성교회의 새벽 기도회는 대부분 타교회 성도들이 참석합니다. 가정의 문제로 심각한 위기에 처한 분들이 통곡하며 기도하는 모습은 참으로 안타깝지요. 방탕한 남편과 이혼을 하려는 아내도 있고 반면에 성격이 맞지 않는다고 이혼을 요구받는 남편도 있습니다. 이들은 새벽기도가 끝나고 자신들의 심정을 하소연합니다. 말씀으로 책망하기도 하고 권면하기도 하면서 모든 가정이 회복되는 모습을 보면서 하나님이 성도의 가정을 귀히 보시는 것에 감사하게 됩니다.

복음을 전하는 일에는 쉼 없이

매주 화요일은 전도하는 날입니다. 성도들과 함께할 때도 있지만 목회자 혼자 나가서 지역의 주민들을 방문하며 전도하는 날도 많은데 때로는 품앗이 전도로 이웃 교회들과 연합하기도 합니다.

병원은 황금어장과 같은 곳이어서 10년 이상 매주 목요일마다 지속해서 사역하고 있습니다. 병원 예배를 인도하고 환우들을 심방하여 예수님을 영접하고 구원의 확신을 가지는 환우들을 보며 사람을 낚는 어부가 되라고 하신 말씀이 가슴 벅차게 다가옵니다. 환우 심방을 하다 보면 가족들 상담도 하게 되는데 하나님은 한 개인도 사랑하시지만, 가정이 회복되기를 원하신다는 것을 알게 됩니다.

통장 목사

2018년부터 동네 주민들의 추천으로 통장 일을 맡게 되었습니다. 통장을 하기까지 갈등도 있었습니다. '목사가 통장 하다가 하나님의 영광을 가리는 일이 생겨서는 안 되는데, 한 영혼이라도 구원하여야 하는데…'

하는 부담감입니다. 그런데 막상 통장이 되어서 일을 해보니 주민들의 민원을 들어주는 일들이 목회사역과 비슷한 업무였습니다. 황금 어장을 만난 것 같았습니다. 통장은 담당 지역에 모든 집을 방문할 수 있습니다. 독거노인, 상점, 무당집 등 누구와도 대면할 수 있게 됩니다. 제가 목사 통장인 것을 알면서도 주민들을 만나서 이야기하다 보면 개인 상담을 하기도 합니다. 주민들의 안타까운 사정이 있을 때는 주민센터에 복지사를 연계하여 경제적으로 환경적으로 정서적으로 도움을 주는 일들도 있습니다. 그러다 보니 자연히 교회에 대한 인식이 좋아지고 주민들과의 관계가 돈독해졌습니다.

때로는 목회자이기에 담대히 복음을 제시하고 예수님을 영접시키는 일도 있습니다. 11반 반장님 남편은 50년 동안 폐 질환을 앓고 계셨습니다. 업무차 방문하게 되어 이야기 중에 복음을 제시하게 되었고 예수님을 인격적으로 영접하게 되었습니다. 재차 방문하여 복음을 들려드렸습니다. 구원의 확신을 갖게 되신 것을 알게되었고 예수님을 영접하셨습니다. 그렇게 영접하신 후에 2주가 안 되어서 평안하게 돌아가셨습니다.

또, 무당집에 업무차 방문하였다가 딸이 아프고 가정사에 얽힌 어려운 문제를 상담하며 사회복지사와 재차 방문하여 쌀, 김치 등을 지원하는 일도 있었지요. 통장이지만 목사인 것을 알고 있기에 저는 무당집에 들어가서도 기도하고 예수님 믿으시라고 전도도 합니다. 돌아와서는 그분들의 이름을 적어 놓고 기도하고 있습니다.

통장 일을 하게 된 것도 지역사회와 소통하기 위해서인데 반응이 의외로 좋습니다. 교회가 들어오고 동네가 깨끗해졌다고 칭찬합니다. 보안등을 고치고, 깨진 보도블록을 교체하고 교회 화단을 가꾸고, 눈이 오면 염화칼륨을 뿌리는 일들이, 또한 동사의 위험에 처한 취객들을 경찰에 신고

해서 구조하는 일도 통장의 일입니다.

삼양동의 37명 선배 통장님 중에는 저에게 목사님이라고 부르며 자신들의 어려움이나 건강의 문제로 기도를 요청하고 감사를 표하기도 합니다. 할 마음만 있으면 하나님이 복음을 전하는 모든 일에 함께하신다는 것을 매일 경험하게 하십니다.

주님 오실 때까지 사명 감당하는 교회가 되길 소망하며

제가 여성 목사이다 보니 좋은 점은 전도를 나가도 쉽게 가정에 들어갈 수가 있습니다. 일상의 모든 문제를 털어놓기도 합니다. 요즘은 대부분 마음의 상처와 가족 관계의 문제로 인한 아픔을 가지고 있습니다. 이야기를 들어드리고 기도해주고 나면 금세 친해집니다. 독거노인들을 방문할 때는 간단한 반찬거리나 간식이라도 들고 가면 필요가 채워집니다.

우리 동네는 가난하지만, 정이 있는 사람들이라서 방문하면 꼭 커피를 대접해 주세요. 그런 날은 커피 몇 잔을 마시고 돌아와도 그들의 영혼을 만지시고 품으시는 주님의 사랑 안에서 꿀잠에 빠지게 됩니다.

시온성교회가 주님 오실 때까지 복음 사명 감당하는 교회가 되기를 기도합니다. 지역주민들을 위한 쉼터를 마련하고 주변에 있는 수유초등학교와 모교인 성암여자중학교 학생들을 전도하려는 계획으로 기도하고 있습니다. 이제까지 시온성교회와 함께하신 하나님이 시온성교회가 자립하고 교회가 좀 더 넓은 장소로 이전하여서 지역주민들이 많이 전도되게 하실 줄 믿습니다. 동역자를 주셔서 전략적으로 지역을 잘 섬길 수 있기를, 교회의 성장은 섬김에서 온다는 경험을 바탕으로 지역주민들에게 좋은 이웃이 되기를 기도합니다.

아직도 가야 할 길

새언약교회 _ 김성주 목사

"오직 하나님의 은혜입니다. 오직 주님께서 하셨습니다. 오직 성령님의 인도하심입니다."

할렐루야! 요즘 마음으로부터 나오는 입술의 고백입니다. 무지함으로 하나님의 부르심에 순종하지 못하다가 뒤늦게 죽음의 문턱에 이르러서야 세상에 속한 나의 모든 생각과 방법 그리고 경험들을 다 주님과 함께 십자가에 못 박을 수 있게 되었습니다. 오직 '나' 라는 존재는 하나님의 방법과 원칙으로만 살아가야만 되는 죄인 된 존재라는 사실을 깨닫게 된 후, 지금까지 예수 그리스도의 십자가와 부활의 복음을 전하는 일에 쓰임 받음에 하나님 앞에 그저 고마움과 감사한 마음뿐입니다.

생명책에 기록되지 못한 자를 위한 부르심

하나님의 부르심(신대원)이 있던 그 해(2014년), 지의 마음속에 개척하라는 마음과 함께 요한계시록 20장 15절의 말씀을 심어주셨습니다.

> 누구든지 생명책에 기록되지 못한 자는 불못에 던져지더라(계 21:15)

주신 말씀을 믿음으로 받고 신대원 생활 5차 때 개척에 대한 마음을 주셔서 기도하던 중 전남 화순지역을 품게 하시고 2016년 9월 25일 개척예배를 하나님 앞에 드리게 됐습니다. '주님 한 분이면 충분합니다' 라는 마음으로 시작된 교회사역은 얼마 지나지 않아 여러 문제들이 나타나기 시작했습니다. 이 문제들로 기도하던 중 시급한 문제는 가족이 하나 되어야 한다는 마음을 주셨습니다. 가족 모두가 1~2차로 매일 모여 기도회를 하며 한마음을 품게 되었고, 기도회와 더불어 양육을 통해 견고한 믿음으로 세워지는 계기가 되었습니다.

새언약의 첫 사역

개척과 동시에 새언약교회에 주어진 첫 사역은 지인을 통해 소개받은 여성 암환자 분이었습니다. 이곳 화순에는 전남대학교 암전문 병원이 있습니다. 그래서 일반 암환자뿐만 아니라 희귀성 암환자 분들이 전국에서 모여 치료받는 곳입니다. 소개 받은 환자분은 50대 유방암 환자인데 폐로 전이되어 병원에서 항암치료를 받고 있었습니다. 환자분은 몸이 너무 악화 되어 산소마스크를 해야 했고, 폐에는 물이 차서 물을 빼내는 관을 삽입하여 화장실도 혼자 갈 수 없는 상태였습니다. 결혼 전에는 교회를 다녔지만, 결혼 후 교회와 하나님을 떠나 세상에서 방황하다 육신의 질병으로 피골이 맞닿을 정도로 고통을 겪고 있었습니다. 지체할 겨를도 없이 매일 병원으로 찾아가서 기도하고 하나님의 말씀을 전했습니다. 하지만 저의 생각과는 다르게 처음 몇 주간은 저희가 방문하는 것을 매우 꺼리고 귀찮아했습니다. 하나님의 은혜로 이러한 갈등의 시간이 지나고 나니 그분은 복음을 받아들이기 시작했습니다. 그러면서 몸과 마음이 회복되는 것을 볼 수 있었습니다.

어느 날은 그분이 체험한 이야기를 우리에게 들려주었습니다. 첫 번째는 잠을 자는 중에 하나님께서 몸을 일으켜서 혼자의 힘으로 일어나는 체험을 했습니다. 그분의 입에서 "하나님께서 일으켜 세웠다"라고 간증하게 되면서 몸의 상태가 눈에 띄게 좋아지게 되었습니다. 두 번째는 잠을 자는데 배에서 암 덩어리가 빠져나가는 꿈을 꾸고 "하나님께서 내 병을 다 가져가셨다"라고 환하게 웃으시며 말했습니다. 세 번째도 꿈속에서 그분의 이름이 쓰여 있는 플래카드를 보고 천국에서 환영잔치 한다고 좋아했습니다. 이런 체험이 있고 난 뒤, 몸 상태는 눈에 띄게 호전되어 산소마스크와 폐 삽입관을 제거하게 되었습니다. 그때가 겨울철이어서 병원에서 조금 더 생활하시기를 권유했지만 여러 가지 집안의 문제들로 인해 어쩔 수 없이 퇴원하시게 되었습니다.

그렇게 퇴원하신 후 몇 주가 흐른 뒤 그분의 가족으로부터 연락이 와서 그분을 만났을 때는 급성 폐렴으로 인해 암병원에 다시 입원한 상태였습니다. 폐렴으로 인해 건강 상태는 극도로 악화되었습니다. 담당 의사는 이제 며칠 남지 않았으니 임종 준비를 하라는 말씀을 하셨고, 우리는 행여나 환자분과 가족들이 마음의 문을 닫고 하나님을 원망하지 않을까 하는 마음에 하나님 앞에 마지막까지 믿음의 끈을 놓지 않기를 기도하였습니다. 하나님의 은혜로 그분은 모든 고통을 견디면서 마지막까지 예수 그리스도를 믿는 믿음을 놓지 않고 하나님의 부르심을 받고 소천하셨습니다. 그분의 따님은 '어머니가 예수 그리스도를 믿고 편안히게 임종하셨다' 고 하시면서 너무나 고마워하셨습니다. 그리고 남편과의 불화로 인해 교회를 꾸준히 출석하지 않고 있던 자신의 모습을 회개하고 이번 일을 통해 다시 신앙을 회복해야겠다고 다짐하시며 열심히 교회 출석하셨습니다.

하나님께서는 첫 사역부터 저희의 힘으로 할 수 없는 암환자를 보내시며 강하게 훈련하시고 오직 하나님께만 기도하게 하셨습니다. 그 뒤로도 하나님은 계속해서 암환자와 알콜 중독자, 정신질환자를 교회로 보내시어

절대 주권자이신 하나님만 증거 하게 하시고 기도하게 하셨습니다.

하나님의 열매

우리 교회 처음 등록한 성도는 해외 컨테이너선을 운항하는 선장이었는데 급성 봉화직염으로 직장도 그만두고 치료를 받는 성도였습니다. 학창 시절부터 교회를 다니고 하나님을 믿었지만, 해외에 있는 시간이 많다 보니 꾸준히 교회를 다니지 못하였고 믿음이 튼튼하지 못한 상태였습니다. 교회가 세워지는 것을 보고 자발적으로 등록하였지만 2주에 한 번씩 출석하고 교회보다는 지인들과 등산 다니는 것을 더 좋아하는 성도였습니다. 기회가 날 때마다 성도님과 교제를 나누고 하나님의 뜻이 무엇인지 양육하였습니다. 하나님의 나라를 이루고 죄와 악을 다스리는 양육을 받게 되니 교회 출석하는 횟수가 점차 늘어나게 되었습니다. 2주에 한 번씩 나오던 교회를 6개월 지난 후에는 한 달에 한 번만 빠지고 1년이 지난 뒤에는 분기별로 한 번씩 빠지고 2년이 지난 뒤에는 1년에 한두 번 정도만 빠지고 꾸준히 출석하면서 은혜받는 모습을 보게 되었습니다. 모임에서 여행을 가더라도 주일이 되면 교회 가야 된다며 주일성수를 하는 믿음으로 성장하게 되었습니다.

자존심이 너무 강해 본인의 것을 드러내지도 않았던 성도였습니다. 교회에서 예배드리기보다 세상의 약속이 있으면 그곳에 마음을 뒀던 성도가 기도하면서 눈물 흘리며 하나님이 아니면 살 수 없다는 말을 하게 되고, 모든 것이 하나님의 은혜이고 힘들수록 더 하나님을 믿어야 한다고 고백하며 믿음이 성장하게 되었습니다. 하나님을 믿는 것이 얼마나 좋은지 친구분을 전도하며 열심히 하나님을 믿었습니다.

봉화직염으로 몇 년 동안 치료에 전념하면서 재정적인 어려움을 겪게 되자 아픈 몸으로 다시 배를 타려고 여러 곳에 이력서를 내게되었습니다. 하지만 하나님의 때가 아닌지 채용이 되지 않았습니다. 상선회사에서 일하면 10개월은 해외에 있고 2개월은 국내에 머물게 되는데 취직을 해도 온전한 주일성수를 할 수 없어서 마음이 안타까웠습니다. 하나님의 때를 기다리며 기도하고 영적 회복과 믿음 성장에 초점을 맞추었습니다. 영적인 부분이 성장 되고 하나님과의 관계도 회복되자 육체의 통증이 회복되고 취업의 문도 열리는 축복을 받게 되었습니다. 통증으로 숟가락조차 들기 어려웠던 손이 점차 회복되어 무거운 물건을 들 수 있을 정도로 회복되었고 여러 차례 상선회사에 이력서를 냈지만, 경력단절과 많은 나이로 인해 빈번히 거절당했던 취업의 문이 한순간에 열리게 되었습니다.

독일 상선회사에 취직이 되었는데 아시아계 선장을 구하는 조건과 그동안의 경력이 맞아서 단번에 통과되는 기적이 일어났습니다. 면접과 일등항해사 교육이 있었는데 회사가 독일에 있다 보니 인터넷으로 면접을 보는데 1명의 면접관과의 면접시간만 무려 4시간이 소요되었습니다. 앞으로 2명 이상의 면접을 봐야 하는데 하나님께서는 다른 면접 없이 통과시키시고, 3개월을 대기해야 하는 교육도 바로 받을 수 있도록 이끌어 주셨습니다. 또 근무여건도 2개월 해외 근무 후 1개월 국내 체류하는 조건이어서 온전한 주일성수를 하지 못하지만, 더욱 많은 시간을 예배드릴 수 있게 되었습니다. 이 모든 것을 하나님께서 하셨음을 고백하고 하나님께 감사하며 일하게 되었습니다.

열매는 하나님께서 맺게 하십니다

첫 사역과 첫 성도 모두 하나님의 원칙과 방법으로만 변화될 수 있음을 느끼고 깨닫게 하셨습니다. 한 영혼에 복음을 전하고 영적 성장을 이루기 위해서는 끊임없는 기도와 양육의 필요성을 깨닫게 하셔서 영혼 구원의 사명감을 가지고 경로당, 학교 앞, 병원, 길가 등 여러 곳을 전도하고 있습니다. 때로는 무시당하고 집 앞에서 쫓겨나기도 하지만 한 영혼이 예수님을 주로 고백할 때마다 쌓였던 피로가 가시고 기쁨과 감사가 넘치게 되었습니다.

경로당 전도를 매주 나가는데 89세 되신 할머니를 전도하게 되었습니다. 자녀분들은 모두 멀리 타지에 있고 혼자 지내셔서 외로움도 많이 느끼고 식사도 불규칙적으로 하다 보니 건강이 좋지 않아 입원과 퇴원을 반복적으로 하는 상태였습니다. 집에 계실 때는 수시로 찾아가 말벗도 해드리고 병원에 입원할 때는 병원 오고 가는 길을 모셔다 드렸습니다. 교회에서 할 수 있는 일을 최선을 다해 도와 드렸더니 마음의 문을 여시고 교회에 등록하게 되었습니다.

늦게 하나님을 믿기 시작했지만, 하나님을 믿는 믿음이 얼마나 대단한지 몸이 아파서 병원에 입원해 있어도 외출증을 쓰고 주일 예배를 빠짐없이 참석하십니다. 쓰러질 것 같은 몸으로도 하나님께 예배드려야 한다는 믿음으로 지팡이를 짚고 꼭 참석하시고 있습니다. 하나님이 도와주신 덕분에 산다고 늘 말씀하시며 글을 몰라서 교회 나오기 망설였는데 귀로 들을 때 목사님이 옳은 말씀만 하신다고 웃으시며 얘기하십니다. 교회 나오실 때는 하나님께 잘 보여야 한다며 외모도 더 깔끔하게 하시고 생활한복을 고이 차려입고 오십니다. 하나님을 늦게 믿기 시작했지만 그분의 열심을 볼 때마다 감사한 마음이 듭니다.

다문화 사역

필리핀 다문화가정 학생을 전도하려고 가정을 방문하면서 필리핀 엄마를 만나게 되었습니다. 고등학교 1-2학년 연년생 남자아이들인데 길들지 않은 야생마라는 표현이 맞는 아이들입니다. 초등학교 5-6학년부터 담배 피우고 중학교 때는 소주와 맥주를 같이 마시다가 정신을 잃고 쓰러져 119에 실려 가는 일도 있었습니다. 약속 어기는 일은 보통이고, 학교에 지각하고 무단결석하는 일도 다반사였습니다. 심지어 남의 물건을 훔쳐서 법원에서 처벌받는 일도 있었습니다. 아버지가 아이들 중학교 때 갑자기 돌아가셔서 필리핀 엄마 혼자서 양육하고 있는 상태였습니다. 필리핀 엄마는 아이들에게 말을 해도 듣지 않는다며 화를 내기도 하고 울기도 하며 어떻게 해야 될지 모르겠다고 필리핀으로 돌아가고 싶다고 했습니다. 그래서 필리핀 엄마에게 모든 문제를 해결해주실 분은 하나님밖에 없으니까 하나님께 같이 예배드리자고 전도했습니다. 필리핀은 천주교가 83%이고 개신교가 9%여서 복음 제시는 쉽게 됐습니다. 하지만 하나님을 믿고 예배를 드려야 하는 것을 알고는 있지만, 쉽사리 교회에 출석하지 않고 다음에 다니겠다고만 하고 미루고 있는 상태였습니다.

중보기도 하면서 방문하며 꾸준히 관계를 맺고 지냈습니다. 한 번은 아이들을 만나려고 저녁에 집으로 찾아갔습니다. 필리핀 엄마에게 아이들 문제가 더 심각해지니까 이제는 결단하고 교회 나오시라고 권유했더니 흔쾌히 승낙하고 같이 예배드리게 되었습니다. 1년 만에 귀한 영혼이 하나님을 믿게 되었습니다.

몇 주 뒤 저녁 시간에 심방을 가게 되었는데 그곳에서 필리핀 엄마들 모임을 하고 있었습니다. 기독교 국가여서 필리핀에 살 때는 대부분 신앙생활을 했는데 한국에서 살다 보니 말도 서툴고 교회로 적극적으로 인도해 주는 사람이 없어서 대부분 신앙생활을 쉬고 있는 상태였습니다. 그래서 필리핀 성도와 다 같이 새언약교회로 오시라고 이야기하고 등록하게 되었습니다. 또 자녀들도 전도가 되어 이제는 필리핀 성도들이 한 축이 되어 교회를 든든히 세우고 있습니다. 필리핀 성도들이 낙천적이고 모이는 것을 좋아해서 교회에서 행사하면 적극적으로 참여합니다. 5월 19일 광주동지방회 찬양 축제 때 우리 교회는 필리핀 찬양과 율동으로 하나님께 영광 올려드렸습니다. 할렐루야, 이 모든 것이 하나님의 은혜입니다.

또 매주 수요일에는 학교 전도를 하는데 초등학교 5학년 남자아이를 전도하게 되었습니다. 5학년 남자아이를 여러 번 만나 교회를 소개하고 전도했지만, 엄마가 교회를 싫어해서 안 된다는 말만 했습니다. 또다시 학교 앞에서 만난 아이를 교회로 데리고 가서 교회 위치를 알려 주고 교회는 하나님을 믿고 예배드리는 곳이라고 소개해 주었습니다. 그리고 아이와 함께 집에 찾아가 부모님께 정중히 인사드리고 교회를 소개했습니다. 아빠는 장애인이고 엄마는 캄보디아 분이었습니다. 아이들의 아버지는 결혼 전에 교회를 다닌 적이 있다고 하시며 아이들이 교회 다녀도 좋다고 했습니다. 또 3학년과 1학년 여동생들도 있었는데 함께 교회 다닐 수 있게 되었습니다.

그 가정에 꾸준히 관심을 가지고 방문하며 부모님도 하나님을 믿도록 기도했습니다. 아이들의 아버지는 자주 교회를 방문하고 속상한 일이 있어서 술을 마실 때도 교회에 와서 하소연했습니다. 그럴 때마다 다시 하나님을 믿어야 한다고 전도했습니다. 끊임없는 기도와 관심으로 하나님께서 아버지의 마음의 문을 여셔서 교회에 출석하도록 하셨습니다. 그래서 총 네식구를 전도하게 되는 놀라운 역사가 일어났습니다. 캄보디아 엄마는 한국말이 서툴고 교회에 대한 좋지 않은 인상이 있었는지 교회를 싫어한다고 하며 하나님을 영접하지 않았습니다. 하지만 심방과 매주 한국어 교육을 통해 자주 만났고, 교회가 안 좋은 곳이 아니라는 인상을 받았는지 캄보디아 친구들에게 교회에서 한글을 가르쳐 준다는 이야기를 하여 캄보디아 친구의 아이를 우리 교회로 보내는 전도 아닌 전도를 하게 되었습니다. 캄보디아 엄마의 영혼 또한 하나님께서 반드시 열매 맺게 해 주실 것을 기대하며 기도하고 있습니다.

… 없지만 하나님께 순종했더니

개척교회를 하면서 여러 가지 어려움이 있었습니다. 대학원생이 무슨 개척을 하고, 성도도 없는데 어떻게 사역을 하려고 하느냐며 우려의 말들이 많았습니다. 그럴 때마다 말씀을 굳게 믿고 기도하며 십자가와 부활을 마음에 새기고 실제적인 믿음이 되게 해달라고 기도했습니다. 물질도 없고, 성도도 없고, 건강한 몸도 아니었지만, 기도, 말씀, 전도, 양육에 전념을 했습니다. 건강의 문제로 내일을 생각할 수 없을 정도였지만 하나님께 순종했더니 육신의 질병도 치유하시고 필요에 따라 채워주시는 하나님을 경험하게 하셨습니다. 또 매주 하나님께 예배드리는 성도들도 30여 명이 되었습니다. 할렐루야! 이 모든 것 하나님께서 하셨습니다. 부모는 자식이 먹는 것만 보고 있어도 배가 부르다는 말처럼 성도들과 함께 예배드리고 사역하다 보면 밥을 먹지 않아도 배부르고 어린이교회 아이들이 교회에서 활동하는 모습을 보면 웃음이 절로 나옵니다.

하나님 나라를 이루어가는 교회로 아직도 해야 할 일이 많은 새언약교회입니다. 하나님 앞에 온전히 쓰임 받고 성장하는 새언약교회 되도록 기도 부탁드립니다.

돛단배는 바람을 두려워하지 않는다

은혜로교회 _ 박명우 목사

내 장래희망은 목사님

20가구 정도 되는 작은 섬마을, 양가에 목사님이 한 분도 안 계신 환경 가운데 태어난 저는 초등학교에 입학하기 전부터 장래희망이 '목사님'이었다고 합니다. 그런데 그 마을에 있는 교회는 담임전도사님만 계셨기에 그 누구에게도 목사님이란 단어를 듣고 배울 기회가 없었습니다. 그런데 그 어린아이의 장래희망은 늘 변함없이 목사님이었습니다. 그래서 가족과 마을 사람들은 대여섯 살 된 그 아이의 고백을 이상히 여겼습니다. 하나님은 그렇게 한 아이를 구별하여 선택하신 것입니다.

부르심의 씨앗이 심어진 어린아이는 초등학교 5학년 여름성경학교에서 회심의 은혜를 경험하게 되었습니다. 내가 얼마나 큰 죄인인지 깨닫게 되고 하나님의 사랑이 얼마나 큰지 체험하게 되었습니다. 그리고 '나는 비록 섬마을 고기를 낚는 어부의 아들로 태어났지만, 내 삶은 사람을 낚는 어부가 되리라'는 믿음의 결단을 하게 되었습니다. 성령으로 충만하여 그 기쁨과 감격으로 성경학교 후에는 직접 '예수 믿고 구원받으세요. 교회에 다니세요'라는 글을 직접 적은 전도지를 만들어 전봇대에 붙이고 다녔습니다. 하나님은 그렇게 선택한 한 아이에게 성령 충만의 은혜를 체험하게 하셨습니다.

부르심의 씨앗이 싹이 나고 자라 20세가 되던 해 군대를 자원입대 하게 되었고, 하나님의 예비하신 은혜로 신우회 임원을 하게 되었습니다. 군대의 기지교회 장병을 섬기며 하나님은 제게 이런 고백을 하게 하셨습니다.

"내 인생을 가장 가치 있는 일에 사용하겠다. 하나님의 영광을 위해 살아가겠다."

그 고백 가운데 제대 후 신학대학원에 입학하고자 하는 마음을 주셨습니다. 그리고 다시 한번 기도 중에 구체적인 비전을 주셨습니다. '장애인 및 낮은 자를 섬기는 목회자', '선교사의 사명을 감당하는 목회자' 즉, 교회개척이었습니다.

낮은 자를 예수님의 사랑으로

비전을 주신 하나님은 신학대학원 시절에 장애인 학생에게 말씀을 가르치고 장애인 학생을 돌보는 사역을 감당하게 하셨습니다. 그리고 신학대학원을 졸업한 후 단국대학교 대학원에서 특수교육을 공부하도록 인도하셨습니다. 또한, 그 과정 가운데 장애인과 그의 가족을 섬길 수 있는 목회의 현장을 허락해 주셨습니다. 장애인 사역의 목회 여정 가운데 하나님은 저에게 서원 기도를 하게 하셨습니다.

"하나님, 마흔 살이 되기 전에 교회를 개척하여 장애인 및 낮은 자들을 예수님의 사랑으로 섬기는 교회'를 세우겠습니다." 그때는 개척이 무엇인지, 개척교회는 어떤 것인지에 대하여 전혀 알지도 생각지도 못한 시기였습니다. 하나님은 그 서원기도를 받으시고 마흔이 되는 1월에 교회를 개척하게 하셨습니다. 재정도 사람도 아무것도 없는 상황 가운데 시작된 개척의 길은 무모한 도전 그 이상, 그 이하도 아니었습니다.

제일 먼저 교회 장소를 정하는 것부터 험난한 길이었습니다. 지향하는 목회의 특성상 주변에 특수학교가 있는 곳이어야 했기에 사모와 함께 인천에 있는 모든 특수학교 주변을 탐방하기 시작했습니다. 그런데 이상하게 하나님은 그 어떤 곳에도 교회를 허락하지 않으셨습니다.

물음표의 마음을 간직하고 있을 즈음 아내가 정보 하나를 들려주었습니다. 2018년 3월에 인천시 미추홀구 도화동에 장애인 특수학교가 새로 세워진다는 것이었습니다. 그 사실을 알게 된 우리는 사람의 의지가 아닌 오직 하나님의 정하신 장소에 교회를 세우기 위해서 두 가지의 작정 기도를 하나님께 드렸습니다. 첫째는 학교 주변의 상가 중 제일 먼저 보게 되는 곳, 둘째는 이미 예배가 드려진 곳이었습니다. 그렇게 학교 주변의 상가 한 곳을 보게 되었고 그곳은 이미 예배와 기도가 드려지던 곳이었음을 알게 되었습니다. 그렇게 개척 장소가 결정되었습니다.

한 교회가 세워지기 위해서는

그러나 현실은 '아무것도 없음'이었습니다. 그럼에도 하나님의 부르심이 확실하고 하나님의 능력이 부어질 것을 믿었기에 멈춤 없이 개척준비를 진행하였습니다. 개척준비는 이루 말할 수 없는 하나님의 예비하심의 은혜였습니다. 하나님은 리모델링 비용과 성물 준비를 수많은 사람의 마음을 감동하게 하셔서 진행하셨습니다. 자신이 지금까지 모았던 패물을 팔아서 헌금을 드리신 분, 자녀의 적금을 해지해서 헌금을 드리신 분, 지금까지 노후자금으로 모은 돈을 헌금으로 드리신 분 등 하나님의 역사는 이루 말할 수 없는 정도였습니다.

"한 교회가 세워짐은 이토록 수많은 사람의 헌신과 눈물이구나."
"교회는 정말 하나님이 세우시는구나! 교회의 주인은 하나님이시다."

하나님의 일하심을 고백할 수밖에 없었습니다. 이뿐 아니라 수많은 이들이 기도의 후원자가 되어 주셔서 "목사님! 기도하고 있습니다"라는 응원의 메시지가 계속 이어져 왔습니다. 참으로 하나님의 은혜밖에는 설명할 길이 없었습니다.

그렇게 어린아이의 부르심이 씨앗으로 시작된 교회가 드디어 2018년 1월 21일 설립 감사예배를 드림으로 나무가 되었습니다. 그 나무를 가지고 '예수님의 사랑으로 하나되는 교회'란 돛단배가 만들어졌습니다. 동력도 방향도 결정할 수 없는 이 돛단배는 그저 하나님이 바람으로 인도하시는 대로 움직이고 흘러가는, 사명의 항해가 시작된 것입니다.

하나님 안에서는 크고 작은 교회가 없다

하나님은 이 돛단배의 뱃머리를 이 배가 반드시 도착해야 할 부두에 고정시켜 주셨습니다. 그 부두의 이름은 선교하는 교회, 사랑하는 교회입니다. 적지 않은 분들이 개척교회는 누군가의 도움을 받는 것이 당연하며 누군가를 돕는 교회 즉, 선교하는 교회는 어불성설(語不成說)이라고 말합니다. 교회가 어느 정도 성장하고 자립한 후에나 하는 것이라고 논하기도 합니다. 그러나 이 배는 '하나님 안에서는 큰 교회, 작은 교회가 있는 것이 아니라 선교하는 교회, 선교하지 않는 교회만 있을 뿐이다'라고 믿었기에 개척 초기부터 작지만, 해외 선교와 국내 선교를 감당하였습니다.

먼저 해외에 3개 국가(선교사)를 후원과 기도로 섬겼습니다. 그리고 국내 선교의 첫 발걸음으로 국내 개척교회, 작은 교회 50개 교회를 선정하여 직접 쓴 말씀 액자와 찬양CD를 나누어 드렸습니다. 그 결과 하나님이 여러 사람을 통해 선교비를 채워 주셨습니다. 오히려 선교하는 금액보다 주시는 선교비가 더 많아졌습니다.

그리고 '가장 낮은 자리에서 가장 높은 하나님의 사랑'을 전하는 교회가 되고자 했습니다. 그래서 '장애를 둔 부모교육 세미나'를 열어 부모를 향한 하나님의 마음과 성경적 자녀 양육에 대하여 함께 나누게 되었고, 이·미용 봉사, 지역어린이 물놀이활동, 쌀 나눔 등으로 이웃에게 예수님의 사랑이 흘러가게 했습니다. 1년이 조금 지난 교회임에도 불구하고 은혜로교회는 지역에 '좋은 교회, 따뜻한 교회, 사랑이 많은 교회'로 인식되어 하나님의 영광을 드러내고 있습니다.

폭풍 가운데 돛단배

바다를 항해하는 배가 태풍을 만나지 않는 건 꿈에서나 있을 일인 것처럼, 돛단배도 몇 번의 태풍을 만나게 되었습니다. 한겨울에 수도관이 동파되어 봄이 올 때까지 3-4개월을 물이 없이 지냈던 일, 가을 어느 날 수도관이 터져 예배당이 물로 잠기게 되었던 일, 장애 자녀를 둔 부모가 교회에 와서 예배를 드리고 교제를 했음에도 불구하고 개척 교회라는 사실 하나만으로 그냥 교회를 떠나버리는 아픔을 겪었던 일, 사랑과 정성을 쏟은 장애 청년이 교제할 성도가 없다는 이유로 타교회로 예배처소를 옮겨간 일, 어르신 성도가 연배가 같은 친구가 없다는 이유로 교회를 나오지 않는 일 등 수많은 일이 오직 개척 교회라는 이유 하나 때문에 생겨났습니다. '없음'의 모습 때문에 손을 쓸 수 없는 상황에 놓이게 된 것입니다.

또한, 이 돛단배에도 밤은 찾아왔습니다. 그 밤은 바로 '자녀'였습니다. 교회 개척할 때 4살 된 여자아이, 교회개척 후 선물로 받은 5개월 된 남자

아이입니다. 그 아이들을 볼 때마다 목회자로서가 아니라 한 아이의 아빠로서 많이 미안하고 마음이 무거웠습니다. 아직 아무것도 알지 못하는 딸은 저보다 먼저 신발을 신고 앞장서서 나가며 사람들에게 전도지를 나누어 주곤 합니다. 그 모습을 뒤에서 바라보고 있노라면 대견하고 감사하면서도 한편으로는 말로 표현할 수 없는 뜨거운 눈물이 눈물샘에 차곤 합니다. 그리고 또래가 없어 예배당에서 혼자 외로이 노는 모습을 보게 되면 눈물샘이 흔들리기도 합니다. 예배 후 5개월 된 동생과 함께 방 한구석에 쪼그려 잠들어 있는 모습을 볼 때면 눈물샘이 터집니다. 무엇보다 자녀들에게 해주어야 하는 일들을 해줄 수 없는 상황이 오면 그 눈물은 온몸을 감싸고 흐릅니다.

이렇게 돛단배에 폭풍이 불고, 밤이 찾아오면 그저 찬양밖에는 할 수 있는 것이 없었습니다. "주님여~ 이 손을 꼭 잡고 가고서 약하고 피곤한 이 몸을 폭풍 후 흑암 속 헤치사 빛으로 손잡고 날 인도하소서"

그때마다 하나님의 하늘 위로와 힘으로 덮여주셨고 새롭게 일어날 힘을 주셨습니다. 하나님의 인도하심 가운데 있는 돛단배는 동력도 없고, 키도 없기에, 어떠한 폭풍과 흑암이 몰아친다 할지라도 스스로 멈추거나 방향을 틀지 못하였습니다. 이것이 바로 은혜 중에 은혜임을 태풍과 흑암이 몰아치는 과정을 항해해 가며 깨닫게 되었습니다.

돛단배에 함께 승선한 동역자

그러한 태풍과 흑암에 맞서 항해를 해가고 있을 즈음, 간절한 기도의 제목이 생겼습니다. 그것은 바로 '동역자'가 필요하다는 것이었습니다. 주 안에서 함께 예배자로 세워가며, 예수님의 제자로 훈련받고, 하나님 나라 확장을 위해 함께할 동역자가 너무도 필요했습니다. 아내와 둘이 이 모든 여정을 감당하기엔 역부족이었기 때문입니다. 그러나 사람에게 의지하고 싶은 마음이 조금도 없었기에 그저 배 선창에 나와 하늘을 올려다보며 기도의 눈물, 소망의 눈물만 흘리고 있었습니다.

하나님은 먹구름이 지나면 그 뒤에 비를 내려주시듯, 어느 날 서울에서 신앙생활 하시던 권사님께서 "목사님! 계속 은혜로교회를 위해 기도하다 보니 지금 다니고 있는 교회가 내 교회가 아닌 것 같게 느껴져요. 제 남은 삶 목사님 교회에서 함께 하나님을 섬기겠습니다"라는 말씀을 하셨습니다. 그리고 딸과 아들 가정과 함께 돛단배에 승선하셨습니다.

며칠 후 한 여자 청년이 엄마와 함께 찾아왔습니다. "목사님! 제 딸이 신앙생활을 쉬고 있는데 목사님 교회에서 신앙생활 다시 시작하면 좋겠습니다." 그 후 그 청년은 남동생과 함께 돛단배에 승선하였습니다.

몇 개월 후 한 여 집사님이 찾아오셨습니다. "목사님! 제 아들이 교회에 적응 못 하고 있습니다. 목사님 교회라면 아들이 교회에 잘 적응하고 신앙생활도 잘 할 것 같습니다"라고 말씀하셨고 다음 주에 그 청년도 돛단배에 승선하게 되었습니다.

그리고 등록한 권사님을 통해 서울에 사시는 한 여 집사님을 알게 되었습니다. 그분의 기도 제목이 장막 이전이었고 이를 두고 함께 기도했습니다. 그 후 장막이 결정되었노라고 연락이 왔습니다. "목사님! 장막을 인천으로 옮기게 되었습니다." 그리고 이어지는 말씀으로 "목사님 교회에 출석하려고 합니다"라는 것이었습니다. 그 여자 집사님도 돛단배에 승선하게 되었습니다.

가끔 몸이 아프셔서 출석하는 교회를 가지 못하실 때 은혜로교회에서 예배드리는 연로하신 권사님이 계셨습니다. 권사님께서 주일예배 시작 몇 분 전에 아픈 몸을 이끌고 교회에 오셨습니다. "목사님! 제가 몸이 너무

아파서 예배도 드릴 수 없는데 목사님 기도를 받고 싶다는 생각이 들어서 이렇게 왔습니다. 기도해주세요"라는 것이었습니다. 그래서 그 자리에서 안수기도를 해 드렸습니다. 그 후 권사님은 집으로 가셨고 다음 날 전화가 왔습니다. "목사님! 어제 목사님이 기도해주신 후 아픈 부분들이 이상하리만큼 개운하고 통증이 사라졌습니다." 그 권사님은 다음 주일부터 계속 교회에 출석하셨고 돛단배에 승선하게 되셨습니다. 훗날 알게 된 사실이지만 권사님은 계속 기도하셨다고 합니다. "하나님! 몸이 아파서 기존 다니는 교회가 거리가 멀어 힘드니 새롭게 출석할 수 있는 교회를 집 가까운 곳으로 예비해 주시옵소서." 그런데 기도를 하고 며칠 후 집 앞에 은혜로교회 간판과 십자가가 세워졌다고 합니다.

그리고 부침개 전도를 하던 중 한 남자 성도님을 만나게 하셨습니다. 지금은 교회를 다니지 않는데 예전에 신학 공부를 하는 것이 꿈이었다는 인생 이야기를 듣게 되었습니다. 그의 인생 이야기를 듣고 하나님의 이야기 즉, 성도님을 향한 하나님의 계획과 마음을 들려주니 눈물을 흘리시며 교회 다시 다니겠다고 하셨습니다. 그 후 성도님도 돛단배에 승선하게 되었습니다.

지금 생각해 보면 1년 동안 모든 교회 기관이 만들어진 것 같습니다. 어린이교회, 청소년교회, 청년교회, 여전도회와 남전도회, 권사회 등 이 모든 것이 오직 하나님의 은혜로 말입니다.

하나님은 태풍과 흑암을 통해서 은혜로교회란 배가 동력선이 아니라 돛단배임을 다시 한번 깨달아 알게 하시고, 스스로 항해할 수 있는 것이 아니라 하나님이 인도하심의 항해임을 새기게 하셨습니다. 그렇기에 어떠한 태풍과 흑암 가운데서도 결코 멈춤 없이 하나님이 예비한 부두를 향해 전진해 갈 것입니다. 그리고 반드시 그 부두에 정박하여 영광 올려드리게 될 그 날이 현실이 될 줄 믿습니다.

오늘도 한 어린아이의 부르심에서 시작된 사명의 길, 믿음의 항해에는 수많은 갈매기가 날아와 쉼을 얻습니다. 그리고 함께 노래합니다.

세상에 없는 것이 있는 교회

박명우

세상에 있는 마침표는 없고
세상에 없는 이음표가 있는
생명공동체

세상에 있는 아픔은 없고
세상에 없는 안식이 있는
평안공동체

세상에 있는 열심은 없고
세상에 없는 열정은 있는
사명공동체

세상에 있는 노력은 없고
세상에 없는 역사가 있는
능력공동체

세상에 있는 차별은 없고
세상에 없는 특별은 있는
동행공동체

세상에 있는 염려는 없고
세상에 없는 반석이 있는
　　　믿음공동체

세상에 있는 희망은 없고
세상에 없는 소망이 있는
　　　소망공동체

세상에 있는 자랑은 없고
세상에 없는 사랑은 있는
　　　사랑공동체

세상에 있는 뿌연 먼지는 없고
세상에 없는 빛 되신 예수 그리스도의 십자가가 있는
　　　은혜공동체

하나님이 세우시는 이 교회가
예수님이 사랑하시는 이 교회가
성령님이 거하시는 이 교회가
　이런 교회 되게 하소서
　진짜 교회 되게 하소서
　하나님나라 되게 하소서

Ⅲ. 함께하는 길을 내는 사람들

길을 내는 사람들

ⓒ2020, 기독교대한성결교회 국내선교위원회

발행처 기독교대한성결교회 국내선교위원회
발행인 이기용

책임편집 강지희 | **교정** 정은수, 이영준, 안승현 | **표지디자인** 김라온 | **내지디자인** 노재순
인쇄 예원프린팅 | **제본** 대흥제책

펴낸곳 도서출판 피플스북스
출판등록 2015년 8월 13일(제 396-2015-000160호)
주소 경기도 고양시 일산동구 일산로 286번길 36
이메일 peoplesbooks@hanmail.net
문의전화 031)978-3211 | 팩스 031)906-3214

ISBN 979-11-956336-5-4-03230

* 이 책의 판권은 기독교대한성결교회 국내선교위원회와 피플스북스에 있습니다.
* 이 책 내용의 전부 또는 일부를 재사용하려면 반드시 양측의 서면 동의를 받아야 합니다.
* 잘못된 책은 교환해 드립니다.